Carmen Deffner · Ina Schenker

Das Lernen anregen

Exekutive Funktionen fördern

Carmen Deffner · Ina Schenker

Das Lernen anregen

Exekutive Funktionen fördern

verlag das netz
Weimar

Bitte richten Sie Ihre Wünsche, Kritiken und Fragen an:
verlag das netz
Redaktion Betrifft KINDER

ISBN 978-3-86892-168-7

Lektorat: Korinna Schröder
Gestaltung: Tania Miguez, Jens Klennert
Fotos: Carmen Deffner, Petra Evanschitzky, Theresa Grimmeißen-Feldmeier, Ina Schenker
Druck und Bindung: Förster & Borries, Zwickau
Printed in Germany

Weitere Informationen finden Sie unter www.verlagdasnetz.de

Inhalt

Vorwort

Exekutive Funktionen stellen – aus Sicht der Neurowissenschaften – die Grundlage für selbstgesteuertes Verhalten dar. Selbstgesteuertes und zielgerichtetes Verhalten ihrerseits sind unverzichtbar, wenn Lernen gelingen soll. Und das von klein auf!

Doch das ist nicht genug – Lernen möchte herausgefordert werden!

Allein diese Aufforderung impliziert, dass Lernen nicht alleine stattfinden kann – nicht ausschließlich. Natürlich gibt es Phasen, sich selbstinitiiert für es interessante Aspekte ersucht. Das jedoch kann erst und am besten dann stattfinden, wenn es ein sensibles Gegenüber vorfindet, das erkennt, welche Themen und Fragestellungen für das Kind gerade relevant sind und welche Art der Unterstützung es benötigt, um nächstliegende Entwicklungsziele zu erreichen.

Aus dem Kita-Alltag kennen Sie diese Phänomene: Da gibt es jene Kinder, die auf uns zukommen und uns den lieben langen Tag über Löcher in den Bauch fragen. Das sind die Kinder, die es uns leicht machen, denn sie sind aufgeweckt, offen und neugierig. Was aber mit jenen, die sich zurückziehen? Die sich nur schwer für Neues begeistern lassen, die sich »sperren« und in der Gruppe noch nicht wohlfühlen?

Das vorliegende Buch stellt aktuelle Erkenntnisse der Neurowissenschaften und im Besonderen die exekutiven Funktionen in den Mittelpunkt der Betrachtung. Es leitet Antworten ab, indem es für die feingliedrigen Prozesse der Entwicklung, Bedeutung und Förderung der exekutiven Funktionen sensibilisiert. Es stellt vielfältige Methoden und Anregungen zur Verfügung, um exekutive Funktionen im Kita-Alltag zu beobachten, zu verstehen und herauszufordern. Es soll ermutigen, strukturelle und fachliche Bedingungen zu reflektieren, um die exekutiven Funktionen zu fördern und das Lernen im Kita-Alltag herauszufordern.

Wir wünschen Ihnen viel Erfolg bei der Umsetzung in Ihrem Kita-Alltag!

Carmen Deffner und Ina Schenker

1. Wie Kinder lernen

Um »Das Lernen herausfordern« zu können, ist es notwendig, sich mit dem Begriff des Lernens auseinanderzusetzen. Es ist nicht leicht, Lernen in einem Satz zu definieren – zu vielgestaltig ist dieses Phänomen. In den letzten zwei Jahrzehnten wurde frühkindliches Lernen ein immer bedeutenderer Forschungsgegenstand. Die gewonnenen wissenschaftlichen Erkenntnisse haben im Kita-Bereich zu neuen Perspektiven auf die Arbeit mit Kindern geführt und diese quasi revolutioniert.

Im nachfolgenden Kapitel werden drei verschiedene theoretische Zugänge auf die Phänomene des Lernens dargestellt. Die Zusammenschau aller Theorieperspektiven bildet eine fundierte Grundlage für die weiterführenden Inhalte des Buches. Aus einer neurowissenschaftlichen Perspektive heraus werden die Fragen beantwortet: »Was geschieht eigentlich im Gehirn, wenn Kinder lernen? Müssen Kinder das Lernen lernen?«

Wie entwickeln sich die kognitiven Fähigkeiten von Kindern – Sprache, Denken und exekutiven Funktionen? Diese Fragen werden in der Entwicklungspsychologie erforscht. Und die Pädagog*innen schauen danach, wie Kinder überhaupt lernen und welche Auswirkungen diese Erkenntnisse auf das pädagogische Handeln haben.

1.1 Eine neurowissenschaftliche Perspektive

Dr. Petra A. Arndt

Kinder scheinen Wissen förmlich aufzusaugen. Mit ungeheurem Tempo lernen sie jeden Tag etwas Neues dazu. So lernen Kleinkinder im Alter von etwa 17 bis 24 Monaten bis zu zehn neue Wörter pro Tag – ohne Mühe und ganz nebenbei (Rothweiler & Kauschke 2007). Für Erwachsene, die Kinder auf ihrem Entwicklungsweg begleiten, hat das kindliche Lernen eine große Faszination. Ein solches Lerntempo ist uns völlig unmöglich. Der Grund für die enorme Lernfähigkeit liegt darin, dass das Gehirn kleiner Kinder ganz anders funktioniert als das von Erwachsenen.

Ein weiterer Hinweis auf die Unterschiedlichkeit in den geistigen Funktionen ist, dass es für Erwachsene ganz selbstverständlich ist, dass kleine Kinder eben vieles noch nicht verstehen. In einigen Fällen fehlt Kindern tatsächlich das Vorwissen. Aber auch ihre geistigen Prozesse funktionieren deutlich anders als die von Erwachsenen.

Beide Phänomene, das schnelle Lernen in einigen Bereichen und die Unfähigkeit, bestimmte geistige Leistungen zu erbringen, sind die Folge der Entwicklung des Gehirns – insbesondere des Großhirns. Das führt einerseits dazu, dass bestimmte geistige Funktionen einfach noch nicht zur Verfügung stehen, und ermöglicht andererseits eben besondere Lernprozesse.

Eine fachübergreifende Perspektive auf kindliche Entwicklung: Developmental Cognitive Neurosciences

Für das Zusammenspiel von kindlicher Entwicklung, Lernprozessen, Entwicklung des Gehirns und geistigen Leistungen existiert ein eigener, interdisziplinärer Forschungszweig, die Developmental Cognitive Neurosciences. Eine gute deutsche Übersetzung dafür gibt es noch nicht. Ziel des Forschungsgebietes ist es, mehr über die Zusammenhänge zwischen der Hirnentwicklung, den psychologischen Prozessen und der kognitiven, sozialen und emotionalen Entwicklung von Kindern zu erfahren. Dazu wird untersucht, wie sich das Gehirn während der Entwicklung verändert und welche Lernprozesse und Verhaltensänderungen der Kinder, zeitgleich oder wenig später, zu beobachten sind. Selbstverständlich werden dabei die Einflüsse der Umwelt, u.a. das Erziehungsverhalten der Eltern, berücksichtigt. Die Umwelt hat einen enormen Einfluss auf die Entwicklung des Gehirns und ermöglicht bestimmte Entwicklungsschritte erst. Umgekehrt können Umwelteinflüsse bestimmte Entwicklungsaspekte auch unterdrücken oder verlangsamen. Das Zusammenspiel von biologischer Entwicklung, geistiger Entwicklung und Umwelt ist sehr komplex und bedarf intensiver interdisziplinärer Zusammenarbeit. An der Forschung beteiligt sind u.a. Entwicklungspsychologie, Neurobiologie, kognitive Psychologie, Medizin, Anthropologie, Soziologie, Linguistik – je nachdem, welches Entwicklungsfeld betrachtet wird. In diesem Kapitel sollen Erkenntnisse der Developmental Cognitive Neurosciences zusammenfassend dargestellt werden, um das Lernen und die Entwicklung von Kindern und ihre zugrunde liegenden Prozesse besser zu verstehen.

Nervenzellen – eine starke Verbindung

Unser Gehirn besteht aus etwa 86 Milliarden Nervenzellen (Azevedo et al. 2009). Schon bei der Geburt sind die meisten dieser Zellen vorhanden. Rein rechnerisch sind also zwischen der 4. Schwangerschaftswoche (ab diesem Zeitpunkt sind Gehirn und Rückenmark angelegt) und der Geburt pro Minute etwa 250.000 Nervenzellen gebildet worden. In jeder einzelnen Sekunde sind damit durchschnittlich etwas über 4.000 neue Nervenzellen entstanden. Angesichts dieser Zahlen kann man sich leicht vorstellen, was es bedeutet, wenn das Wachstum auch nur kurzzeitig, z.B. durch Sauerstoff- oder Nährstoffmangel oder durch Alkoholkonsum, beeinträchtigt wird.

Wenn aber alles gut geht, kommen Kinder mit einem Gehirn auf die Welt, in dem die allermeisten Nervenzellen (Neurone) gebildet worden sind und die ersten von ihnen ihre Arbeit bereits aufgenommen haben. Die grundlegenden Verbindungen, die notwendig sind, damit die Neurone überhaupt aktiv ihre Aufgabe erfüllen können, sind angelegt, z.B. Verbindungen zwischen den Sinnesorganen und den jeweils »zuständigen« Hirngebieten, zwischen Gehirn, Rückenmark und Muskulatur und zwischen verschiedenen Hirngebieten. Der Aufbau dieser »großen« Verbindungsstränge wird durch die Gene (Erbanlagen) kontrolliert (van den Heuvel et al. 2013).

Die Verbindungen der Nervenzellen, die Synapsen, sind die Grundlage für alles, was unser Gehirn tut: Wahrnehmung, Denken, Fühlen, Lernen, Handeln, reflexartiges Reagieren, aber auch Atmung, Herzschlag, Darmkontrolle usw. Alles, was ein Mensch lernt, wird in diesen Verbindungen abgelegt. Über die Synapsen sammeln Neurone Informationen, fassen sie zusammen, vergleichen sie miteinander (oder verarbeiten sie auf eine andere Weise) und geben das Ergebnis an andere Neurone weiter. Vereinfacht kann man sich den Vorgang etwa so vorstellen:

Betrachten wir eine Nervenzelle in der primären Sehrinde, die die erste Verarbeitungsstufe des visuellen Systems in der Großhirnrinde darstellt. Unsere Nervenzelle erhält (über eine Umschaltstelle im Mittelhirn) Signale von einer oder mehreren Lichtsinneszellen des Auges.

Die Lichtsinneszellen reagieren beispielsweise alle auf rotes Licht. Auf ein einzelnes Eingangssignal reagiert unsere Nervenzelle zunächst noch nicht.

Wenn aber gleichzeitig oder auch kurz nacheinander mehrere Impulse eintreffen, ist das ein Hinweis darauf, dass »da draußen etwas ist«. Unser Neuron erzeugt daraufhin selbst einen elektrischen Impuls, den es als Signal »rotes Licht gesehen« über seine Synapsen an andere Nervenzellen schickt. Der Nervenzelle ist natürlich nicht bewusst, dass sie gewissermaßen die Entscheidung getroffen hat, dass da draußen wirklich etwas Rotes ist. Die Eingangssignale haben lediglich dazu geführt, dass ein elektrischer Impuls erzeugt und an andere Neurone weitergeleitet wurde. Dieser Impuls wird nun zum Eingangssignal für die benachbarten Neurone, die möglicherweise ebenfalls auf rotes Licht reagieren. Da die Verbindungen wechselseitig sind, hat unsere Nervenzelle nicht nur die Information in den Nachbarzellen bestätigt, die »auch etwas Rotes gesehen« haben, sondern sie hat auch eine Bestätigung für ihr eigenes Signal erhalten. Auf diese Weise bestätigen benachbarte Zellen sich gegenseitig, dass sie dieselbe Information erhalten haben. Ein solcher Abgleich ist nützlich, wenn man in seiner Wahrnehmung sicherer, schneller und genauer werden will. Damit werden Lernprozesse unterstützt, etwa einen roten Gegenstand von einem lilafarbenen oder orangefarbenen zu unterscheiden. Sind sich die miteinander vernetzten Nachbarneurone einig, dann dürfte es sich wohl tatsächlich um einen roten Gegenstand handeln. Kommen sie zu unterschiedlichen Ergebnissen, ist es vielleicht eher orange oder pink? Das lernen Kinder im Laufe der Zeit aus Erfahrung und durch die Rückmeldung anderer Menschen.

Die miteinander verbundenen Nervenzellen in der primären Sehrinde senden ihre elektrischen Impulse an Nervenzellen im nachgeschalteten Hirngebiet. Stimmen die Impulse überein, dann ist das Signal stark genug, um die Information »etwas Rotes gesehen« weiterzugeben. Allerdings erhalten die nachgeschalteten Nervenzellen nicht nur Impulse von Nervenzellen, die »etwas Rotes gesehen« haben, sondern auch von weiteren. So kann man sich vorstellen, dass einige der nachgeschalteten Nervenzellen zusätzlich zur Information »rot« auch noch die Informationen »rund« und »ungefähr 12 cm groß« erhalten. Diese würden dann bevorzugt auf das Aussehen roter Äpfel, aber auch kleiner, roter Bälle reagieren. Zusammen geben diese Zellen nun die Information »kleines, rotes, rundes Objekt« an Neurone im nächsten Hirngebiet weiter, die vielleicht zusätzliche Informationen über den kleinen, braunen Stiel des Apfels oder den braunen Blütenrest erhalten oder gar Informationen aus anderen Sinnessystemen zum Geruch, der Glattheit der Apfelschale oder zum Geschmack. Je nachdem, ob diese Signale vorhanden sind oder das kleine, rote Objekt doch eher nach Gummi riecht oder schmeckt und sich rau anfühlt, kann das Nervensystem die Entscheidung »Apfel« oder »kein Apfel« treffen. Die Neurone selbst wissen natürlich nicht, welche Information sie tragen. Diese hängt vielmehr davon ab, welche Eingangsinformationen eine Nervenzelle erhält und an welche anderen Nervenzellen sie diese weitergibt – also von den Verbindungen zwischen den Neuronen.

Wie die Umwelt das Gehirn formt

Die allermeisten Verbindungen zwischen den Nervenzellen werden erst nach der Geburt aufgebaut. Das ist überaus sinnvoll, denn so hat das Gehirn die Möglichkeit, seine Arbeitsweise optimal an die Umwelt anzupassen. Schließlich lässt sich nicht vorhersagen, in welche Umgebung ein Kind hineingeboren wird: Ob es als Kind der Inuit, im Urwald oder in einer afrikanischen oder westlichen Gesellschaft aufwächst. Je nach natürlicher Umwelt, gesellschaftlichen Regeln, Familienstruktur usw. braucht das Kind ganz unterschiedliche Fähigkeiten. Diese Möglichkeiten sind zu vielfältig und unser Gehirn – das sich im Prinzip an alle diese Möglichkeiten anpassen kann – ist zu komplex, um alle notwendigen Verbindungen genetisch festzulegen. Dafür ist in unserem Erbgut nicht genug Platz. Die Folge davon ist, dass das kindliche Gehirn eben keine verkleinerte, noch unfertige Version des Erwachsenengehirns ist, sondern ein Denkorgan, das mit der und durch die Umwelt erst »zu Ende gebaut« wird.

In den ersten Lebensjahren hat das Gehirn die Aufgabe, die Nervenzellen so miteinander zu vernetzen, dass das Kind in seiner Umwelt gut zurechtkommt. Es muss die Dinge abbilden, die in der Umgebung tatsächlich vorkommen, sich merken, was man mit ihnen machen kann und wie man mit ihnen umgeht usw. Dabei ist das Gehirn auf die Eindrücke und Erfahrungen angewiesen, die die Umwelt dem Kind bietet. Das gilt sogar für einige der Verbindungen, die bereits vor der Geburt entstanden sind, z.B. für die Synapsen in der motorischen Hirnrinde, die die Bewegungen steuert und zum Geburtszeitpunkt bereits eine intensive Vernetzung aufweist (Casey et al. 2005). Das Kind hat sich im Mutterleib schon viele Male bewegt. Diese Aktivität und die dabei gemachten Erfahrungen haben den Aufbau der Verbindungen zwischen motorischer Hirnrinde und Muskulatur und innerhalb der motorischen Hirnrinde unterstützt. Ähnliches gilt für Berührungs- und Tasteindrücke, die in der somatosensorischen Hirnrinde verarbeitet werden. Während seiner Bewegungen hat das Ungeborene sich selbst, die Nabelschnur und die Wände der Gebärmutter oftmals berührt. Dabei hat die somatosensorische Hirnrinde Informationen erhalten, die die Vernetzung zwischen den Nervenzellen unterstützt haben. Auch der Geruchs- und Geschmackssinn wurden bereits im Mutterleib trainiert.

Nach der Geburt nimmt die Anzahl der Synapsen in der Großhirnrinde rasant zu (Casey et al. 2005), z.B. auch in den Gebieten des Großhirns, die Signale von Auge und Ohr erhalten (primäre Sehrinde bzw. primäre Hörrinde). Zwar gab es im Mutterleib schon einiges zu hören und ein bisschen was zu sehen, aber diese Sinneseindrücke unterscheiden sich von dem, was ein Säugling nach der Geburt wahrnimmt. Die primäre Sehrinde und die primäre Hörrinde haben zum Zeitpunkt der Geburt knapp die Hälfte der Verbindungen aufgebaut, die zwischen ihren Nervenzellen während der Entwicklung gebildet werden, und erreichen die höchste Anzahl an Verbindungen, wenn das Kind etwa sechs Monate alt ist (Huttenlocher & Dabholkar 1997). Die anderen Hirngebiete starten später und erreichen dementsprechend auch die Maximalzahl von Verbindungen zu einem späteren Zeitpunkt.

Wenn ein Hirngebiet die Maximalzahl von Verbindungen aufgebaut hat, ist es mit seiner Entwicklung allerdings längst noch nicht fertig. Das Gehirn funktioniert nämlich nicht dann am besten, wenn möglichst viele Verbindungen vorhanden sind, sondern dann, wenn die »richtigen« Verbindungen zwischen den Nervenzellen bestehen. Von den vielen Synapsen, die während der Entwicklung gebildet wurden, bleiben diejenigen bestehen, die häufig genutzt werden. Die Synapsen dagegen, die nur selten oder überhaupt nicht genutzt werden, also wenig zur Verarbeitung und Weitergabe von Information in Form elektrischer Impulse beitragen, verkümmern und sterben ab.

Etwa 40 Prozent der zunächst gebildeten Verbindungen gehen wieder verloren. Das klingt zunächst einmal sehr aufwändig und wenig sinnvoll. Tatsächlich ist die Strategie aber ausgesprochen vorteilhaft (Casey, Giedd & Thomas 2000) und ermöglicht Kindern ein sehr schnelles Lernen. Durch die große Zahl von Verbindungen ist das Nervensystem in der Lage, alle möglichen Kombinationen von Informationen, Sinneseindrücken, Bewegungen usw. abzubilden.

Diejenigen Synapsen, die Gegenstände, Vorgänge und Handlungen repräsentieren, die tatsächlich im Leben der Kinder vorkommen, bleiben erhalten. Die Verbindungen, die etwas kodieren würden, was nicht vorkommt, oder die etwas abbilden, was in der Umwelt zwar vorkommt, aber keine Rolle spielt (beispielsweise der Unterschied zwischen »l« und »r« in der chinesischen Sprache) gehen verloren. In den überlebenden Synapsen wird letztlich alles repräsentiert, was das Kind häufig erlebt, wahrnimmt und tut. Auf diese Weise ermöglichen das entstehende Übermaß an Verbindungen und der anschließende Abbau überschüssiger Verbindungen Lernprozesse, bei denen die überlebenden Synapsen die gemachten Erfahrungen und gelernten Inhalte direkt repräsentieren.

Das Gehirn – ein Regelextraktor

Dabei wird nicht jede einzelne Erfahrung vollständig abgespeichert, wie es manchmal angenommen wird, nach dem Motto: »Das Gehirn vergisst nichts. Alles ist abgespeichert, ich bin mir dessen nur vielleicht nicht mehr bewusst.« Das stimmt so nicht. Vielmehr ist das Gehirn ein Regelextraktor. Aus vielen Einzelsituationen extrahiert das Gehirn das Gemeinsame – die Aspekte, die immer wieder auftreten. Verbindungen, die im Gehirn diejenigen Aspekte repräsentieren, die in einer bestimmten Situation zuverlässig auftreten, werden am stärksten genutzt und bleiben nicht nur erhalten, sondern werden durch Wachstumsimpulse sogar ausgebaut. In diesen Verbindungen wird das zugrunde liegende Muster einer Situation oder eines Vorgangs kodiert. Zusätzliche Aspekte, die nur gelegentlich vorkommen und für die Situation unwichtig sind, werden dagegen nicht gespeichert. Wir sprechen hier von Mustererkennung, die es uns erlaubt, aus komplexen Situationen Regelmäßigkeiten, Ähnlichkeiten oder Gesetzmäßigkeiten zu extrahieren. Diese Fähigkeit hat nicht nur das kindliche Gehirn, sondern auch das erwachsene. Sie ist eine wichtige Grundlage für kognitive Prozesse und analytisches Denken.

Erfahrungen für das Kleinkindgehirn – Theorien für die Gehirne älterer Kinder, Heranwachsender und Erwachsener

Für kleine Kinder ist die tatsächlich gemachte Erfahrung ausschlaggebend. Jede Erfahrung führt dazu, dass die an der Erfahrung beteiligten Gehirnzellen und ihre Verbindungen aktiv sind. Aktive Verbindungen, über die häufig Signale weitergegeben werden, werden besser versorgt, auch mit Wachstumshormonen, und bleiben dadurch erhalten. Dabei sind echte Erfahrungen, Erlebnisse und Tätigkeiten, die immer wieder in gleicher Weise auftreten, besonders wirkungsvoll. Diese Art des Lernens ist enorm schnell und mühelos. Wenn etwas mal so und mal anders ist, hinterlässt es dagegen kaum Spuren, weil es für das Gesamterlebnis nicht wichtig ist.

Das Lernen bei älteren Kindern, Jugendlichen und Erwachsenen dagegen funktioniert deutlich anders. Es werden zwar zeitlebens einige neue Nervenzellen gebildet, die auch neue Verbindungen aufbauen. Die meisten Lernprozesse sind aber auf das bereits vorhandene Netz der Verbindungen zwischen Nervenzellen angewiesen. Stehen diese einmal fest, dann besteht der Lernprozess darin, bereits bestehende Verbindungen zu verstärken und weiter auszubauen. So werden z.B. bekannte Laute und Silben zu einem neuen Wort einer Fremdsprache zusammengesetzt, indem sie immer wieder in der neuen Reihenfolge und in Verbindung mit der Bedeutung des Wortes gelesen, gesprochen und gehört werden. Wenn die beteiligten Nervenzellen immer wieder gleichzeitig aktiv sind, erlauben am Ende auch hier Wachstumsfaktoren einen Größenwachstum der vorhandenen Synapsen und damit eine Stärkung der Verbindung. Allerdings ist dieser Prozess sehr energieaufwändig und läuft in Stufen ab.

Waren die Nervenzellen oft genug gemeinsam aktiv, dann fangen sie zunächst an, gleichzeitig rhythmisch zu feuern, und zwar für den gesamten restlichen Tag. Man kann sich leicht vorstellen, wie ermüdend das sein kann, besonders wenn mehrere Dinge gelernt werden sollen. Die rhythmische Aktivität wird durch ein Hirngebiet aufrechterhalten, das wir Hippocampus (»Seepferdchen«) nennen. Der Hippocampus hat zentrale Steuerungsfunktionen beim Lernen. Gelingt es, die Aktivität den ganzen Tag über fortzusetzen, dann beginnt während der Nacht der eigentliche Ausbau der Verbindungen. Verbindungen zwischen Nervenzellen, die mit Tätigkeiten und Handlungen in Verbindung stehen, werden überwiegend in den Traumphasen ausgebaut. Verbindungen, die eher handlungsunabhängiges Faktenwissen repräsentieren, werden vorwiegend im Tiefschlaf ausgebaut. Stürmt sehr viel Neues auf einen Menschen ein, dann gelingt es oft nicht, die Aktivität der vielen an Lern- und Behaltensprozessen beteiligten Nervenzellen bis zur Schlafphase aufrechtzuerhalten. Zudem verdrängt das zuletzt Erfahrene (z.B. das abendliche Fernsehprogramm) das zuvor am Tag Geübte, zumindest dann, wenn Aufmerksamkeits- und Energieressourcen knapp sind und der Mensch müde ist. Der Vorteil dieser Art des Lernens ist, dass nicht nur das Wissen selbst gespeichert wird – wie das bei Kindern der Fall ist –, sondern auch, woher man etwas weiß. Das ist sehr nützlich, wenn man z.B. beurteilen möchte, ob eine Information vertrauenswürdig ist oder ob sie nur für einen begrenzten Zeitraum Gültigkeit hat. Außerdem kann man bei dieser Art des Lernens leicht vorhandenes Wissen, Erklärungen, Theorien u.Ä. in den Lernprozess einbeziehen, dadurch ganze Lernbereiche gezielt vernetzen und schlüssige Theoriegebäude aufbauen. Das können kleine Kinder noch nicht. Sie bemerken nicht einmal, dass eine neue Information möglicherweise im logischen Widerspruch zu etwas anderem steht, was sie bereits gelernt haben.

Das Gehirn des Kindes braucht Wiederholungen

Während also ältere Kinder, Jugendliche und Erwachsene beim Lernen gezielt vorhandene Erklärungen und Theorien einbeziehen können (je älter sie sind, umso mehr), sind kleine Kinder noch ganz auf die reale Erfahrung angewiesen. Daher hilft es auch wenig, Kindern immer wieder Regeln aufzuzählen und zu erklären, wenn die Kinder gleichzeitig erleben, dass die Regeln nicht immer und für alle gelten oder nicht eingefordert werden – also eigentlich bedeutungslos sind. Was zählt, ist das, was wirklich und oft passiert. Ausnahmen, Abweichungen und ständige Wechsel stören den Aufbau stabiler Verbindungen in der frühen Kindheit. Stabilität, Regelmäßigkeit und Verlässlichkeit dagegen unterstützen den Aufbau von Verbindungen, die das Erlebte zuverlässig repräsentieren.

Daher ist es überaus wichtig, dass Kindern ermöglicht wird, dieselben Erfahrungen immer wieder zu machen. Kinder lieben es, ein und dieselbe Geschichte immer wieder zu hören, oder sie spielen wochen- und monatelang immer dasselbe Spiel – so lange, dass die Eltern beginnen, sich Sorgen zu machen, ihr Kind würde sich nicht weiterentwickeln. Oder es nervt die Eltern, immer wieder dasselbe Märchen vorlesen zu müssen. Aus Sicht des Gehirns ist es aber so, dass Kinder gerade diese Situationen nutzen, um intensiv zu lernen. Bleiben wir beim Beispiel der Lieblingsgeschichte. Anfangs geht es sicherlich um den Inhalt. Die grobe Handlung wird verstanden, bei mehrmaliger Wiederholung vielleicht Details zum Inhalt und Nuancen. Parallelen zum eigenen Leben können gezogen werden, wenn das Kind sich nicht mehr so sehr auf den Handlungsablauf in der Geschichte konzentrieren muss. Auf emotionaler Ebene können die Gefühle der auftretenden Figuren und ihre Beziehungen durchdrungen werden. Sprachliche Muster, die eine bestimmte Wirkung erzeugen, können bei der Wiederholung wahrgenommen werden. Dazu gehören auch die möglichen unterschiedlichen Betonungsmuster, Sprechgeschwindigkeiten usw., mit denen ein und derselbe Text gesprochen werden kann – vorausgesetzt, die Geschichte wird wirklich vorgelesen und kommt nicht aus dem CD- oder MP3-Player. Bei einmaligem Hören ist diese Vielfalt an Lernprozessen überhaupt nicht möglich. Ist die Geschichte gut bekannt, wird auch der Abruf aus dem Langzeitgedächtnis trainiert. Viele Eltern wissen: Man kann nicht schummeln. Ein falsches Wort oder ein übersprungener Abschnitt und schon protestieren die Kinder, wenn sie die Geschichte zuvor nur oft genug gehört haben. Das ist ein sicheres Zeichen dafür, dass die Kinder während des Vorlesens die Geschichte parallel aus dem Langzeitgedächtnis abrufen und die im Gedächtnis gespeicherte Version mit der vorgelesenen Variante vergleichen. Ein besseres Gedächtnistraining könnte sich keine pädagogische Fachkraft ausdenken – und die Kinder haben auch noch Spaß dabei. Wer würde ihnen eine derartige Lernchance verwehren wollen?

Etwas Ähnliches gilt für das Spiel. Das immer gleiche Spiel erlaubt es Kindern, die darin auftretenden Tätigkeiten bis ins Detail zu durchdringen, die zugehörigen Handlungen bis auf das völlig Letzte zu verstehen. Je nach Art des Spiels ermöglicht die Wiederholung grob- oder feinmotorische Fertigkeiten, die Sinne, kognitive und soziale Fertigkeiten usw. zu schulen. Darüber hinaus kann das Zusammenspiel zwischen Eigentätigkeit und den Sinnen, Eigentätigkeit und deren sozialer Wirkung usw. durchdrungen werden. Wichtige Lernprozesse werden so vom Kind selbst initiiert. Und doch gibt es immer wieder Eltern, die sagen: »Mein Kind sitzt die ganze Zeit nur in der Bauecke« oder »Mein Kind buddelt immer nur im Sand«. Aus Sicht des Lernens aber sind Bauecke und Sandkasten Lernumgebungen, die vielfältige Erfahrungen ermöglichen. Statik (Wann fällt das Bauklötzchen?), räumliche Zusammenhänge, der Umgang mit drei Dimensionen (als Gegengewicht zu den zwei Dimensionen der Bildschirmmedien) und die Erfahrungen mit unterschiedlichen Mengen und Massen (besonders im Sandkasten erfahrbar) sind Grundlagen für mathematisches Verständnis. Die dabei erworbenen, visuell-räumlichen Fertigkeiten erleichtern zudem das erste Schreiben und Lesen (Mayer et al. 2020). Fast kein Kind spielt in diesen Situationen ständig allein. Das Spiel bietet einen sozialen Erfahrungsraum, der der Abstimmung und Kooperation bedarf, damit gemeinsame Ziele erreicht werden.

Entwicklung braucht Eigenaktivität

Der oft unbändige Bewegungsdrang von Kindern führt ebenfalls dazu, dass die Hirnreifung durch wiederholte Tätigkeit unterstützt wird – hier v.a. die grobmotorischen Fertigkeiten. Gleichzeitig werden die Muskulatur, der Gleichgewichtssinn, die Reaktionsfähigkeit usw. geschult. Allzu häufiges und langes Stillsitzen behindert diese natürliche Entwicklung. Scheinbar unruhigen Kindern im Kita-Alter sollten ausreichend Bewegungsmöglichkeiten zur Verfügung gestellt werden. Erst wenn der Bewegungshunger gestillt ist, kann man erwarten, dass sich Kinder auch einmal ruhig beschäftigen.

Welche Erlebnisse und Erfahrungen einem Kind immer wieder ermöglicht werden sollten, ist vom Entwicklungszustand seines Gehirns und von den Erfahrungen abhängig, die es bereits gemacht hat. Darum kann man von außen nicht wissen, welche Aktivitäten und Angebote die oben beschriebenen, bereichernden Lernprozesse gerade fördern. Zum Glück erkennen Kinder diese Lerngelegenheiten selbst und suchen sie immer wieder aktiv auf. Die Aufgabe der Erwachsenen in solchen Phasen ist es, Lerngelegenheiten anzubieten aber nicht aufzudrängen, und vor allen Dingen nicht zu zerstören. Dabei können die Erwachsenen als Vorleser*innen, Sozialpartner*innen, Tippgeber*innen usw. durchaus Bestandteil der Erfahrungen sein. Die Ausgestaltung der Situation und die Entscheidung, wie oft und wie lange gespielt wird, sollte aber so weit wie möglich dem Kind überlassen bleiben.

Dabei versteht sich von selbst, dass gefährliche Situationen und Tätigkeiten keine Option sind und dass sich bei begehrten Spielzeugen abgewechselt werden muss – auch das ist ein wichtiger Lerninhalt. Zudem gibt es gerade gegen Ende der Kindergartenzeit bestimmte Fähigkeiten, die Kinder üben müssen, auch wenn das gerade nicht ihren Interessen entspricht, z.B. feinmotorische Geschicklichkeit, differenzierte visuelle und auditive Wahrnehmung, Merkfähigkeit und ein Grundverständnis für Mengen und Zahlen. Der größere Teil des Tages aber sollte dem selbstbestimmten Lernen durch Spielen und eigene Aktivitäten überlassen bleiben, da dieses der Entwicklung des Gehirns und den Stärken des Kindes am besten entspricht.

Hirnentwicklung Schritt für Schritt

Um in der Entwicklung weiterzukommen und sich nur wiederholt mit demselben Inhalt zu beschäftigen, so lange es dabei noch etwas zu lernen gibt, greift das Gehirn zu einem Trick: Objekte und Ereignisse, die bekannt und umfassend gelernt sind, sind langweilig. Die Kinder wenden sich ab. Neues dagegen ist interessant und Kinder wenden sich ihm zu – es sei denn, es ist so fremd, dass es Angst auslöst, oder es ist einfach zu schwierig. Die treibende Kraft hierfür nennen wir »Neugier«. Das, was neu, aber nahe genug am schon Bekannten ist, suchen Kinder aktiv auf bzw. wählen die entsprechenden Anregungen aus dem vorhandenen Angebot. Auf diesem Weg formt und fördert sich das Gehirn sozusagen selbst (Johnson 2003). Wichtig ist natürlich, dass Lernanregungen zur Verfügung stehen. Dabei ist von außen oft nicht einmal zu erkennen, dass ein Kind beispielsweise gerade die Sprache lernt, wenn es dieselbe Geschichte immer wieder hört oder dass es etwas über Mengen und Gewichte lernt, wenn es im Sand spielt.

Bis zu welchem Alter aber sind Kinder in der Lage, schnell und mühelos Neues aufzunehmen, indem sie es in den überlebenden Verbindungen zwischen Nervenzellen abspeichern und ungenutzte Verbindungen abbauen? Leider gibt es hierauf nur eine typische »Wissenschaftlerantwort«: Das kommt darauf an – nämlich darauf, was gelernt wird. Die Gebiete im kindlichen Gehirn reifen nicht alle zur gleichen Zeit aus. Gehirnbereiche, deren Entwicklung früher abgeschlossen ist, gehen auch früher in die Lernformen über, wie wir sie bei älteren Kindern, Jugendlichen und Erwachsenen kennen. Zudem sind die Übergänge fließend und für eine gewisse Zeit existieren beide Lernformen gleichzeitig.

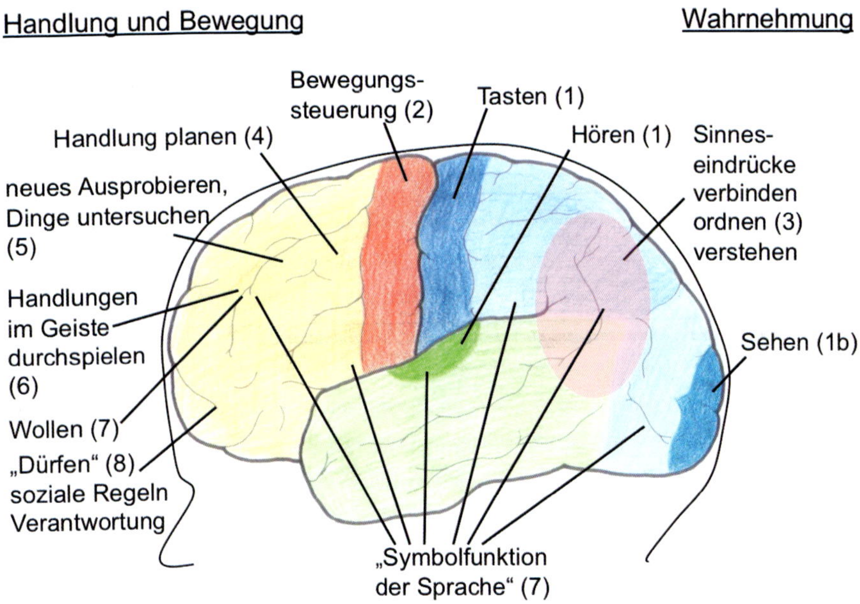

Entwicklung der Gehirnareale: lang(sam) und geordnet; (© Dr. Petra A. Arndt)

Wie oben beschrieben, nehmen die Gebiete, die für die Sinne und die Motorik zuständig sind, ihre Arbeit zuerst auf. Im Alter von etwa 10 Jahren ist in der Sehrinde die Synapsendichte erreicht, die wir bei Erwachsenen finden (Huttenlocher 1990). Dennoch lernt das Sehsystem weiter hinzu – aber dann eben auf andere Weise, nicht mehr durch die Reduktion zuvor aufgebauter, überschüssiger Synapsen. Das kann zum Teil sehr lange dauern. So können Menschen erst mit etwa 16 Jahren die Geschwindigkeit eines sich aus größerer Entfernung nähernden Objekts (z.B. eines Autos) richtig einschätzen.

Etwas später als die den einzelnen Sinnen zugeordneten Bereiche der Hirnrinde werden die Gebiete tätig, die die Informationen aus den Sinnessystemen miteinander zu einem integrierten Abbild der Umwelt verbinden: die multimodalen Assoziationsareale (Gogtay et al. 2004). Sie müssen einfach warten, bis Sehrinde, Hörrinde usw. weit genug entwickelt sind, um ausreichend Informationen für die weitere Verarbeitung zur Verfügung stellen zu können (Casey et al. 2005). Neben der Verbindung von Informationen aus mehreren Sinnessystemen haben die Assoziationsareale die Aufgabe, diese Informationen zu ordnen, Beziehungen zwischen den unterschiedlichen Sinneseindrücken herzustellen und nach und nach Kategorien und Konzepte aufzubauen. Das bildet die Grundlage für höhere kognitive Leistungen, planvolles Handeln, das systematische Verfolgen von Zielen usw. Eines der Assoziationsareale liegt im Scheitellappen (vgl. Abb. 1, rosafarbener Bereich) und führt vor allen Dingen Informationen aus Seh-, Hör- und Tastsinn zusammen. Es nimmt seine Arbeit mit etwa vier bis acht Monaten auf. Ähnlich früh ist ein weiteres Assoziationsareal aktiv. Es liegt im Schläfenlappen (grüner Bereich) und ist schwerpunktmäßig für das Erkennen und Kategorisieren von Objekten zuständig. Das Assoziationsareal im Stirnhirn (gelber Bereich), der präfrontale Cortex, reift als letztes. Er ist zentral für die Steuerung planvollen Handelns unter bewusstem Einbezug der Umweltbedingungen.

Der präfrontale Cortex macht erst im Kindergartenalter einen deutlichen Entwicklungsschub durch und zeigt sich währenddessen auch im Verhalten immer deutlicher, reift aber erst im Jugend- und frühen Erwachsenenalter aus (vgl. Gogtay et al. 2004; Huttenlocher 1979, 1990; Sowell et al. 2003). Da dieser Hirnbereich sozusagen »von hinten nach vorne« in der Entwicklung voranschreitet, lassen sich unterschiedliche Aspekte seiner Funktion in unterschiedlichen Lebensaltern feststellen. Schon sehr früh (ca. mit 8-12 Monaten) lassen sich die ersten Anzeichen für planvolles Handeln und zielgerichtetes Ausprobieren erkennen. Im Alter von ca. 18 bis 24 Monaten beginnen Kleinkinder Handlungen und deren möglichen Konsequenzen im Geiste »durchzuspielen«. Das wird dadurch möglich, dass das Kind nun ausreichend Wörter zur Verfügung hat und damit »innere Symbole«, um sich Dinge vorzustellen, die gerade nicht da sind (Hauptwörter), aber auch, um sich (mithilfe von Verben) Tätigkeiten und Prozesse vorzustellen, die gerade nicht ablaufen. Das Alter von zwei Jahren wird oft als besonders anstrengend empfunden, da sich die Kinder alles Mögliche vorstellen können und dieses dann umgehend haben oder tun wollen. Das Verständnis für Einschränkungen, physikalische oder soziale Regeln, für das »Dürfen« und »Können« fehlt ihnen aber noch. Die Hirnregion, die dazu dient, die Verbindung zwischen Regeln – auch sozialen Regeln – und dem Verhalten herzustellen, reift etwas später aus und ist im Alter von drei bis sechs Jahren verfügbar. Dass die Funktionen prinzipiell verfügbar sind, bedeutet aber nicht, dass sie sich jederzeit im Verhalten äußern. Die noch jungen Hirngebiete brauchen viel Übung und vielfältige Erfahrungsmöglichkeiten, um verlässlich zu arbeiten – und selbst dann ist das jeweilige Verhalten z.B. in Stress- und Belastungssituationen oft nicht abrufbar. Das gilt auch für Erwachsene. Wer hat nicht schon in emotionalen Situationen wider besseres Wissen gehandelt? Je älter Kinder werden, umso besser gelingt die Verhaltenssteuerung und umso weiter können sie Handlungen im Voraus planen, bis sie schließlich als Erwachsene ganze Lebensabschnitte planen können.

Der aufeinander aufbauende Entwicklungsverlauf der Hirnareale bringt es mit sich, dass bestimmte Leistungen erst recht spät entwickelt werden. Bis diese Areale arbeitsfähig sind, übernehmen andere Hirngebiete ihre Aufgabe. Das zeigt folgendes Experiment: Wenn Erwachsene entscheiden sollen, ob ein Objekt unter natürlichen Bedingungen in einer bestimmten Farbe vorkommt oder nicht, dann nutzen sie bei der Entscheidung Assoziationsareale im Scheitellappen und im präfrontalen Cortex. Kinder im Alter von acht bis elf Jahren nutzen für dieselbe Aufgabe Hirnbereiche, die früheren Verarbeitungsstufen entsprechen: höhere Areale der Sehrinde (vgl. Maril et al. 2011). Die Nutzung unterschiedlicher Hirngebiete bei der gleichen Aufgabe hat zwei Auswirkungen: Zum einen machen die Kinder insgesamt mehr Fehler. Zum anderen berichten Kinder häufiger als Erwachsene, dass sie sich in ihrer Entscheidung unsicher sind und zwar selbst dann, wenn sie eigentlich die richtige Antwort gegeben haben. Ein Beispiel aus dem Kita-Alltag ist, dass kleine Kinder Regeln nicht aus sozialer Verantwortung einhalten, sondern weil sie Strafen und die Missbilligung anderer vermeiden wollen, anderen einen Gefallen oder etwas Gutes tun wollen oder sich eine Gegenleistung erhoffen. Das ist aber durchaus nicht negativ. Ein positives Sozialverhalten wird eingeübt und die heranreifenden Strukturen im präfrontalen Cortex finden, wenn sie mit ihrer Arbeit beginnen, Unterstützung durch bereits eingeübte Verhaltensweisen, die in anderen Hirngebieten repräsentiert sind.

Emotionen optimieren Lerneffekte – dafür sorgt das Gehirn!

Andere Faktoren, die Einfluss auf das Lernen haben, sind bei Kindern und Erwachsenen in ähnlicher Weise wirksam. Hierzu gehört der Einfluss von Emotionen. Erlebnisse, die mit besonders starken Emotionen einhergehen – egal ob positiv oder negativ – werden leicht im Gedächtnis gespeichert. Hierfür sorgt ein Anstieg von Botenstoffen im Körper, der durch die Emotionen ausgelöst wird und die gerade aktiven Verbindungen zwischen den Nervenzellen stärkt. Zugleich ist das Erlebte nicht nur in den »normalerweise zuständigen« Hirngebieten repräsentiert, sondern zusätzlich in den an starken Emotionen beteiligten Hirngebieten, die das Gelernte nach dem Motto »Doppelt genäht hält besser« zusätzlich im Gedächtnis verankern. Positive Emotionen beim Lernen führen dazu, dass die Situation wieder aufgesucht wird. Negative Emotionen führen dazu, dass man diese Situation künftig nach Möglichkeit vermeidet. Der emotionale Einfluss auf Lernprozesse hängt von Gehirnstrukturen ab, die wir als limbisches System bezeichnen. Auch beim Kleinkind sind sie bereits weit entwickelt. Dementsprechend sind die Einflüsse von Emotionen auf Lernprozesse bei Kindern und Erwachsenen recht ähnlich.

Beim Erwerb motorischer Fertigkeiten ist die Rolle von Wiederholung und Emotionen besonders gut zu beobachten. Beispielsweise versucht ein Kind immer wieder, eine Dose mit einem Ball zu treffen. Mal landet der Ball näher an der Dose, mal weiter entfernt. Wenn der Ball näher bei der Dose auftrifft oder diese gar trifft, wird von einem Gebiet im Mittelhirn, dem ventralen Tegmentum, der Botenstoff Dopamin ausgeschüttet. Dopamin wirkt in großen Teilen des Gehirns: im Nucleus accumbens, der als »Belohnungszentrum« Emotionen wie Freude und Stolz vermittelt, aber auch in Teilen der Großhirnrinde, die an der Planung und Ausführung von Handlungen, an der Sensomotorik und an höheren Wahrnehmungsprozessen beteiligt sind. Dopamin führt dazu, dass Verbindungen zwischen Nervenzellen, die direkt vor der Ausschüttung aktiv waren, gestärkt werden. So werden genau die Verhaltensweisen und Bewegungen, die mit dem erfolgreichen Treffen der Dose in Zusammenhang stehen, gestärkt und gefestigt. In den stärkeren Verbindungen werden die Bewegungen und Vorgehensweisen langfristig gespeichert, die zum Erfolg geführt haben, so dass genau diese Handlung leicht wieder abgerufen (also wiederholt) werden kann – und auch wird, da sie ja den Aspekt der Belohnung enthält. Durch die Wiederholung und weitere Optimierung kann die Handlung ggf. noch weiter verfeinert werden.

Dieser Mechanismus funktioniert übrigens unabhängig davon, ob das angestrebte Ziel ein sinnvolles und akzeptables Ziel und das Verhalten erwünscht ist. Auch das erfolgreiche Quengeln am Süßigkeitenregal vor der Supermarktkasse oder das Betteln um eine Ausnahme oder noch mehr Fernseh- oder Tablet-Zeit, dem letztlich nachgegeben wird, verfestigt sich in dieser Weise und völlig ohne dass das Kind in der Lage wäre, eine Ausnahme auch tatsächlich als solche zu bewerten. Das Belohnungssystem macht einfach, was es will. Es reagiert positiv, wenn ein angestrebtes Ziel erreicht wird – auch wenn es sich um eine gefährliche Sache handelt, wie schnell noch vor einem Auto über die Straße zu rennen. Falls das klappt und es nicht zu einem Unfall kommt, wird Dopamin ausgeschüttet und das Verhalten verstärkt. Zudem reagiert das Belohnungssystem auf alles, was wir mögen, z.B. schöne Musik, Landschaften, bestimmte Tätigkeiten, die uns Freude machen – je nach persönlichen Vorlieben. Und es gibt angeborene Reaktionen des Belohnungssystems etwa auf Nahrung und Getränke, bei Kindern besonders stark auf Zucker, aber auch – und das ist für die Aufgabe als Erzieher*in besonders wichtig – auf soziale Zuwendung. Daher regen Lob und soziale Zuwendung, die unmittelbar auf ein Verhalten folgen, die Bildung von Nervenverbindungen ebenso an wie der Erfolg beim Dosenwerfen. Ein Unterschied liegt darin, dass durch Zuwendung auch solches Verhalten neurobiologisch verstärkt werden kann, das vom Kind selbst ohne Hilfe nicht als erfolgreich wahrgenommen wird, z.B. Rücksichtnahme, ein Spielzeug oder Süßigkeiten teilen, das Zimmer aufräumen, sorgfältig ausmalen oder Gegenstände korrekt abzählen.

Fazit: Ohne Interaktion mit der Umwelt kein Lernen

Das ist vielleicht einer der wichtigsten Punkte bei der Betrachtung des Lernens aus neurowissenschaftlicher Sicht: Die Umwelt und damit auch die Erwachsenen, die Kinder in ihrer Entwicklung begleiten, haben ganz entscheidenden Einfluss auf die Entwicklung des Gehirns (Diamond & Amso 2008). Durch den Umgang mit dem Kind, durch Anregungen, Angebote und Herausforderungen wird das kindliche Gehirn im wahrsten Sinne des Wortes verändert. Zwar läuft die Entwicklung des Gehirns bei allen Kindern in einer ähnlichen, natürlichen Abfolge ab. Wie schnell einzelne Entwicklungsschritte aber erfolgen und wie intensiv bestimmte Fähigkeiten und die mit ihnen verbundenen Hirngebiete trainiert werden, hängt u.a. davon ab, welche Umgebung und welche Lerngelegenheiten Kindern zur Verfügung stehen. Auch wenn z.B. Zwei- bis Dreijährige soziale Regeln noch nicht problemlos einhalten können, ist das kein Grund dafür, sie nicht mit den Regeln vertraut zu machen und deren Einhaltung einzufordern. Zwar ist es wichtig anzuerkennen, dass mögliche Regelverstöße keine Absicht sind und nicht auftreten, um die Erzieher*in zu ärgern, sondern weil die entsprechenden Hirnregionen noch in der Entwicklung sind. Wenn es aber die Anforderung, diese Regeln einzuhalten, nicht geben würde, würde sich diese Hirnregion nicht so gut oder erst viel später entwickeln. Durch passende Anregungen kann dagegen ein positiver Kreislauf entstehen: Je weiter das Gehirn durch Förderung entwickelt ist, umso leichter fallen weitere Lernprozesse (Diamond et al. 2007, Hermida et al. 2015).

Zum Weiterlesen

Eliot, L. (2017): Was geht da drinnen vor? Die Gehirnentwicklung in den ersten fünf Lebensjahren. München: Piper.

Johnson, M. H. & De Haan, M. (2015): Developmental cognitive neuroscience: An introduction. Chichester: Wiley-Blackwell.

Price, D. J., Jarman, A. P., Mason, J. O. & Kind, P. C. (2011): Building brains: an introduction to neural development. Oxford u.a.: Wiley-Blackwell.

Siegler, R., Eisenberg, N., DeLoache, J. & Saffran, J. (2016): Entwicklungspsychologie im Kindes- und Jugendalter. Deutsche Ausgabe hrsg. v. S. Pauen. Heidelberg: Springer.

Szagun, G. (2013). Sprachentwicklung beim Kind: Ein Lehrbuch. Weinheim: Beltz.

Literatur

Azevedo, F. A., Carvalho, L. R. et al. (2009): Equal numbers of neuronal and nonneuronal cells make the human brain an isometrically scaled-up primate brain. In: Journal of Comparative Neurology. Nr. 531(5), S. 532-541.

Casey, B., Giedd, J. N., & Thomas, K. M. (2000): Structural and functional brain development and its relation to cognitive development. In: Biological psychology. Nr. 54(1), S. 241-257.

Casey, B., Tottenham, N., Liston, C., & Durston, S. (2005): Imaging the developing brain: what have we learned about cognitive development? In: Trends in cognitive sciences. Nr. 9(3), S. 104-110.

Diamond, A., & Amso, D. (2008): Contributions of neuroscience to our understanding of cognitive development. In: Current directions in psychological science. Nr. 17(2), S. 136-141.

Gogtay, N., Giedd, J. N. et al. (2004): Dynamic mapping of human cortical development during childhood through early adulthood. In: Proceedings of the National academy of Sciences of the United States of America. Nr. 101(21), S. 8174-8179.

Hermida, M., Segretin, M., Prats, L. et al. (2015): Cognitive neuroscience, developmental psychology, and education: Interdisciplinary development of an intervention for low socioeconomic status kindergarten children. In: Trends in Neuroscience and Education. Nr. 4(1), S. 15-25.

Huttenlocher, P. R., Dabholkar, A. S. (1997): Regional differences in synaptogenesis in human cerebral cortex. In: Journal of Comparative Neurology. Nr. 387(2), S. 167-178.

Huttenlocher, P. R. (1979): Synaptic density in human frontal cortex – developmental changes and effects of aging. In: Brain Research. Nr. 163(2), S. 195-205.

Huttenlocher, P. R. (1990): Morphometric study of human cerebral cortex development. In: Neuropsychologia. Nr. 28(6), S. 517-527.

Johnson, M. H. (2003): Development of human brain functions. In: Biological Psychiatry. Nr. 54(12), S. 1312-1316.

Mayer, C., Wallner, S., Budde-Spengler, N., Braunert, S., Arndt, P. A., & Kiefer, M. (2020): Literacy training of kindergarten children with pencil, keyboard or tablet stylus: The influence of the writing tool on reading and writing performance at the letter and word level. In: Frontiers in Psychology. URL: https://www.frontiersin.org/articles/10.3389/fpsyg.2019.03054/full.

Rothweiler, M., & Kauschke, C. (2007). Lexikalischer Erwerb. In Schöler, H., & Welling, A. (Hrsg.): Sonderpädagogik der Sprache. Handbuch Sonderpädagogik. Göttingen: Hogrefe Verlag, S. 42-57.

van den Heuvel, M. P., van Soelen, I. L., Stam, C. J. et al. (2013): Genetic control of functional brain network efficiency in children. In: European Neuropsychopharmacology. Nr. 23(1), S. 1923.

1.2 Eine entwicklungspsychologische Perspektive

Carmen Deffner

»Alles Wissen und alles Vermehren unseres Wissens endet nicht mit einem Schlusspunkt, sondern mit einem Fragezeichen.« Hermann Hesse

Entwicklung ist Veränderung, und Veränderungen können Schritt für Schritt sichtbar werden. Beobachten wir das Kleinkind auf seinem Weg vom Krabbeln zum Laufen, erkennen wir tagtäglich Veränderungen in seinem Verhalten, seinen Bewegungsmustern und -ausrichtungen, seiner Freude und auch seinen Frustrationsschwellen und -äußerungen in der Auseinandersetzung mit dem neu zu Erlernenden. Die Veränderungen sind also äußerlich sichtbar (z.B. Bewegung) oder hörbar (z.B. Sprache). Entwicklung ist demnach die Veränderung von einem Ausgangzustand hin zu einem erweiterten Zustand von anderer Qualität, Intensität oder auch Quantität (man denke nur an die Wortschatzexplosion mit 24 Monaten). Und natürlich ist Entwicklung auch ein innerer Prozess, der zunächst weder sicht- oder hörbar ist, sondern sich verzögert in erweiterten Handlungs- und Verhaltensspektren des Kindes äußert. Aus Sicht der Entwicklungspsychologie ist Entwicklung ein Kompetenzerwerb, der mit den Lebensjahren voranschreitet, in bestimmten Entwicklungsstufen beschrieben wird (z.B. in der Moralischen Entwicklung nach Kohlberg) und dadurch auch innerhalb einer Alterskohorte vergleichbar wird (Stangl 2019).

Grundsätzlich ist die Entwicklungspsychologie bestrebt, die lebenslange Entwicklung des Menschen zu beschreiben, zu erklären und letztlich in tragfähige Konzepte zu übersetzen. Sie verfolgt die Fragen nach dem Verhältnis und Einfluss von Anlage und Umwelt auf die Entwicklung des Kindes, sucht Erklärungsansätze, wie es zu Veränderungen im Denken und Verhalten des Menschen kommt, warum Menschen so unterschiedlich sind, wie sie eben sind, und natürlich auch, was die Forschung dazu beitragen kann, dass für alle Kinder ein gesundes und förderliches Aufwachsen möglich sein wird (z.B. Siegler et al. 2016, S. 8).
Die vorherrschenden Ansätze, Entwicklung zu erklären, sind

- Entwicklung als Reifungsprozess (das Kind wird als ein heranreifendes, aus Prägung und Erfahrung Lernendes betrachtet),
- Entwicklung als Lernen in sensiblen Perioden oder Phasen (die Annahme, dass es im Entwicklungsverlauf des Menschen, vornehmlich des Kindes, bestimmte Zeitfenster gibt, in denen der Erwerb einer bestimmten Fähigkeit besonders günstig verläuft),
- Entwicklung als ein Ergebnis von Erziehung und Sozialisation (die Erziehungspersonen vermitteln dem Kind bestimmte Kulturtechniken, z.B. das Essen mit Messer und Gabel, oder auch Verhaltensweisen, die in der jeweiligen Kultur als gängig oder als nicht erwünscht gelten)
- Entwicklung als Resultat der Interaktion von Anlage und Umwelt (die gegenläufigen Annahmen, dass es nur die Gene sind bzw. nur die Umwelt ist, die die Entwicklung des Kindes bestimmt, werden zu der Idee verbunden, dass Anlagen die Unterstützung der Umwelt benötigen, um hervorgebracht oder auch gehemmt zu werden (z.B. Oerter & Montada 2002, Pauen & Vonderlin 2007)

Je nach Schwerpunktsetzung beinhalten alle vier dieser Erklärungsansätze wiederum Theorien, die das Lernen erklären sollen. Die dominanten darin sind die Lerntheorien des Informellen

Lernens und des Lernens am Modell. Informelles Lernen geschieht gewissermaßen en passant (Hille et al. 2013). Durch die tätige Auseinandersetzung mit einem Material erkennt das Kind, wie es zu gebrauchen ist, was es damit bewirken und welche Spuren es dabei hinterlassen kann.

Der Junge hinterlässt Spuren.

Die Informationen über die Medien und Materialien, die das Kind benutzt, sind ihm vordergründig nicht bekannt. Es lernt nebenbei und denkt nicht darüber nach, dass es jetzt lernen möchte, wie z.B. Kreide auf Beton wirkt, was damit passieren wird, wenn es gleich regnen wird. Das Kind lernt in seinem Tun und seiner Erfahrung – genau in diesem Moment des Tätigseins. Erst später wird es diese Erfahrungen in ähnlichen Situationen abrufen, abgleichen und um weitere Details erweitern.

Lernen am Modell ist eines der wirksamsten Konzepte des Lernens. Stellen Sie sich vor, sie wären in einem Land, dessen Sprache sie nicht sprechen und dessen Umgangsformen sie nicht kennen. Sie möchten auf dem Markt eine Melone kaufen. Was tun? Sie könnten geradewegs hingehen, auf die Frucht zeigen, Daumen an Mittel- und Zeigefinger reiben, um ihre Kaufabsicht zu demonstrieren. Sie können aber auch erst einmal abwarten und beobachten, wie Einheimische das machen. Vielleicht möchten Sie vermeiden, einen Verkäufer unhöflich zu behandeln oder gar zu brüskieren. Deswegen entscheiden Sie zu warten und zu beobachten – nicht nur eine kaufende Person, sondern zwei, drei, um aus deren Verhalten insgesamt ein Muster zu erkennen und abzuleiten, wie man sich hier vor Ort in dieser speziellen Gegebenheit zu verhalten hat. Wichtig dabei ist: Sie wählen nicht irgendwelche beliebigen Personen, sondern solche, die Sie als repräsentativ erachten, die den Anschein erwecken, ein richtungsweisendes Vorbild zu sein. Wie man auf dem Markt in XY einkauft, lernen Sie also durch Beobachten und Imitieren dessen, was Sie gesehen haben. Sehr wahrscheinlich führt Sie dieses Vorgehen zum Erfolg.

Der Zusammenhang ist klar: Lernen erfolgt durch Beobachtung und ist von »guten« Vorbildern abhängig. In der Rolle des Erziehenden und der pädagogischen Fachkraft ist die Vorbildfunktion eine vielschichtige. Nicht nur die Kinder beobachten, wie sich Erzieher*innen in bestimmten Situationen verhalten, auch die Eltern sind »Voyeure«. Sie beobachten Fachkräfte im Umgang mit ihrem Kind und gewinnen dadurch wertvolle Erkenntnisse und Anregungen zur Reflektion und Erweiterung ihres eigenen Verhaltensrepertoires.

Besonders diese beiden Lerntheorien machen deutlich, dass die Entwicklung des Kindes durch ein Wechselspiel aus Anlage und Umwelt bedingt zu sein scheint. Die Motivation und Neugierde des Kindes, die es zur Exploration unterschiedlicher Phänomene führt, steht in Wechselwirkung mit seinem Entwicklungsumfeld, das sowohl ein Umfeld von Menschen und Bezugspersonen, als auch ein räumlich-materielles Umfeld ist. Dieses Verständnis von Lernen und Entwicklung sollen in den weiteren Ausführungen vertieft werden.

Die Ausstattung des Kindes

Die Entwicklung des Kindes ist weder ein vom Kind alleinig gesteuerter Prozess noch eine vom Erwachsenen initiierte Erfolgsgeschichte. Entwicklung ist vielmehr eine Wechselwirkung zwischen den beiden Akteuren Kind und Erwachsenen (und natürlich auch aller anderen Freund*innen und Bezugspersonen, die das Kind umgeben), sowie seinem räumlich-kulturellen Kontext.

In diese Wechselseitigkeit bringen sowohl das Kind als auch die Umwelt unterschiedliche Aspekte ein.

Das Startkapital des Kindes – Elisabeth Stern (2003) nennt es auch den »Start-up-Mechanismus« – ist zweifelsohne seine Fähigkeit zu vorgeburtlichem Lernen.

Besonders wichtige soziale Phänomene sind sofort nach der Geburt zu beobachten. Ein hinlänglich bekanntes Beispiel dafür ist die Fähigkeit des Neugeborenen, Geschichten, welche die Mutter ihm während der Schwangerschaft vorgelesen hat, nach der Geburt wiederzuerkennen, allein am Klang der mütterlichen Stimme (Gopnik et al. 2001). Diese Wahrnehmungspräferenz hin zur mütterlichen Stimme gilt, wie auch die Präferenzen in der Wahrnehmung hin zu Gesichtern, als bedeutsam für die soziale Entwicklung. Der Blickkontakt initiiert für den Säugling eine Interaktion: Der Säugling erwartet den Blickkontakt seitens des Erwachsenen, bevor er sich mit ihm einem Gegenstand zuwendet. Diesen Ablauf fasst der Säugling als Lehr-Lern-Interaktion auf. Für ihn signalisiert der Blickkontakt: »Achtung, jetzt kommt etwas, das wichtig ist!« Fehlt der Blickkontakt, fühlt das Kind sich nicht in den Prozess integriert, es nimmt das Interaktionsangebot nicht an (Pauen 2012).

Nur als Fragendes ist das Kind ein Lernendes

Das Erkennen durch Selbsttätigkeit und durch Selbstgestaltung von Lernprozessen verbirgt sich hinter dem kindlichen Slogan: »Wer nicht fragt, bleibt dumm!« Die Motivation, nach Antworten und Lösungen zu suchen, ist eng an die Selbstwirksamkeitserwartung des Kindes gebunden. Kinder wollen die Antworten auf ihre Fragen nicht auf dem Silbertablett serviert bekommen, sondern sich als schöpferische Gestalter selbst erschließen: Sie wollen sich abmühen und sich freuen, es selbst geschafft zu haben. Sie wollen selbstwirksam sein. Dafür benötigen sie Struktur und (Bindungs-)Sicherheit von Erwachsenen. Deren Aufgabe ist es, die Umwelt so zu gestalten, dass das Kind Lust bekommt und auch Erfolg dabei hat, Lösungen zu finden.

Dies führt zur Frage, welchen Anteil am Entwicklungsfortschritt des Kindes die personale Umwelt hat. Was werfen die Erwachsenen ins Rennen? Von der Personen-Umwelt, die es umgibt, empfängt das lernende Kind einerseits vielfältige und entwicklungsangemessene Anregungen. Es erfährt durch sensitiv handelnde Bezugspersonen Regelmäßigkeit und Strukturen, Vorhersehbarkeit, Kontinuität. Außerdem bindet die fürsorgende Umwelt das Kind durch Interaktion in die Gemeinschaft ein (Pauen 2012). Diese frühen Beziehungserfahrungen sind prägend.

Wie bedeutsam sie sind, betonen Bernier et al.. Sie stellen heraus, dass im Kleinstkindalter die drei Elemente des inneren Sprechens, des sensitiven Reagierens und des mütterlichen Autonomiesupports maßgeblich sind für die Entwicklung des Kindes und im Besonderen für dessen Fähigkeit zur Selbstregulation (Bernier et al. 2010, vgl. Kapitel 2.2).

Mütterlicher Autonomiesupport bedeutet, dass die Mutter mit ihrem Verhalten das Kind beim Erreichen seiner Ziele und Wünsche unterstützt. Die Mutter stimmt ihr Unterstützungsangebot feinfühlig auf die Bedürfnisse des Kindes ab. Intuitiv übernimmt sie die kindliche Perspektive und lässt sich auf das Tempo des Kindes ein. Durch ihre Stimmlage bringt sie zum Ausdruck: »Ich helfe dir!« (Bernier et al. 2010).

Eltern verbalisieren ihre Vermutungen, Gedanken und Wünsche, wenn sie ihr Kind betrachten. Das Kind bekommt dadurch einerseits Informationen über seinen eigenen (Empfindens-)Zustand und andererseits eine Unterstützung für seine Selbstregulation – z.B. wenn die Mutter ihre Vermutungen äußert, was das Kind gerade braucht, um sich zu beruhigen (Bernier et al. 2010). Die Qualität der elterlichen Fürsorge und Sensitivität scheint für die Entwicklung also einen besonderen Stellenwert einzunehmen.

Verallgemeinert bedeutet Lernen im sozialen Kontext, Fähigkeiten durch die Interaktion mit den uns umgebenden Menschen zu erlernen. Lernen heißt dabei, Fertigkeiten im unmittelbaren Kontakt zu erleben, zu übernehmen und zu verinnerlichen, um sie schließlich selbstständig reflektieren und ggf. erweitern zu können (Schmenk 2010). Es geht über das reine Nachahmen hinaus, da es einerseits in einem identitätsstiftenden Kontext erworben ist und anderseits auf individuelle Tauglichkeit hin überprüft werden kann.

Lernen über die anderen

Lernen im sozialen Kontext bedeutet nicht nur Lernen über sich selbst, sondern auch über Andere. Die Theory of Mind (ToM) ist ein wesentliches Konstrukt, das dazu befähigt, Geisteszustände und Perspektiven anderer zu erschließen, zu verstehen und darauf zu reagieren.

Die individuelle Entwicklung der ToM verläuft schrittweise und über einen relativ langen Zeitraum zwischen dem ersten Lebensjahr bis ins Grundschulalter hinein.

Bereits Einjährige, so zeigt die jüngere Forschung, verstehen möglicherweise, dass andere Menschen andere Absichten, Wünsche oder Handlungsmotive haben als sie selbst (Sodian 2011) – jedoch ohne sich dessen bewusst zu sein.

Zweijährige unterscheiden bereits zwischen sich und dem Anderen und sind daher fähig zur Empathie (Sodian et al. 2010). Sich in andere hineinversetzen zu können erfordert – im Gegensatz zur Gefühlsansteckung – zwischen dem Ich und dem Du trennen zu können. Empathische Kinder wirken betroffen und wollen helfen; das ist bei der Gefühlsansteckung nicht der Fall. Allerdings wird vermutet, dass es sich hier um einen nicht bewusst gesteuerten Vorgang handelt. Einfach gesagt: Die Kinder tun es einfach aus dem Bauch heraus; wie sie es auch bemerken – ohne eine metakognitive Erklärung dafür zu haben –, wenn Erwachsene aus falscher Überzeugung handeln (zum Beispiel ein verstecktes Spielzeug am falschen Platz suchen). Den Kindern ist nicht bewusst, dass sie ein Verhalten beobachten, das zu einem falschen Ausgang führen wird.

Erst mit drei bis vier Jahren können Kinder kognitiv erschließen, dass eine Person in einem falschen Glauben über einen bestimmten Sachverhalt ist. Karl weiß, dass alle Kinder am Montag ihren Teddy in die Kita mitbringen dürfen. Er weiß auch, dass sein Freund Luis krank ist und nicht über diese Information verfügt. Karl kann die Informationszustände in Relation setzen: Er selbst hat das Wissen, sein Freund jedoch ist der Überzeugung, dass er am Montag wie gewöhnlich zur Kita kommt – ohne Extrabegleitung in Form seines Teddys. Karl weiß also, dass Luis diese Information nicht hat und wie er demzufolge handeln wird. Dies ist gewissermaßen eine Minusrechnung: Karls Wissen ist mehr als Luis' Überzeugung. Karl verfügt über die ToM!

Im Alter von sechs Jahren lernt das Kind zu verstehen, dass es sich Wissen durch Schlussfolgern aneignen kann, also auch auf abstraktem Wege. Es kann nachvollziehen, wo sein Wissen herkommt, wann und wie es erworben wurde (vgl. Marinovic & Pauen 2012, S. 36). Das Erfassen und Erzählen von Witzen und Ironie fällt in eben diese Entwicklungszeit. Diese Aufgabe scheinen Kinder sehr ernst zu nehmen (obwohl dabei viel gelacht wird): Ist es nicht auffällig, dass Kinder gerade in den ersten Grundschuljahren unentwegt und über lange Zeitspannen Witze erzählen! Als erwachsene, geduldige Zuhörer*in kann man sehr gut beobachten, wie von Mal zu Mal die Kompetenz des Weitererzählens wächst.

Faktoren, die sich positiv auf die Entwicklung der ToM auswirken:

- Aufwachsen mit Geschwisterkindern, denn das erfordert, dass sich ein Kind frühzeitig damit auseinandersetzen muss, dass seine Geschwister etwas anderes wollen als es selbst (z.B. Ruffmann et al. 1998)
- Einfühlsame Eltern, die dem Kind dabei helfen, die Sichtweisen des Anderen zu verstehen
- Erziehungspersonen, die dem Kind gegenüber häufig mentale Zustände (ihre eigenen und die des Kindes) verbalisieren (ich denke/fühle/vermute, dass ... Kann es sein, dass du denkst, dass ...) (Peterson & Slaughter 2003).

Für die Kita relevante Ansatzpunkte zur Förderung der ToM:

- Gute Beziehung zur Fachkraft
- Viele Gelegenheiten zum Rollen- und Phantasiespiel
- Miteinander über Gefühle, Absichten, Ansichten, Gedanken und Vorstellungen sprechen
- Gelegenheiten eröffnen, bei denen sich das Kind in andere hineinversetzen kann (beim Betrachten eines Bilderbuchs Fragen stellen, wie es dem Bären wohl ergeht, wenn er sich in seiner Höhle für den Winterschlaf zurechtkuschelt; aber auch alltags- und situationsbezogen: Wie fühlen sich andere Kinder, wenn dies oder jenes eintritt? (Marinovic & Pauen 2012, S. 37)

Insgesamt ist beides unverzichtbar: der kompetentere Erwachsene, der den Kindern unterschiedliche Sichtweisen erkennbar macht, diese aufzeigt und mit dem Kind darüber spricht – und andererseits die Peergruppe als Übungsfeld bei Spiel, Rollenspiel und Interaktion.

Lernen im sozialen Kontext als lebenslanger und aktiver Prozess

Die soziokulturellen Ansätze der Entwicklungspsychologie betrachten das Lernen im zwischenmenschlichen Kontext. Sie beschreiben, »wie die soziale Welt die Entwicklung formt« (Siegler et al. 2016, S. 150). Lew Wygotski, ihr bedeutendster Vertreter, stellt die Bedeutung der Interaktion für die Entwicklung des Kindes ins Zentrum. Durch Interaktion führen die Erwachsenen das Kind Schritt um Schritt in die Kultur ein, die es umgibt.

Hannes (3 Jahre) wächst auf dem elterlichen Bauernhof auf. Nach der Kita darf er mit seinem Vater auf dem Traktor aufs Feld fahren. Er weiß genau, dass sein Vater dort das Futter für die Tiere anbaut, wie dieses heißt, wann es am besten wächst und dass es an die Tiere gefüttert wird. Sein Vater erklärt und zeigt ihm viel.

Erwachsene und auch ältere Kinder als »More Knowledgeable Others« (MKO) – als Personen mit Wissens- und Erfahrungsvorsprung – ermitteln durch Interaktion den aktuellen Fähigkeitsstand des Kindes und bieten ihm dann Erweiterungen an. Dies geschieht in Abstimmung mit den Interessen des Kindes. Vom Kind werden diese selbsttätig und im Alltagsgeschehen aktiv erschlossen und somit zunächst verinnerlicht.

Weil es im großen Stall für Hannes noch zu gefährlich ist, darf er seine »eigenen Tiere« füttern. Seine Mutter achtet darauf, dass die zwei Kaninchen nicht aus dem Stall hüpfen, wenn Hannes das Türchen öffnet, um das frische Gras reinzulegen. Sie zeigt ihm, wie man sie mit der Hand vorsichtig zurückhält. Hannes möchte alles schon alleine erledigen, achtsam schafft seine Mutter ihm einen Raum, dessen Anforderungen er schon bewältigen kann.

Mit der Zeit werden das neue Wissen, die neuen Kenntnisse und Fertigkeiten in sein eigenes individuelles Sein übergeführt. Das Kind hat dann eigene Gedanken, Emotionen, Wissen und Verhaltensweisen entwickelt. Dies wiederum bedeutet, dass in allen Wesenszügen, Gedanken und Verhaltensweisen des Kindes die Aspekte seiner Kultur beinhaltet sind, das Kind selbst ist gewissermaßen Ausdruck seiner Kultur (vgl. Fthenakis & Textor 2000).

In der Kita erzählt Hannes seiner Erzieherin alles über Futter, Hasen, Traktoren ... Es ist sein Thema. Hier kennt er sich aus und entwickelt im Spiel neue Ideen.

Das hier beschriebene Lernen nimmt seinen Ausgangspunkt in Alltags- und Lebenssituationen und darf weder über- noch unterfordern. Diesen Raum zwischen Über- und Unterforderung, der vom aktuellen Können des Kindes ausgeht, definiert Wygotski als die Zone der nächsten Entwicklung (ZPD).

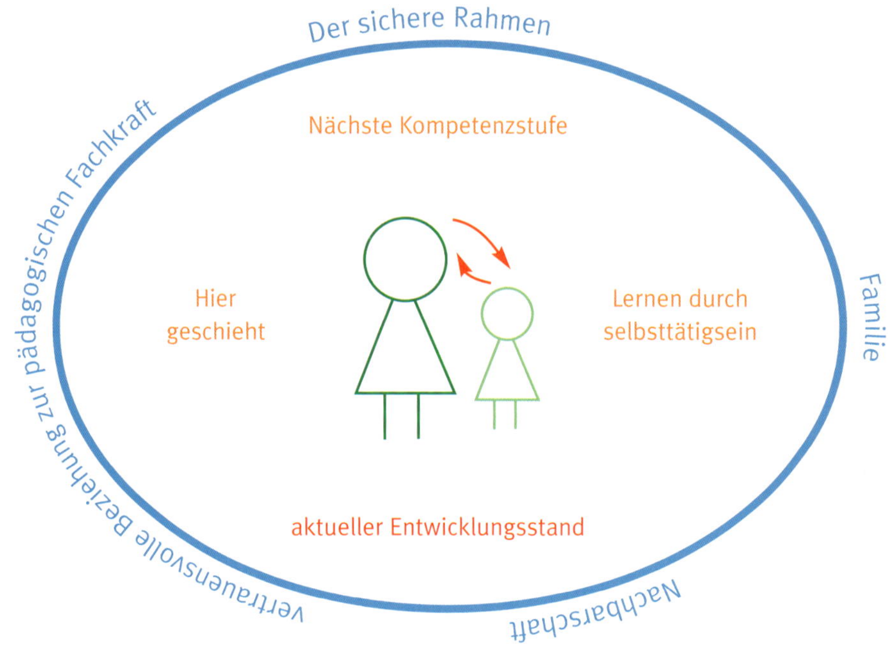

Das Kind in der Zone der nächsten Entwicklung ist umgeben von einem sicheren Rahmen (Familie, soziale Umwelt und pädagogische Fachkräfte). Diese Akteure sind wichtige Unterstützer*innen – in persona wie durch das Bereitstellen hilfreicher Strukturen.

Die Zone der nächsten Entwicklung beschreibt den individuellen, aktuellen Entwicklungsstand des Kindes gegenüber dem noch nicht Erreichten bzw. dem bereits Überwundenen. Es dreht sich also um das »Dazwischen« (Bodrova & Leong 2007). Damit steht der Verlauf der Entwicklung in dieser Theorie im Mittelpunkt (vgl. Liegle 2013). Das »Dazwischen« gilt es von der Fachkraft so zu gestalten, dass das Kind sich als selbsttätiger und selbstbestimmter, also auch partizipativer Lerner erlebt. »Optimal instruction and learning tasks occur in the middle zone, which is neither too simple nor too difficult and is open for learning« (Dennen 2004, S. 815).

Dem Kind wird nichts abgenommen, im Gegenteil, ihm wird gegeben: und zwar die passgenaue Unterstützung, um Selbstwirksamkeit zu ermöglichen. Das Kind ist aktive/r Gestalter*in seines Erkenntnis- und Erschließungsprozesses, denn Lernen kann es nur selbst! Die pädagogische Fachkraft als Brückenbauer*in zwischen dem Können und dem Wollen bedient sich unterschiedlicher kognitiver (Sprache, Regeln, Strategien) und physischer (Bücher, Bilder, Hilfsmittel) »Tools«, um die kindlichen Lernprozesse zu begleiten. Besonders bei Wygotski finden wir die Betonung der Wechselwirkung der Beeinflussung zwischen Kind und sozialem Kontext: »Wygotski und seine Anhänger vertreten hingegen die Auffassung, dass nahezu alle psychischen Strukturen und kognitiven Fähigkeiten auf soziale Phänomene zurückgehen, ursprünglich in Interaktionen mit anderen (kompetenteren) Personen auftraten und dann von dem jeweiligen Kind internalisiert wurden« (Fthenakis & Textor 2000, S. 67). Brisch betont in diesem Zusammenhang die Bedeutung der Gleichaltrigengruppe, die in der Zone der nächsten Entwicklung eines jeweiligen Kindes eine wichtige Orientierungshilfe sein können, besonders dann, wenn sie in ihrer Entwicklung schon etwas weiter sind (Brisch et al. 2009, S. 17).

Gegenstand des Lernens sind Themen, die das Kind innerhalb seiner Kultur ummanteln: Wie funktioniert Anziehen? Wie kaufen wir ein – auf dem Markt, im Supermarkt oder im Internet? Wie essen wir gemeinsam morgens, mittags und abends und was gehört zu diesen Ereignissen: den Tisch decken, ein Tischgebet sprechen oder nicht, welche Abfolge der Speisen gibt es, wer räumt den Tisch ab? Aber auch Bereiche wie schreiben und rechnen lernen und weitere akademische Kompetenzen gehören dazu. So ist das Kind konfrontiert mit identitätsstiftenden Fragen wie: Wer und wie bin ich als Schulkind? Wer und wie bin ich als Familienmitglied? Mit welchen (inneren und äußeren) Erwartungen ist die jeweilige Rolle verbunden? Und welche Kompetenzen benötige ich, um sie zu erfüllen? Wer unterstützt mich und auf welche Weise?

Das Kind in die Zone seiner nächsten Entwicklung begleiten – mit Cognitive Apprenticeship

Lernen in sozialer Interaktion ist ohne Kommunikation nicht denkbar. Darum stellen die sozialpsychologischen Ansätze der Entwicklungspsychologie Phänomen wie Sprache in den Mittelpunkt. Besonders für die Entwicklung des Denkens gilt Sprache als Voraussetzung zur Interaktion mit Sozialpartnern. Ein anderer Mensch kann mir etwas erklären, zeigen oder vormachen. Schon das Kleinkind kommuniziert mit seiner Bezugsperson in Form von Zeigegesten und der damit verbunden Aufforderung: »Was ist das? Wende dich mit mir zusammen diesem Gegenstand zu und erkläre mir, was das ist.« Mittels der Sprache kann der andere sein Wissen weitergeben; darin enthalten sind immer unsere Werte, Ansichten und Bedeutungszumessungen. Sprache ist also auch ein Mittel zum Austausch von Interessen und Wissen.

Darüber hinaus ist sie in Anlehnung an Wygotski ein Mittel, um sogenannte höhere Denkprozesse in Gang zu setzen. Ziel in der Entwicklung ist eine Wechselseitigkeit von Sprache und Denken. Im Kita-Kontext zeigt sie sich darin, dass die Fachkraft ihrerseits das Kind beobachtet, begleitet und wertschätzt, während das Kind ihr seine eigenen Interessen und Fragen anvertraut sowie Neues, Erfragtes, Erforschtes und Erdachtes gemeinsam mit ihr verarbeiten möchte. In Entwicklungs- und Lernprozessen sind beide Seiten Lenkende: das Kind, indem es das Thema und das Lerntempo vorgibt; die Fachkraft, indem sie interaktive Dialoge zum Beispiel im Sinne des gemeinsam aufrechterhaltenen Denkprozesses initiiert (z.B: durch Sustained Shared Thinking). In diesem interaktiven Prozess ist das Kind ein Lernendes, das seine Entwicklung aktiv mitgestaltet (vgl. Fthenakis & Textor 2000).

Innerhalb der soziokulturellen Theorien kann Lernen also als interaktiver, wechselseitig gestalteter Prozess und im bedeutsamen Kontext stattfindend beschrieben werden. Der »Lebensweltbezug und die Authentizität von Lernumgebung« (Dietrich et al. 2019, S. 49) wird in diesem Sinne im Ansatz des Cognitive Apprenticeship abgebildet (Dietrich et al. 2019). Dieser Ansatz ist besonders geeignet, um das Kind an die Zone der nächsten Entwicklung heranzuführen und es darin zu begleiten.

Darin geht es um die Vermittlung kognitiver Fähigkeiten im Verhältnis zwischen Lehrendem und Lernenden. Auch hier geht es demnach um den MKO. Durch verschiedene Strategien und Herangehensweisen werden die unsichtbaren, unhörbaren Gedanken des Lehrenden sichtbar, hörbar und begreifbar gemacht. Das Innere wird zunächst nach außen transportiert, um dann im Rahmen eines intensiven Auseinandersetzungsprozesses wieder nach innen gekehrt zu werden, d.h. das Wissen wird aktiv internalisiert (Ghefaili 2003).

Cognitive Apprenticeship wirkt sich nachweislich positiv auf die Entwicklung höherer kognitiver Fähigkeiten aus und führt zu einer stärker lösungsorientierten Auseinandersetzung zwischen Lehrendem und Lernendem (Ghefaili 2003). Es lohnt sich deswegen diesen Ansatz genauer unter die Lupe zu nehmen, da er viele Antworten darauf gibt, wie die Zone der nächsten Entwicklung mittels einer dialogischen und kognitiv anregenden Haltung dem Kind gegenüber mit Leben gefüllt werden kann.

Die Techniken des Cognitiye Apprenticeship

Im Folgenden sind einige Techniken der Interaktion beschrieben, die zum Konzept der Cognitive Apprenticeship gehören. Diese sind besonders wertvoll hinsichtlich der Gestaltung jener metakognitiver Prozesse, welche für das Kind sein Lernen sichtbar machen, so wie es zum Beispiel bei der Umsetzung der Lerngeschichten der Fall ist.

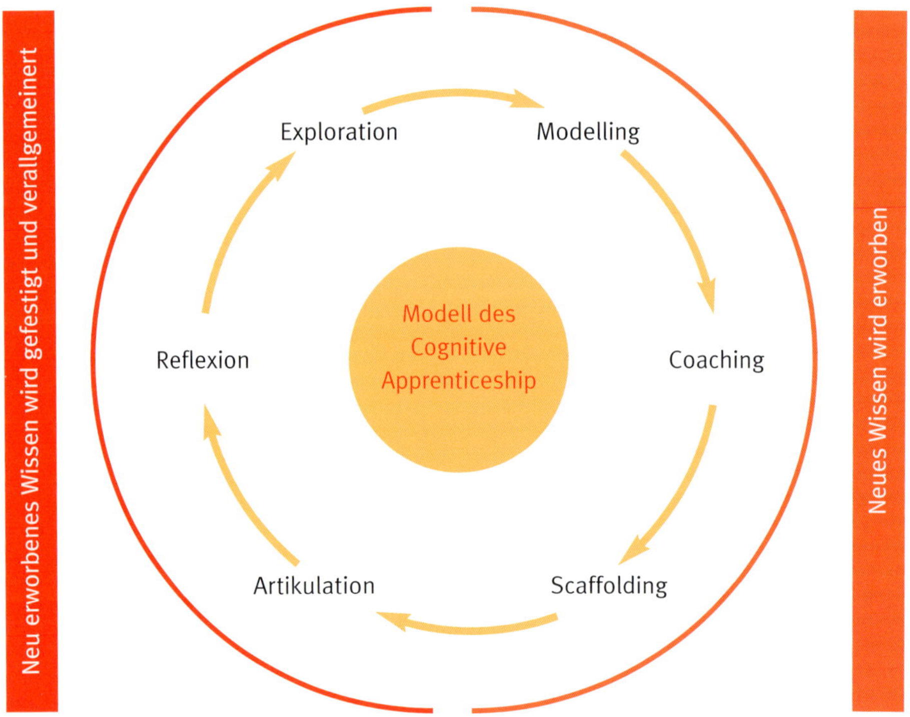

Der Erwerb und das Festigen von Wissen geschehen in unterschiedlich komplexen Prozessen

Modelling (Vorführen) durch Private Speech (an sich selbst gerichteter Dialog)

Modelling ist mehr als ein einfaches Vormachen einer Fertigkeit, die das Kind zu imitieren versucht (Tharp & Gallimore 1988; Dennen 2004): Beim Modelling geht es darum, einen Denkprozess vorzuführen. Dazu setzt die pädagogische Fachkraft das nach außen gerichtete Selbstgespräch ein, die sogenannte Private Speech. Wygotski umschreibt Private Speech als ein Sprechen, das hörbar, jedoch weniger an andere gerichtet ist als an den Sprecher selbst (Bordova & Leong 2007). Der an sich selbst gerichtete Dialog ist vermutlich eine Form, sich selbst zu steuern und die eigene Aufmerksamkeit zu lenken (Hoyle 2010). Der gesamte Vorgang des Denkens wird dadurch strukturiert. Private Speech schützt das Kind (und jeden anderen Lernenden) davor abzudriften und unterstützt es fokussiert in seiner Tätigkeit zu sein und zu bleiben.

Nach Wygotski wird damit der Übergang von den nach außen gerichteten Regulationen hin zur Überwachung innerer Denkprozesse und Antworten erleichtert (Winsler & Naglieri 2003). Diese Annahme stützt auch die Studie von Berk (1986): Private Speech wirkt sich positiv auf die kognitive Entwicklung aus. Wenn Kinder kognitiv anspruchsvolle Aufgaben mit Private Speech lösen, tun sie dies mit höherem Aufmerksamkeitsfokus und weniger motorischen Aktivitäten, die eigentlich dem Spannungsabbau dienen (Berk 1986).

Zumeist nutzt das Kind Private Speech ganz intuitiv. Beobachten wir Kinder in einem intensiven Arbeitsprozess, hören wir sie häufig mit sich selbst sprechen. Verwendet jedoch der Erwachsene in der Rolle des MKO Private Speech, ändert sich das Ziel. Denn verbunden mit dem Modelling stellt Private Speech eine Möglichkeit dar, die Gedankengänge für das Kind hörbar zu machen. Das Kind hört gleichsam eine Instruktion, zum Beispiel wie die Fachkraft vorgeht, um ein gegebenes Problem zu lösen. Es hört den Gedankengängen, den Hypothesen, dem Abwägen der Lösungsoptionen der Fachkraft zu (Ghefaili 2003). Zugleich beobachtet das Kind das Tun der Fachkraft und erhält so die Möglichkeit, die Gedanken- mit der Handlungswelt zu verbinden. Übernimmt das Kind diese Strategie, erlernt es »die Fähigkeit, eine Idee darzustellen, vom Gedanken zur Situation und nicht wie bisher von der Situation zum Gedanken zu gelangen« (Wygotski, zit. n. Fthenakis & Textor 2000, S. 71). Im Grunde genommen beschreibt Wygotski damit die Fähigkeit zum vorausschauenden Denken und zielorientierten Planen.

Scaffolding (ein Gerüst bauen) und Fading (sich wieder zurückziehen)

Innerhalb des Anleitens macht die Fachkraft nicht nur ihre Gedanken als strukturgebende Stütze hörbar, sie verwendet als Unterstützung auch weitere »Tools« (Bodrova & Leong 2007), um einen komplexen Lernvorgang in Teilschritte zu untergliedern (Dennen 2004). Aufgabe des Lehrenden ist es, so lange Hilfestellung zu geben, bis der Lernende in der Lage ist, eine Aufgabe selbstständig zu bewältigen. Der Lehrende muss darauf den Lernvorgang klar strukturieren und für das Kind angemessen herausfordernd aufbereiten, jedoch im Wechselspiel mit dem kindlichen Autonomiebestreben (Schmenk 2010). Es ist ein feines Oszillieren zwischen Anleitung und Machen-Lassen.

Um den Selbsttätigkeitsradius des Kindes möglichst weit zu fassen, versteht sich die Fachkraft als »Gerüstbauer*in« (scaffold = Gerüst). Sie bietet stützende Elemente an (z.B. bebilderte Abläufe, visuelle oder akustische Signale mit eindeutig zugeordneter Bedeutung), die das Kind für sein Weiterkommen nutzen kann. Wie beim Hausbau auch, dient das stützende Gerüst nur einem Übergang. Diese Tools dienen als visuelle oder sprachliche Unterstützung der Selbsttätigkeit des Kindes innerhalb seiner Entwicklungszone.

Wie beim Hausbau auch gilt beim »pädagogischen Gerüstbau«: Wenn das Haus fertig ist und die Unterstützung von außen nicht mehr gebraucht wird, wird das Gerüst wieder abgebaut.

Ihr Einsatz begünstigt die Entwicklung der Selbstregulation und Selbstständigkeit des Kindes. Die Auswahl der Tools orientiert sich am Nutzen, den sie für das Kind darstellen. Deswegen ist die leitende Frage bei der Auswahl geeigneter Tools für ein bestimmtes Kind: »Dient dieses Tool dem Kind in der vorherrschenden Situation und unter Berücksichtigung des beobachteten Entwicklungsstandes zu einem Mehr an Selbsttätigkeit?« Tools müssen von der Fachkraft sorgfältig eingeführt werden und für das Kind einen erkennbaren Nutzen haben. Das Kind soll Freude an der Unterstützung verspüren: »Sieh her, damit kannst du es ganz alleine!« Es soll das Tool nicht als Einschränkung seiner selbst erleben, im Sinne von: »Du kannst es eben ohne noch nicht.« Im weiteren Verlauf entscheidet das Kind selbst, ob es eine Hilfe noch benötigt, um seine neu erlernte Tätigkeit auszuführen, oder ob es bereits so weit ist, dass es diese nur noch hin und wieder oder sogar gar nicht mehr benötigt. Dieses Phänomen wird als Fading bezeichnet: Mit zunehmender Kompetenz »verblasst« die Unterstützung durch Gerüst und Werkzeug.

Coaching (das lernende Kind begleiten) mit Sustained Shared Thinking (geteilter Denk- und Gesprächsprozess)

Um den Lernprozess in Gang zu halten, benötigt das Kind eine fein abgestimmte Begleitung durch die Fachkraft. Denn während das Kind sein Lebensumfeld nach Übertragbarkeit und Adaption seines neu erworbenen Wissens exploriert und überprüft, kommen neue Fragen und Herausforderungen auf: Das bestehende Wissen muss überdacht und erweitert werden. Die Fachkraft fungiert dann als Austauschpartner*in, Feedbackgeber*in, Tippgeber*in, Anbieter*in verschiedener Sichtweisen – mit dem Ziel, das lernende Kind näher an sein Potenzial heranzuführen.

Zum Gelingen des Coachings leistet das Sustained Shared Thinking (SST) einen wichtigen Beitrag. Sustained Shared Thinking beschreibt das Bemühen, einen geteilten Denk- und Aufmerksamkeitsprozess zwischen Fachkraft und Kind aufrechtzuerhalten:

»Man spricht von sustained shared thinking, wenn zwei oder mehr Individuen zusammen einen gedanklichen Weg einschlagen, um ein Problem zu lösen, ein Konzept zu konkretisieren, eine Aktivität zu bewerten, eine Geschichte weiterzuerzählen ... Beide Parteien müssen zu diesem Denkprozess beitragen und das jeweilige Verständnis über ein Problem oder einen Sachverhalt entwickeln oder erweitern« (Sylva et al., zit. n. Hildebrandt & Dreier 2014, S. 43). Fachkraft und Kinder gestalten einen Denk- und Dialograum mit dem Ziel, einem Phänomen genauer nachzugehen oder eine gemeinsam entwickelte Fragestellung weiterzuverfolgen und zu beantworten. Im Deutschen erscheint dieser Ansatz unter dem Begriff des »dialogisch-entwickelnden Interaktionsprozesses« (König 2010, S. 66).

In der kognitiven Entwicklung von Kindern sind wesentliche Effekte dieser Gesprächsführungstechnik zu beobachten. Die Kinder bleiben länger im Denkprozess, zeigen sich engagierter und sind aktiv im Dialog. Das Selbstwirksamkeitserleben des Kindes wird dadurch erhöht. Es erlebt sich als aktiver Mitgestalter des Gespräches, seine Anteile sind wertvoll und werden ebenso gewichtet wie die des erwachsenen Dialogpartners. Dieser regt durch seine fragende Haltung, besonders offene Fragen, das Kind an, weiterzudenken, Hypothesen aufzustellen und diese weiterzuverfolgen (Siraj-Blatchford 2009).

Dabei ist es nicht Aufgabe des Erwachsenen, Hypothesen und entwickelte Lösungen richtigzustellen. Das Ergebnis dieser dialogisch geführten Auseinandersetzung bleibt offen, dynamisch und auf der kognitiven Ebene des Kindes. »Die Erzieherin regt durch sustained shared thinking zum Denken an, dominiert das Gespräch, das Ergebnis aber nicht« (Hildebrandt 2014, S. 43).

Reflexion

Sich über das Gelernte auszutauschen und den eigenen Lernprozess zu überdenken, ist ein zentraler metakognitiver Teil bei der Entwicklung des Lernens. Das Kind profitiert von der Darstellung, den Berichten und Einschätzungen der Fachkraft und erlangt darüber wichtige Anregungen für die Entfaltung seiner Selbstkenntnis.

Lernen ist »Loslösung« (Schmenk 2010) von externen Hilfen bei zunehmendem Freiheitsgewinn. Es ist zunächst ein Aufnehmen umweltgesteuerter Angebote mit darin implementierten Unterstützungsangeboten. Dann geht der Lernprozess in ein Freimachen von Hilfen und ein Verlassen auf eigene Fähigkeiten und das Vertrauen in sich selbst über. Die unterschiedlichen Etappen des unterstützenden Lernens bewirken beim Kind auch Unterschiedliches. Modelling und Coaching führen das Kind tiefer in eine Materie, in ein Interessengebiet ein, erweitern sein Wissen, reflektieren sein Können. Scaffolding und Fading hingegen haben zum Ziel, das Kind in seine Autonomie zu entlassen und es als selbsttätig Lernendes und Erschließendes seiner Lebenswelt hervorzuheben.

Diese entwicklungspsychologische Denkweise hebt gleichermaßen die Aktivität des Kindes wie auch die stützende Funktion der Umwelt hervor.

Literatur

Berk, L. E. (1986): Relationship of elementary school children's private speech to behavioral accompaniment to task, attention, and task performance. In: Developmental Psychology Nr. 22(5), S. 671.

Bernier, A., Carlson, S. M. & Whipple, N. (2010): From external regulation to self regulation: Early parenting precursors of young children's executive functioning. In: Child development. Nr. 81(1), S. 326-339.

Bauer, J. (2019): Die pädagogische Beziehung: Neurowissenschaften und Pädagogik im Dialog. Ein Überblick unter besonderer Berücksichtigung der Vorschulzeit. In: Herrmann, U. (Hrsg.): Pädagogische Beziehungen. Grundlagen – Praxisformen – Wirkungen. Weinheim: Beltz Juventa.

Bodrova, E., & Leong, D. J. (2006): Tools of the mind. New Jersey: Pearson.

Brisch, K. H., Mögel, M., Simoni, H., von Kalckreuth, B., & Kruppa, K. (2009): Verantwortung für Kinder unter drei Jahren. Empfehlungen der Gesellschaft für Seelische Gesundheit in der Frühen Kindheit (GAIMH) zur Betreuung und Erziehung von Säuglingen und Kleinkindern in Krippen. URL: https://www.mmi.ch/files/downloads/e40c28fe6825240d046e5bb261a157ba/GAIMH_Betreuung%20von%20Kindern%20unter%203.pdf.

Dennen, V. P. (2004): Cognitive apprenticeship in educational practice: Research on scaffolding, modeling, mentoring, and coaching as instructional strategies. In: Handbook of research on educational communications and technology. Nr. 2(2004), S. 813-828.

Dietrich, C., Stenger, U., & Stieve, C. (Hrsg.) (2019): Theoretische Zugänge zur Pädagogik der frühen Kindheit. Eine kritische Vergewisserung. Weinheim: Beltz Juventa.

Ghefaili, A. (2003): Cognitive apprenticeship, technology, and the contextualization of learning environments. In: Journal of Educational Computing, Design & Online Learning. Nr. 4(1), S. 1-27.

Gopnik, A., Kuhl, P., & Meltzoff, A. (2001): Forschergeist in Windeln: Wie ihr Kind die Welt begreift. München: Artison.

Hildebrandt, F., & Dreier, A. (2014): Was wäre, wenn ...? Fragen, nachdenken und spekulieren im Kita-Alltag. Weimar: verlag das netz.

Huong, L. P. H. (2007): The more knowledgeable peer, target language use, and group participation. In: Canadian Modern Language Review. Nr. 64(2), S. 329-350.

Hoyle, R. H. (Hrsg.) (2010): Handbook of personality and self-regulation. Oxford: Wiley-Blackwell.

König, A. (2010): Interaktion als didaktisches Prinzip. Bildungsprozesse bewusst begleiten und gestalten. Troisdorf: Friedrich-Ebert-Stiftung.

Koop, C., Schenker, I., Müller, G., & Welzien, S.; Karg-Stiftung (Hrsg.) (2010): Begabung wagen. Ein Handbuch für den Umgang mit Hochbegabung in Kindertagesstätten. Weimar: verlag das netz.

Marinovic, V.; Pauen, S. (2012): Wie Kinder sich in Andere einfühlen können. In: TPS. Nr. 7/2012, S. 34-37.

Oerter, R., & Montada, L. (Hrsg.) (2002): Entwicklungspsychologie. Weinheim: Beltz PVU.

Pauen, S., & Vonderlin, E. (2007): Entwicklungsdiagnostik in den ersten drei Lebensjahren. In: Research Notes. Nr. 21, S. 1-57.

Pauen, S. (2012): Wie lernen Kleinkinder? Entwicklungspsychologische Erkenntnisse und ihre Bedeutung für Politik und Gesellschaft. In: Aus Politik und Zeitgeschichte (APuZ). Nr. 62(22), S. 8-14.

Peterson, C., & Slaughter, V. (2003): Opening windows into the mind: Mothers' preferences for mental state explanations and children's theory of mind. In: Cognitive Development. Nr. 18(3), S. 399-429.

Ruffman, T., Perner, J., Naito, M., Parkin, L., & Clements, W. A. (1998): Older (but not younger) siblings facilitate false belief understanding. In: Developmental psychology. Nr. 34(1), S. 161-174.

Schmenk, B. (2010): Bildungsphilosophischer Idealismus, erfahrungsgesättigte Praxisorientierung, didaktischer Hiphop? Eine kleine Geschichte der Lernerautonomie. URL: https://opus.bibliothek.uni-wuerzburg.de/opus4-wuerzburg/frontdoor/deliver/index/docId/4141/file/Schmenk_Geschichte_Lernerautonomie_Profil2.pdf

Sylva, K., Melhuish, E., Sammons, P., Siraj-Blatchford, I., & Taggart, B. (2004): The effective provision of pre-school education (EPPE) project technical paper 12: The final report-effective pre-school education. Essex: Formara.

Siraj-Blatchford, I. (2009). Conceptualising progression in the pedagogy of play and sustained shared thinking in early childhood education: a Vygotskian perspective. In: Education and Child Psychology. Nr. 26(2), S. 77-89.

Siegler, R., Eisenberg, N., DeLoache, J., & Saffran, J. (2016): Entwicklungspsychologie im Kindes- und Jugendalter. Heidelberg: Springer-Verlag.

Stangl, W. (2019): Reifung. In: Lexikon für Psychologie und Pädagogik. URL: https://lexikon.stangl.eu/1842/reifung.

Stern, E. (2003): Rezepte statt Rezeptoren. In: ZEIT. Nr. 40/2003. o.A.

Sodian, B. (2011): Theory of mind in infancy. In: Child Development Perspectives. Nr. 5(1), S. 39-43.

Sodian, B., Eisenbein, H., Kristen, S., & Thoermer, C. (2010): Gedächtnis, Metagedächtnis und Theory of Mind. In: Trolldenier, H.-P., Lenhard, W., & Marx, P. (Hrsg.): Brennpunkte der Gedächtnisforschung. Entwicklungs- und pädagogisch-psychologische Perspektiven. S. 107-128.

Fthenakis, W. E., & Textor, M. R. (2000): Pädagogische Ansätze im Kindergarten. Weinheim: Beltz.

Textor, M. R. (1999): Lew Wygotski – entdeckt für die Kindergartenpädagogik In: klein & groß. Nr. 11/12 (1999), S. 36-40.

Winsler, A., & Naglieri, J. (2003): Overt and covert verbal problem solving strategies: Developmental trends in use, awareness, and relations with task performance in children aged 5 to 17. In: Child development. Nr. 74(3), S. 659-678.

1.3 Eine pädagogische Perspektive

Ina Schenker

»Wenn das Vertraute seinen Dienst versagt und das Neue noch nicht zur Verfügung steht.« (Meyer-Drawe)

Lernen ist lebenswichtig. Die Fähigkeit zu lernen, neugierig zu sein und explorieren zu können, ist angeboren. Kinder wollen lernen.

Die Kindertageseinrichtung ist ein optimaler Ort dafür. Kinder lernen untereinander; und Pädagoginnen und Pädagogen sowie alle anderen Erwachsenen sind dafür da, das Lernen der Kinder zu unterstützen. Stabile soziale Beziehungen sind eine Grundlage dafür, dass Kinder lernen können. Doch das allein reicht nicht aus. Lernen muss im Alltag herausgefordert, unterstützt und reflektiert werden. Das fordern Kinder selbst ein: Sie fragen, diskutieren, streiten mit anderen Kindern, experimentieren und forschen. Kinder sind aufmerksam, sie beobachten, wenn andere Kinder oder Erwachsene ihnen etwas zeigen oder erklären. Auch im Alltag suchen sie Antworten auf ihre Fragen.

Das Denken darüber, wie Kinder lernen, bestimmt, wie Pädagog*innen im Kita-Alltag handeln. Gehen pädagogische Fachkräfte davon aus, dass Lernen durch Belehrung stattfindet, wird der Alltag anders aussehen, als wenn sie Kinder als selbstständig handelnd, schöpferisch und neugierig wahrnehmen.

Bildung und Lernen

Im Handlungsfeld der frühen Kindheit werden die Begriffe Bildung und Lernen häufig synonym verwandt. Aus diesem Grund ist eine Unterscheidung wichtig: Bildung ist das Ergebnis von Lernprozessen. Schäfer (2005) geht davon aus, dass kindliche Bildungsprozesse durch Erziehung angeregt werden. In Erziehungsprozessen wird Wissen vermittelt, welches mit anderen Menschen teilbar ist: Sprache, Schrift, Normen, Werte, gesellschaftlich relevante Bildungsinhalte. Jeder Mensch eignet sich in eigenaktiven Prozessen des Sich-Bildens eine Fülle von Wissen an. Aus dieser Perspektive heraus ist Bildung auch ein von anderen zugeschriebener individueller Besitz: Manche Menschen gelten in unserer Gesellschaft als gebildet, andere wiederum nicht (Valtin 1996). Im Unterschied zum Bildungs- ist der Lernbegriff universeller: Wissen und Bildung sind teilbar, Können – als Ergebnis eines Lernprozesses – ist es nicht. Können ist untrennbar an das Individuum gebunden und führt zu mehr Autonomie.

Professionellen Pädagog*innen ist klar: Das Lernen von Kindern ist eigenwillig, selbstgesteuert und selbstinitiiert. Wider besseres Wissen ist wahrscheinlich der Wunsch, dass jeder Input eines Pädagogen ein sofortiges Lernen zur Folge hat, tief in allen Erwachsenen verwurzelt – genauso wie der Wunsch, dass alle dargebotenen Lehrinhalte das höchste Interesse aller Kinder gleichermaßen erregen (Valtin 1996). Dabei wissen wir, dass jedes Kind sein eigenes »Bild von der Welt« konstruiert, eingebunden in die kulturelle und soziale Realität seiner Kultur.

Auf den ersten Blick klingt das chaotisch. Auf den zweiten Blick ist es logisch: Jeder Mensch hat die gleichen Wahrnehmungsorgane. Augen, Haut, Gehör, Geschmacks- und Geruchssinn funktionieren bei allen gleich oder zumindest ähnlich. So liegt die Vermutung nahe, dass die subjektiven

Vorstellungen von Wirklichkeit, die jeder Mensch hat, gleich sind bzw. sich sehr stark ähneln. Schon Säuglinge erforschen ihre Umgebung mit allen Sinnen: Der Apfel auf dem Tisch wird berochen, befühlt, es wird hineingebissen. Der Apfel wird hin- und her gerollt, wahrscheinlich fällt er auch vom Tisch. Auf den ersten Blick eine alltägliche, völlig normale Situation. Auf den zweiten Blick wird es eine pädagogische Situation: Die Erwachsenen reden mit dem Kind, sie nennen den Begriff »Apfel«, beschreiben das, was das Kind mit ihm tut, in der Muttersprache. Nach und nach erlernt das Kind, dass der Gegenstand auf dem Tisch ein Apfel ist. Es braucht Zeit, viele verschiedene Äpfel, vielleicht auch Birnen zum Vergleich. Erst dadurch wird dem Kind klar, was ein Apfel ist. Das aisthetische oder auch ästhetische Wahrnehmen, die komplexen Sinneserfahrungen mit all den Dingen, ist die Grundlage dafür, dass das Kind die Inhalte der einzelnen Wörter kennenlernt. Nur durch die Rückmeldungen von Erwachsenen oder anderen Kindern lernt es das Wort, welches zu seinen Wahrnehmungen dazugehört. Im Tun hat es sich die Eigenart von Gegenständen, Situationen und Personen »einverleibt«. Psychische Funktionen wie Denken und Sprechen sind Verinnerlichungen von Handlungen, eingebettet in soziale Beziehungen. Das klingt kompliziert, findet aber ständig statt.

Lernen bedeutet zuerst, dass Kinder tätig sind. Sie explorieren und forschen erst in ihrer nahen und dann in ihrer weiteren Umgebung. Neues Wissen, unbekannte Begriffe, Gegenstände oder Situationen werden ständig mit Bekanntem in Beziehung gesetzt. Das, was Erwachsene als »Kindermund« bezeichnen und belächeln, ist ein Phänomen kognitiver Prozesse.

Johannes (3 Jahre) hört zu, wie am Mittagstisch über Volleyballspielen gesprochen wird. Er hört, dass es einen Punkt für den Gegner gibt, wenn der Ball herunterfällt. Er fragt nach, was denn der Gärtner macht, wenn der Ball runtergefallen ist.

Nicht sofort ist den Erwachsenen klar, dass er den Gegner meint. Johannes hat von einem Gärtner eine klare Vorstellung, von einem Gegner noch nicht. Er setzt sein vorhandenes Wissen mit den neuen Informationen in Beziehung und gleicht sie ab.

Eine letzte Gewissheit, wie jedes Kind, jeder Mensch die »Welt sieht«, gibt es jedoch nicht. Es ist unmöglich zu überprüfen, wie – nicht ob – jemand Farben sieht. Es ist nicht erkennbar, wie andere Menschen Wut, Wärme oder Liebe fühlen (Voß 2005).

Anhand dieser Beispiele wird deutlich, wie anstrengend die Konstruktion von Welt für Kinder ist. Lernen, als Tätigkeit, als Erfahrung, als Vollzug von Aktivitäten, beginnt erst dann, wenn das bisher vorhandene Wissen nicht mehr taugt und das passende Wissen noch nicht vorhanden ist. Dies geschieht im Alltag von jungen Kindern ständig. Das Innere des Kindes, sein aktuell verfügbares Wissen, ist die Grundlage dafür, wie es die Phänomene seiner Umwelt interpretiert.

Lebensraum als Spielraum

Wie jeder Mensch sind Kinder eng mit ihrer Lebenswelt verbunden. Die Lebenswelt ist ein Raum, der entsteht, wenn die innere Welt des Kindes mit der Außenwelt in Beziehung tritt.

In der frühen Kindheit ist ein Lebensraum häufig ein Spielraum. Spielen und Lernen sind untrennbar miteinander verbunden. Besonders in den verschiedenen Formen des Rollenspiels spiegelt sich das tägliche Leben des Kindes wider. Im Spiel erfahren Kinder, wie sich etwas anfühlt. Wie es ist, eine Mutter, ein Rennfahrer oder ein Monster zu sein. Mit seinem ihm momentan zur Verfügung stehendem Wissen, seinen Vorstellungen und Bedürfnissen betritt das Kind den Spielraum. Damit ist nicht nur das Spielfeld wie bspw. beim Fußball gemeint – sondern ein Raum, der entsteht, wenn ein Kind in eine Spielrolle schlüpft und und gemeinsam mit anderen Kindern beginnt, in diesem selbst geschaffenen Raum zu spielen.

Am Anfang eines Spiels steht der Austausch. Die Spielenden handeln aus, was, wie, wer und wo man spielen will. Im Dialog miteinander erfahren Kinder, welches Wissen, welche Vorstellungen und Bedürfnisse die anderen haben. Nur im gemeinsamen Spiel erleben Kinder, wo »sich eigenes und fremdes überlappen« (Stieve 2008, S. 290). Das gesamte Wissen, das die Kinder der Spielgruppe besitzen, wird ausgetauscht. So entsteht kontinuierlich neues Wissen, Erfahrungen werden gemacht, die Kinder lernen.

Spielen ist faszinierend. Kinder switchen zwischen verschiedenen Sujets (Spielthemen), Rollen und damit verbundenen Tätigkeiten innerhalb kürzester Zeit: Im einen Moment wollen sie eine Stiefmutter sein und Schneewittchen vergiften; im nächsten kümmern sie sich als Mama rührend um ihr krankes Kind – bis ein z.B. Roller wichtiger wird.

Im Prozess des Spielens gewinnt das Kind nicht nur neue Fähigkeiten, sondern es erfährt sich selbst, verändert sich, sein Wissen und sein Wesen. Jedes Kind »schreibt« unbewusst seine Lerngeschichten. Über die Jahre hinweg werden sie zur Biografie.

Lernen ist ständiges Umlernen

Neu erworbenes Wissen kann sich nur auf schon vorhandenes beziehen. Doch warum schauen Babys nicht in die Luft, wenn der Teddy zu Boden fällt? Jeder Mensch verfügt über intuitive Theorien. Diese sind ebenso angeboren, wie die Fähigkeit selbst zu lernen; sie entsprechen einem tief in uns verankerten, genetisch disponierten Wissen. Trifft diese Lernlust auf den »Aufforderungscharakter«, der von allem Neuen ausgeht, beginnt, bemerkt oder unbemerkt, das Lernen. Plötzlich passen die bisher vertrauten Erfahrungen nicht mehr: Das Laufrad fährt auf einmal nicht mehr schnell – es geht bergan. Das Kind lernt: Je mehr Kraft ich aufwende, umso schneller komme ich den Berg hinauf.

Kinder müssen in einer sich ständig verändernden Umwelt aktiv werden. Lernen beginnt dann, wenn Kinder mit bereits gemachten Erfahrungen und erworbenem Wissen brechen müssen, weil es nicht mehr passt. Kinder lernen, wenn etwas neu, verändert oder nicht mehr da ist. Aufgrund ihres vorhandenen Wissens, der bereits gesammelten Erfahrungen treten sie in neue Wissensbestände ein.

Eingebettet in sichere soziale Beziehungen zu Erwachsenen und anderen Kindern konstruiert sich jedes Kind selbstbestimmt und selbsttätig sein subjektives »Bild von der Welt«. Gemeinsam mit anderen untersuchen, experimentieren und explorieren sie. Eigene Interessen, Motive, Gefühle und Bedürfnisse sind der Motor für die Konstruktionen des Kindes.

Das »Nachentdecken« von Erfindungen anderer, das Aneignen der Lebensformen unserer Kultur, ist eine weitere Facette von Lernen. Sprache, Schrift, bestimmte Normen und Werte werden so entdeckt und konstruktiv verarbeitet.

Neues Wissen entsteht durch Zweifeln, Hinterfragen, Überprüfen, durch Chaos und Neuordnung. Bestehende Erfahrungen, vorhandenes Wissen sind ständig im Umbau: »ein Kreislauf aus Gleichgewicht, Ungleichgewicht und wiederhergestelltem Gleichgewicht« (Reich 2019, S. 19).

Vorstellbar ist Lernen wie ein Konstruktionsspiel: Angetrieben von dem Bedürfnis, etwas zu schaffen, motiviert und ausgestattet mit einem Bündel an Wissen, starten Kinder in ein Konstruktionsspiel. Sie kennen Gebäude, Brücken und Straßen. Bausteine sind vorhanden, als Voraussetzung dafür, um bauen zu können. Gemeinsam mit den Anderen entsteht ein Plan. Dann geht es los mit dem Bauen. Sie konstruieren sich eine Stadt, neue Häuser entstehen oder andere werden umgebaut. Häufig bleibt ein Bauwerk etwas stehen. Kommen die Kinder mit neuen Ideen wieder, findet sich eine neue Spielgruppe, wird alles bisher Gebaute hinterfragt und der Prozess beginnt von vorn.

Die Bedeutung von Erfahrungen

Erfahrungen haben zwei Seiten: Einerseits sind Kinder aktiv, sie machen Erfahrungen, indem sie experimentieren, üben und sich austauschen. Andererseits gibt es Erfahrungen, die man einfach so hinnehmen muss, weil man sie erleidet. Beide Seiten gehören zusammen: Kinder tun etwas und erleiden dann die Folgen ihres Tuns. Dewey hat diesen Vorgang des Erfahrungen-Machens so beschrieben: »Es ist keine Erfahrung, wenn ein Kind in eine Flamme greift; es ist die Erfahrung, wenn die Begegnung mit dem Schmerz, den es infolgedessen erlebt, in Zusammenhang gebracht wird. In die Flammen greifen bedeutet für das Kind von nun an, sich zu ›verbrennen ‹« (Reich 2019, S. 140).

Kindliche Lernprozesse sind komplex, kein isoliertes Üben. Lernen geschieht – im Sinne Pestalozzis – mit Kopf, Herz und Hand, es ist Handeln durch das Tätigsein. Erfahrungen sind kein mechanischer Wissenserwerb. Mit dem Erfahrungslernen, das tief in ihrem Alltag verwurzelt ist, eröffnen sich Kinder immer weitere körperliche, biografische, soziale und kulturelle Erfahrungen (Göhlich & Zierfas 2007). Im Alltag verwurzelte Erfahrungen führen Kinder zu einem Wissen, auf das sie lebenslang, oder wenigstens für eine relativ lange Zeit, zurückgreifen können.

Kindergartenkinder lernen nicht fächerzentriert, etwa getrennt in Sprachentwicklung und Mathe. Kinder lernen, indem sie Tätigkeiten ausüben, die sinnvoll für sie selbst bzw. die Kindergruppe sind. Dabei erleben sie sich als wirksam und wichtig. Beim Spielen, Aufräumen, Tischdecken, in der Garderobe, quasi bei allen Tätigkeiten in der Gruppe lernen sie, gemeinsam mit anderen zu arbeiten und die Ressourcen eines Teams zu nutzen (Jank & Meyer 2005).

> »Lernen lässt sich zu einem wesentlichen Teil dadurch charakterisieren, dass ein Fremdes in die gewohnte Erfahrung einbricht und Neuorientierung verlangt, in diesem Sinne ist die Erfahrung brüchig, sie wird besonders beim Kind immer wieder durch Widerfahrnis herausgefordert« (Stieve 2008, S. 297).

Welche »Widerfahrnis« Kinder unwillkürlich zum Handeln auffordern, zeigt die Geschichte von Bruno (3 Jahre): Bruno ist zum ersten Mal in seinem Leben in einer Turnhalle. Erst springt er auf den ausliegenden Turnmatten hin und her. Schnell stellt er fest, dass es, wenn man hinfällt, nicht weh tut. Die Matten sind weich. Plötzlich beginnt er den Kopf auf die Matte zu stützen und sich mit den Füßen abzuschieben. Mehrmals rollt er zur Seite, beginnt immer wieder von neuem: Fällt von der Matte, fängt wieder an, fällt von der Matte ... Nach fünf oder sechs Versuchen gelingt ihm das, was er sich wahrscheinlich als Ziel gesetzt hat: eine Rolle vorwärts. Bruno stützt sich jedoch beim Losrollen nicht mit den Händen ab. Er balanciert nur auf dem Kopf. Für die Betrachterin sieht es gefährlich aus. Bruno ist hoch motiviert und probiert immer wieder, vorwärts zu rollen. Wie zufällig setzt er plötzlich die Hände neben den Körper. Endlich ist es geschafft, er ist nach vorn gerollt und sitzt, etwas verwundert schauend, wieder auf der Matte. Von seinem Erfolg angespornt, versucht er es immer und immer wieder.

Bruno setzt sich sein Lernziel selbst. Aufbauend auf seine Erfahrung, dass Untergründe weich sein können – das hat er beim Herumspringen auf der heimischen Couch gelernt –, beginnt er zu explorieren. Aufgrund seiner bisherigen Körpererfahrungen weiß Bruno intuitiv, dass er die Rolle vorwärts schaffen kann. Er ist in der Lage, unbewusst das Ergebnis seines Tuns vorwegzunehmen. Bruno verfolgt ein Ziel, das für ihn sinnvoll ist, weil er es sich selbst gesteckt hat. Er kann auf die Fähigkeit zurückgreifen, Lernprozesse zu planen, in kleine Schritte einzuteilen und zu üben (Dewey 1986; Scholz 2008). Wahrscheinlich übt Bruno so lange, bis er die Rolle vorwärts perfekt bringt.

Der Prozess des Lernens

In seiner Tätigkeitstheorie beschreibt John Dewey den Ablauf des Lernens in fünf Schritten:

- Emotionale Reaktion,
- Definition des Problems,
- Hypothesenbildung,
- Testen und Experimentieren,
- Anwenden (Reich 2019).

Konkret auf das o.g. Beispiel bezogen, kann man den Lernprozess Brunos so beschreiben:
Emotionale Reaktion: Bruno möchte etwas lernen, was er bspw. bei älteren Kindern in der Kita beobachtet hat, selbst aber noch nicht fertigbringt. Sein emotionales Gleichgewicht ist außer Balance.
Definition des Problems: Aufgrund seiner motorischen Vorerfahrungen weiß Bruno, dass ihm die Rolle vorwärts gelingen könnte. Er verfügt über ein klares inneres Bild, wie die Rolle vorwärts aussehen muss.
Hypothesenbildung: Bruno hat eine Idee dafür, welche Körperbewegungen zu einer Rolle vorwärts vereinigt werden könnten.
Testen und Experimentieren: Er probiert verschiedene Körperbewegungen aus, die er schon kennt. Bspw. kann er gebeugt stehen und den Kopf an die Knie pressen. Jetzt wagt er das Experiment, den Kopf auf die Matte zu setzen. Das Vorhaben gelingt nicht, er rollt zur Seite und beginnt von neuem. Er setzt den Kopf wieder auf die Matte, schiebt jetzt etwas mit den Füßen nach und hat es fast geschafft. Er lernt, indem er zunehmend mehr und intensiver die Körperbewegungen macht, die ihn seinem Ziel näherbringen.
Anwendung: Bruno hat den Lernkreislauf abgeschlossen, als er allein die Rolle vorwärts auf der Matte turnt.

Die Motivation zum Lernen

Scholz (2008, S. 95) benennt fünf Gründe, warum Kinder lernen wollen:

- Sie möchten sich als veränderungsfähigen Menschen erfahren, d.h. etwas können, was sie vorher nicht konnten.
- Sie möchten sich selbst und Anderen etwas beweisen.
- Sie möchten jemandem eine Freude machen.
- Sie möchten jemanden ärgern.
- Sie möchten angeben.

Die zwei letzten Punkte klingen schon komisch. Schnell könnte man auf die Idee kommen, dass Kinder Erwachsene oder andere Kinder aus »Freude am Ärgern ärgern«. Dem ist nicht so. Das umgangssprachliche »Austesten« ist nicht gegen die Person gerichtet, sondern das Kind überprüft die Verlässlichkeit von Regeln. Dies geschieht solange, bis das Kind sich sicher sein kann, dass die meist von Erwachsenen gesetzte Forderung stabil bleibt. Erst dann bekommt es durch die Regel Sicherheit und Orientierung.

Kinder wissen um ihre Motive und können sich genau darüber verständigen. Sie haben innere Definitionen für Lernen, Arbeiten oder Spielen. Diese Begriffe dienen zur Kommunikation mit anderen darüber, was sie gerade tun. Kinder begreifen sich, wahrscheinlich mehr als Erwachsene, als »lernende Menschen«. Kinder haben eine andere Perspektive darauf, was Lernen ist: »... besser als vorher, so gut oder noch nicht so gut, wie man möchte« (Scholz 2008, S. 80).

Kinder beschreiben Lernen anders als Erwachsene: Erwachsene sagen, dass sie Fahrrad fahren können. Für Kinder macht es einen Unterschied, ob man beim Radfahren eine Hand am Lenker hat oder zwei, ob man im Sitzen schaukeln kann oder nicht.

Lernen verläuft nicht immer geradlinig, zielorientiert und zweckmäßig, sondern eher diskontinuierlich, d.h. es ist sprunghaft, wird unterbrochen oder verläuft stockend. Lernen geschieht nicht mechanisch, unser Gehirn ist keine Maschine. Bestimmte Inhalte kann ein Mensch nicht behalten, auch wenn er das möchte (Meyer-Drawe 2008).

Lernen widerfährt einem Menschen, egal in welchem Alter. Im Moment fordert eine Situation Lernen heraus. Das weiter oben beschriebene Ungleichgewicht entsteht und muss durch Lernen wieder in Balance gebracht werden.

Es ist ein Glück für Pädagog*innen, wenn solche Phänomene des Lernens gesehen und sogar dokumentiert werden können. Ein systematisches Beobachten fällt schwer: Lernprozesse sind einerseits nicht immer klar erkennbar und auch nicht immer vom Anfang bis zum Ende zu sehen. Kinder brechen Lernprozesse ab, weil Anderes wichtiger ist, oder sie merken, dass das, was sie tun wollen, noch zu schwierig ist. Manchmal gibt es auch Streit um bestimmte Dinge oder es fehlt, wie im folgenden Beispiel, ein anderes Kind, das hilft oder zeigt:

Ein jüngeres Kind hat sich vorgenommen, wie die älteren im Stehen zu schaukeln. Obwohl es sich sehr bemüht, kommt es nicht einmal mit einem Fuß auf die Sitzfläche der Schaukel. Es schaut um sich, keiner ist zu sehen, der hilft. Das Unternehmen muss erst einmal fallengelassen werden.

Ältere Kinder können ihr Lernen genau beschreiben. Unterhalten sich Erwachsene mit Kindern darüber, »wie sie die Welt sehen«, bekommen sie einen ebenso tiefen Einblick in deren Vorhaben, wie wenn sie ihnen »beim Denken zuhören«.

Nachahmung als wichtiges Moment des Lernens

Nachahmen als bewusste geistige Operation wurde schon aus der entwicklungspsychologischen Perspektive heraus beschrieben. Da die einzelnen Theorieperspektiven nicht klar voneinander zu trennen sind, kommt es hier zu inhaltlichen Doppelungen: auf den Begriff Nachahmung, als bewusste geistige Operation meint, dass das Kind auswählt, was es nachahmen will. Zwingend notwendig ist, dass es in eine soziale Umwelt eingebettet ist: Damit einer nachahmen kann, muss ein anderer da sein, der zeigt. Eine entwicklungsherausfordernde soziale Umwelt ist die wichtigste Quelle für die individuelle Entwicklung von Menschen. Um Lernprozesse anzuregen, braucht es Kooperation, Kommunikation und Engagement füreinander. Michael Tomasello (2017) geht davon aus, dass diese für das Lernen basalen Fähigkeiten angeboren sind.

Schon Säuglinge und Kleinkinder kommunizieren nonverbal miteinander. Sie lenken ihre Aufmerksamkeit gleichzeitig auf ein Spielzeug oder zeigen sich gegenseitig etwas. Die Fähigkeit, etwas zu zeigen, weist darauf hin, dass Kinder von sich aus wissen, dass ihre eigene Perspektive auf Dinge und Erscheinungen eine andere ist als die anderer Kinder. Die Zeigegeste wäre sonst sinnlos. Nachahmen dessen, was einem gezeigt wurde, ist die ursprünglichste Art des Lernens. Im Prozess der Nachahmung können Kinder weit über ihre Grenzen hinausgehen und Fähigkeiten entwickeln, die sie aus eigener Kraft noch nicht aufbringen. Kinder mit »Entwicklungsvorsprung« sind eine Voraussetzung dafür, das Nachahmen angeregt wird. Eine andere, genauso wichtige Voraussetzung ist, dass das lernende Kind emotional betroffen ist: Es will das Gezeigte lernen. Zeigen und Nachahmen sind wechselseitige Prozesse, die das Spielen der Kinder bestimmen. Wahrscheinlich lernen Kinder untereinander mehr als von Erwachsenen.

Schon im ersten Lebensjahr engagieren sie sich für andere. Geduldig zeigen sie etwas so lange, bis das andere Kind es nachahmt oder schon gelernt hat. Fällt bspw. ein Gegenstand herunter, wird er aufgehoben, damit das andere Kind weiterspielen kann. Helfen ist selbstlos, die Kinder erwarten keine Gegenleistung dafür. Wenn sie noch nicht sprechen können, ist helfen eine ebenso wichtige Fähigkeit, um miteinander in Kontakt zu kommen, wie das Zeigen oder Nachahmen. In der frühen Kindheit ist Lernen und Entwicklung untrennbar an Spielen geknüpft. Zwischen Spielen und Lernen besteht kein Unterschied. Spielen ist die Haupttätigkeit des Kindes in der frühen Kindheit: »Das Spiel ist die Hauptform der Aktivität des Vorschulkindes – dabei trainiert es seine Kräfte, erweitert seine Orientierungstätigkeit, eignet es sich soziale Erfahrungen an, indem es Erscheinungen seiner Umwelt reproduziert und schöpferisch kombiniert« (Blonski 1934, S. 109, zit. n. Elkonin 1978, S. 210). Die Fähigkeiten des Helfens, Zeigens und Nachahmens sind Voraussetzungen für das gemeinsame Spiel.

Kehren wir zu Bruno zurück: Vermutlich hat Bruno die Rolle vorwärts irgendwann bei anderen Kindern beobachtet. Kinder mit »Entwicklungsvorsprung« haben sie ihm – bewusst oder unbewusst – gezeigt. Bruno fand diese Übung faszinierend, er wollte sie lernen. Seine Motivation war sehr hoch, so sehr, dass auch die misslungenen Versuche nicht zum Abbruch des Lernvorgangs führten. Er probiert immer und immer wieder, solange, bis er den Vorgang beherrscht. Er übt und übt, bis ihm die Rolle vorwärts fehlerlos gelingt. Seine lernmethodischen Kompetenzen kommen zum Einsatz, nur im Tun kann er sie festigen und erweitern.

Lernen und Lehren im Alltag

Es ist eine Kunst, den Alltag von Kindern so zu gestalten, dass sie ausreichend Zeit zum Spielen haben und dennoch Platz für pädagogische Angebote ist. Die eigenaktiven und selbstbestimmten kindlichen Handlungen müssen durch unsere verlässliche Präsenz und bewusst gestaltete Aktivitäten ergänzt, herausgefordert und begleitet werden. Dabei gilt: »Ausgangspunkt frühkindlicher Bildung ist nicht die Vermittlung von explizitem Können, sondern die Beteiligung an der soziokulturellen Alltagswelt« (Schäfer 2019, S. 416).

Der gesamte Alltag in der Kita kann lernanregend sein. Alltagsintegrierte Förderung bedeutet, dass der ganze Tag als Angebot für Kinder angesehen wird. Bewusst gestaltete Aktivitäten sind gegenwärtig, sinnstiftend und vermitteln Wissen, das Kinder lebenslang bzw. eine längere Zeit benötigen. Ziel ist, dass sie ihr Leben zunehmend selbstständiger gestalten können.

Kinder müssen so viel von uns Erwachsenen lernen: Sprache, Regeln, Normen, Besonderheiten der Kultur, Tischsitten, Schleifenbinden, Körperhygiene etc. Dies erfordert kontinuierliche (Alltags-)Präsenz von uns. Dass Kinder im Alltag ständige lernen, wird von Erwachsenen häufig erst dann bemerkt, wenn sie beobachten, dass Kinder bestimmte Verhaltensweisen von ihnen nachahmen.

In einer sich immer schneller wandelnden Gesellschaft ist es unmöglich, Prognosen zu treffen, welche Inhalte bzw. Kompetenzen für die Zukunft wichtig sein könnten, was einen gebildeten Menschen auszeichnet. Lernen im Hier und Jetzt bedeutet vor allem, dass Kinder nicht umlernen müssen. Das Gelernte muss sinnhaft sein und für eine längere Zeit anwendbar.

Ein zugegebenermaßen negatives Beispiel soll illustrieren, was ich damit meine: In einem großen Wasserbecken in einer Kinderkrippe liegen Nudeln im Wasser. Einjährige Kinder bekommen von der Erzieherin ein Stück blaue Badetablette geschenkt. Die einzige Aufgabe für die Kinder ist, die Tablette in das Wasser zu werfen und zu beobachten, was geschieht. Das Wasser und die Nudeln werden blau. Nur ein Kind, von der Erzieherin unbeobachtet, macht das, wofür Nudeln eigentlich da sind: Es fischt sich welche aus dem Wasser und isst sie.

Warum habe ich einen kritischen Blick auf diese Situation?: Kinder bauen von Beginn ihres Lebens an durch unermüdliches Lernen mühsam Muster und Kategorien von Dingen und Ereignissen der sie umgebenden Welt auf. Nach und nach lernen sehr junge Kinder von Erwachsenen oder anderen Kindern auch den Begriff »Nudeln« kennen – beim Essen. Nach und nach erkennen die Kinder: Nudeln ist ein Sammelbegriff für Spaghetti, Makkaroni, Spirelli oder anders geformte Teigwaren. Außerdem wissen sie, dass man Nudeln gekocht essen kann und sie sogar außerordentlich gut schmecken.

Nun liegen die Nudeln in einer Plastewanne im Bad und färben sich auch noch blau. Wozu ist diese Irritation gut? Ist das Umlernen, das durch diese Situation wahrscheinlich erzeugt wird, sinnvoll und gewollt? Was hat dieses Angebot dazu beigetragen, das Wissen und die Erfahrungen einjähriger Kinder zu erweitern? Was sollten die Kinder durch diese Aktion lernen?

Ganz anders wäre das Geschehen zu bewerten, wenn die Kinder selbst auf die Idee gekommen wären, Nudeln in Wasser einzuweichen und das auch noch blau zu färben. Das Aktivitätsniveau wäre viel höher gewesen: selbst das Experiment ausdenken, selbstständig alles zusammensuchen, Wasser herzutragen, auch die Farbe, beobachten, was geschieht, sich konzentrieren und neue Erkenntnisse für sich selbst gewinnen. Doch hätten wir dieses Experiment, von den Kindern selbst organisiert, zugelassen?

Lehren, gemeint als Anregung, Dialog, Instruktion und das Schaffen von Kontextbedingungen ist außerordentlich bedeutsam. Selbstbildung reicht nicht aus. Kinder brauchen die Konfrontation mit neuen Inhalten, Themen oder Materialien. Die Balance von Instruktion durch die Pädagog*innen und den Konstruktionsleistungen der Kinder ist zwingend, um eine systematische Erweiterung der Perspektiven der Kinder anzuregen.

Was hier so kompliziert klingt, findet im Alltag fortwährend und häufig unbemerkt – auch von den Kindern selbst – statt.

Da Lernen nur in einer realen Situation und anhand konkreter Inhalte stattfinden kann, ist »Lernen zu lernen« quasi unmöglich. Es wird immer etwas gelernt, in einem bestimmten Setting. Wichtig ist vor allem, wie komplex eine Situation gestaltet ist, ob die Inhalte und Themen die Kinder interessieren und vor allem, ob sie in der »Zone der nächsten Entwicklung« liegen (vgl. Kapitel 1.2).

Lernbiografien entstehen

Nicht nur die Geschichten, welche Pädagog*innen für Kinder schreiben, werden als Lerngeschichten bezeichnet. Weitaus wichtiger sind die, welche Teil der Lebensgeschichte sind. Sie werden durch den Menschen selbst – als Teil seiner Biografie – »geschrieben«.

In der Geschichte des Lernens tritt nach und nach die »Innenperspektive« des Kindes, sein Blick auf seinen Weg des Lernens hervor. Dadurch werden »die Konsequenzen aus lebensgeschichtlichen Erfahrungen« sichtbar (Göhlich & Zierfas 2007, S. 55).

Die Lerngeschichte eines Menschen setzt sich aus den Erfahrungen zusammen, die er vom Beginn seines Lebens an gesammelt hat. Sie ist das Ergebnis selbstorganisierter Lernprozesse. Diese werden eingeleitet durch Alltagserfahrungen des Nicht-Wissens, Nicht-Könnens, des Sich-Nicht-Auskennens, durch Krisen oder kritische Lebensereignisse. Jede abgeschlossene Erfahrung ist eine Voraussetzung dafür, um weiterlernen zu können.

Allerdings wird nicht jeder begonnene Lernprozess abgeschlossen – schon gar nicht mit einem positiven Ergebnis. Situationen, die Kinder überfordern, führen zu einem Abbruch. Und vieles, was Kinder lernen, ist für Erwachsene irritierend, von ihnen nicht gewollt und akzeptiert. Auch die Perspektive des Kindes auf sich selbst und seine Fähigkeiten als Lerner ist das Ergebnis seiner individuellen Lerngeschichte. Alle am Leben des Kindes beteiligten Kinder und Erwachsenen und vor allem das Kind selbst tragen dazu bei.

Aufgabe von Kita-Pädagog*innen ist es, zu einer positiven Perspektive des Kindes auf sich selbst beizutragen. Sich als fähigen Lerner, mit vielen Kompetenzen, vielfältigen Ressourcen, engagiert und motiviert zu erleben, sind Rückmeldungen an Kinder, die ein Leben lang von Bedeutung sind.

Literatur

Brandes, H. (2019): Vygotskis Konzept der »Zone der nächsten Entwicklung« und dessen Bedeutung für aktuelle Diskurse in der Elementarpädagogik. In: Schenker, I. (Hrsg.): Didaktik in Kindertageseinrichtungen – eine systemisch-konstruktivistische Perspektive. Weinheim: Beltz Juventa, S. 34-55.

Brandes, H., & Schneider-Andrich, P. (2019): Peers ins Spiel bringen. In: Schenker, I. (Hrsg.): Didaktik in Kindertageseinrichtungen – eine systemisch-konstruktivistische Perspektive (s.o.), S. 63-80.

Drieschner, E., & Stenger, U. (2019): Konstruktivistisches Paradigma. In: Dietrich, C., Stenger, U., & Stieve, C. (Hrsg.) (2019): Theoretische Zugänge zur Pädagogik der frühen Kindheit. Eine kritische Vergewisserung. Weinheim: Beltz Juventa, S. 46-61.

Elkonin, D. B. (Hrsg.) (1971): Zur Psychologie der Persönlichkeit und Tätigkeit des Vorschulkindes. Berlin: Verlag Volk und Wissen.

Gisbert, K. (2004): Lernen lernen. Lernmethodische Kompetenzen von Kindern in Kindertageseinrichtungen fördern. Weinheim: Beltz.

Göhlich, M., & Zierfas, J. (2007): Lernen. Ein pädagogischer Grundbegriff. Stuttgart: Kohlhammer.

Jank, W., & Meyer, H. (2005): Didaktische Modelle. Berlin: Cornelson Scriptor.

König, A. (2007): Interaktionsprozesse zwischen Erzieherinnen und Kindern. Eine Videostudie aus dem Kindergarten. Wiesbaden: VS Research.

Meyer-Drawe, K. (2008): Diskurse des Lernens. München: Wilhelm Fink Verlag.

Reich, K. (2006): Konstruktivistische Didaktik. Lehr- und Studienbuch mit Methodenpool. Weinheim: Beltz Pädagogik.

Reich, K. (2019): Konstruktivistische und inklusive Didaktik in der frühen Kindheit. In: Schenker, I. (Hrsg.): Didaktik in Kindertageseinrichtungen – eine systemisch-konstruktivistische Perspektive (s.o.), S. 12-33.

Schäfer, G. E. (2019): Bildung in der frühen Kindheit. In: Dietrich, C., Stenger, U., & Stieve, C.: Theoretische Zugänge zur Pädagogik der frühen Kindheit. Eine kritische Vergewisserung (s.o.), S. 402-420.

Schenker, I. (2018): Spielen als kindliche Lebensform. In: Schenker, I. (Hrsg.): Didaktik in Kindertageseinrichtungen – eine systemisch-konstruktivistische Perspektive (s.o.), S. 104-136.

Scholz, G. (2008): Der Sprung über die Bank oder Lernen ist beobachtbar. In: Migutsch, K., Sattler, E., Westphal, K., & Breinbauer, I. M. (Hrsg.) Dem Lernen auf der Spur. Die Pädagogische Perspektive. Stuttgart: Klett Cotta.

Scholz, G. (Hrsg.) (2006): Bildungsarbeit mit Kindern. Lernen ja – Verschulung nein! Mühlheim a.d.R.: Verlag an der Ruhr.

Stenger, U. (2007): Zum Ereignischarakter von Bildungsprozessen. In: Wulf, C., & Zierfas, J. (Hrsg.): Pädagogik des Performativen. Theorien, Methoden, Perspektiven. Weinheim: Beltz:

Stieve, C. (2008): Von den Dingen lernen. Gegenstände der Kindheit. München: Wilhelm Fink.

Tomasello, M. (2017): Nur Menschen teilen ihre Welt. In: Philosophie Magazin. Nr. 1/2017. Hamburg.

Valtin, R. (1996): Dem Kind in seinem Denken begegnen – ein altes, kaum eingelöstes Postulat der Grundschuldidaktik. In: Leschinsky, A. (Hrsg.): Die Institutionalisierung von Lehren und Lernen. Beiträge zu einer Theorie der Schule. Weinheim: Beltz, S. 173-186.

Voß, R. (2005): Unterricht aus konstruktivistischer Sicht. Die Welten in den Köpfen der Kinder. Weinheim: Beltz, S. 40-62.

Wulf, C., & Zierfas, J. (2007): Performative Pädagogik und performative Bildungstheorien. Ein neuer Fokus in der erziehungswissenschaftlichen Forschung. In: Wulf, C. & Zierfas, J. (Hrsg.): Pädagogik des Performativen. Theorien, Methoden, Perspektiven. Weinheim: Beltz, S. 7-40.

Wygotski, L. (2010): Das Spiel und seine Bedeutung in der psychischen Entwicklung des Kindes. In: Elkonin, D. B.: Psychologie des Spiels. Hrsg. v. Siebert, B., & Rückriem, G. Berlin: Band 34. Berlin: ICH-Sciences.

Just

2. Grundlagen für gelingende Lernprozesse

Ob wir es nun Lernen, Entwicklung oder Selbstbildung nennen: Als pädagogische Fachkraft ist es ein Ziel, dies beim Kind zu unterstützen.

Doch was braucht es, damit sich ein Kind in der Kita gut entwickeln kann? Welche Faktoren machen ein entwicklungsförderliches Umfeld aus und welche Bedingungen gelten diesbezüglich als hinderlich?

Ausgehend von den exekutiven Funktionen, jenen Gehirnstrukturen, die Selbststeuerung und Lernen maßgeblich ermöglichen, werden entwicklungsförderliche Rahmenbedingungen dargestellt. Einerseits um aufzuzeigen, dass das Gehirn entsprechende Bedingungen überhaupt erst einmal benötigt, um sich zu einem lernfähigen zu entwickeln; andererseits, um hervorzuheben, wie zentral eine Atmosphäre des Wohlbefindens, der Offenheit und Neugierde ist, damit ein Kind lernen kann.

2.1 Exekutive Funktionen als Grundlage der Selbstregulationsfähigkeit

Dr. Melanie Otto, Carmen Deffner

In den ersten Lebensjahren finden rasante Entwicklungen im Gehirn statt, die in vielerlei Hinsicht Grundlagen fürs spätere Leben schaffen. Das betrifft gleichermaßen kognitive und sozial-emotionale Bereiche. Dabei werden auch Grundlagen für komplexe Fähigkeiten wie Selbstreflexion, Fehlerüberwachung oder das »Sich-in-andere-Einfühlen« gelegt – kurz gesagt, Fähigkeiten, die uns erlauben, in verschiedenen Situationen und angesichts unterschiedlicher Herausforderungen »Herr unserer selbst« zu sein und gut mit anderen auszukommen.
(Drechsler 2009; Gopnik et al. 2007)

Exekutive Funktionen

Betrachtet man diesen Komplex an Fähigkeiten aus dem Blickwinkel der Gehirn- und Kognitionsforschung, dann spielen die sogenannten exekutiven Funktionen eine entscheidende Rolle. Sie gehören zu den basalen Fähigkeiten des menschlichen Gehirns und ermöglichen komplexes selbstreguliertes Verhalten und höhere kognitive Fähigkeiten. Generell können sie in drei Bereiche, die im Alltag ineinandergreifen und zusammenspielen, unterteilt werden (Miyake et al. 2000).

Arbeitsgedächtnis

Als innerer oder mentaler kurzzeitiger Speicher spielt das Arbeitsgedächtnis eine Rolle. Das Arbeitsgedächtnis speichert Informationen wie Wegbeschreibungen, Anweisungen im Kochbuch, Gesprächsverläufe usw. (Diamond 2013). Damit nicht jedes Mal von Neuem begonnen werden muss, können frühere Erfahrungen und Erinnerungen im Arbeitsgedächtnis aktiviert und mit der neuen Situation verglichen werden (Baddeley 2012).

Das Arbeitsgedächtnis geht aber über das reine Erinnern von Informationen hinaus. Es unterscheidet sich vom Kurzzeitgedächtnis dadurch, dass eine Aktualisierung der erinnerten Informationen möglich ist, z.B. wenn auf einer geplanten Route ein Umweg gegangen werden muss. Die Informationen – in diesem Fall die Stationen auf der Route – werden ausgetauscht und durch neue ersetzt. Im Alltag haben wir es ständig mit solchen »Aktualisierungen« zu tun: wenn wir uns Zwischenergebnisse von Rechenaufgaben merken und damit weiterrechnen, Vorhaben ändern und die Teilschritte dementsprechend anpassen (z.B. wird, statt an den See, wegen schlechten Wetters ein Ausflug ins Museum gemacht). Das Arbeitsgedächtnis unterstützt die Planung von Handlungen (z.B. ein Eimerchen mit Sand befüllen, gut festklopfen und schnell den Eimer umdrehen), indem Teilschritte und die Reihenfolge der Handlungsschritte gedanklich aufrechterhalten werden.

Inhibition

Ein zweiter Teilbereich von Fähigkeiten, die einer guten Selbstregulation dienen, ist mit der Inhibition (inhibere = lat. »zurückhalten, hemmen«) beschrieben. Inhibition verhilft dazu, eigene Ziele zu verfolgen, indem Störungen auf dem Weg zum Ziel ausgeblendet werden oder gedanklich verschoben werden. Diese Fähigkeit beinhaltet, dass wir Impulse, (automatische) Reaktionsweisen, Gedanken und Gefühle erst einmal pausieren lassen können, um zu entscheiden, wie das Ziel am besten erreicht werden kann. Damit leistet die Fähigkeit zur Inhibition auch einen wichtigen Beitrag zur Fokussierung von Aufmerksamkeit.

Aus vielen Alltagssituationen ist uns die Inhibition bekannt und wird immer wieder herausgefordert. Das Ziel, eine langwierige Arbeitsaufgabe umzusetzen und abzuschließen, benötigt viel Inhibition. Hereinkommende Mails, Nachrichten auf dem Handy, ein Plausch mit einer Kollegin, der Verkehrslärm usw. stellen diese Fähigkeit auf eine harte Probe.

Auch Kindern fällt es nicht leicht, sich nicht ablenken zu lassen. Gerade in der Kita ist immer was los – und das noch schwierige Puzzle, das Bild, das gerade gemalt wird, oder dass man mitten im Aufräumen steckt, ist schnell vergessen. Sie bleiben vor allem dann unvollendet, wenn sich Gelegenheit zur Ablenkung bietet: die vorbeifahrende Müllabfuhr, das Spielzeugauto, das ein anderes Kind mitgebracht hat, ein vorbeilaufender Freund usw. Können solche Zerstreuungen nicht ausgeblendet werden, sind das »Dranbleiben« und das Erreichen des Ziels erschwert (Garon et al 2008; Diamond 2013).

Kognitive Flexibilität

Aufbauend auf dem Arbeitsgedächtnis und der Inhibition wird ein dritter Teilbereich der exekutiven Funktionen möglich: die kognitive Flexibilität. Sie ist die komplexeste der drei Fähigkeiten, und es wird darüber diskutiert, ob sie sich daher auch in Verzögerung zu den beiden anderen Teilbereichen entwickelt (Diamond 2013, 2016; Garon 2015).

Kognitive Flexibilität ist gefragt, wenn in neuen Situationen oder durch andere Herausforderungen, eine Anpassung von Denken, Verhalten, Aufmerksamkeit oder Gefühlen erfolgt. Kognitive Flexibilität beinhaltet u.a. ein »Switchen« von einem Fokus der Aufmerksamkeit zu einem anderen. Ein gutes Beispiel hierfür ist bei dem Spiel UNO der gedankliche Wechsel zwischen Farben und Zahlen, um die Karte auf dem Stapel mit den eigenen Karten auf der Hand zu vergleichen (Monsell 2003).
Eine solche gedankliche und emotionale Flexibilität hilft uns auch im sozialen Kontext. Wir folgen

Gedankengängen verschiedener Personen, versetzen uns in die (emotionale) Lage anderer oder lassen uns in Erzählungen versinken. Verschiedene Perspektiven können so nachvollzogen werden (Perspektivwechsel). Dieser gedankliche Wechsel bzw. diese Vorstellungskraft, die das Kind von der Realität loslösen können, werden auch im Spiel sichtbar. Auch wenn es im Kindergarten keine Ritterrüstung gibt, so werden mittels Vorstellungskraft aus vorhandenen Gegenständen (Ast, Tuch, Brett, ...) Utensilien, die zum Thema passen (z.B. Schwert, Kleid oder Umhang, Schiff). Kognitive Flexibilität spielt sowohl im kognitiven als auch im sozialen Bereich eine Rolle. Gedankenspiele, Argumentationen, Probleme (auf neuen Wegen) lösen usw. werden durch die kognitive Flexibilität unterstützt. Im alltäglichen Miteinander wird sie benötigt, um sich parallel zur eigenen Ansicht auch in die Perspektive anderer Personen hineinversetzen und hineinfühlen zu können (Miyake 2000; Diamond 2013).

Exekutive Funktionen sind vor allem dann aktiv, wenn wir mit neuen Herausforderungen und Situationen konfrontiert werden, die verlangen, dass wir unsere bisherigen Reaktionsweisen anpassen oder sogar stoppen, um sie durch neue zu ersetzen. Im Sinne der Selbstregulationsfähigkeit sind sie auch aktiv, wenn wir im Alltag z.B. beim Zähneputzen der Versuchung, es heute nicht zu tun, widerstehen. Dabei, wie auch bei vielen anderen Gegebenheiten (gesundes Essen, diszipliniertes Arbeitsverhalten, Sparen), helfen Routinen. Putzen wir beispielsweise jeden Tag zu einem gleichen Zeitpunkt die Zähne – etwa vor dem Zu-Bett-Gehen –, erleichtert das die Einhaltung des Verhaltens. Im Vergleich dazu wird die Einhaltung erschwert, wenn die Zähne jeden Tag zu einem anderen Zeitpunkt geputzt werden. Aber selbst dann, wenn wir solche ritualisierten Abläufe haben, fällt die Umsetzung an manchen Tagen leichter als an anderen. Sind wir besonders müde oder erschöpft, braucht es ein stärkeres »Sich-im-Griff-Haben« als sonst – sprich, mehr Power der exekutiven Funktionen. Genauso können Routinen nicht förderlich sein, da sie gesundheitsschädlich oder nicht zielführend sind (z.B. Rauchen oder Prokrastination). Sie zu überwinden, ist eine echte Herausforderung für unsere exekutiven Funktionen.

Die Selbstregulation und die exekutiven Funktionen werden maßgeblich in der frühen Kindheit entwickelt, wie zum Beispiel durch den Umgang mit Routinen (Diamond 2002; Moffitt et al. 2011; Hancox et al. 2004).

Entwicklung der exekutiven Funktionen

Die exekutiven Funktionen haben ihren Sitz im Stirnhirn (präfrontaler Cortex, PFC). Phylogenetisch, also stammesgeschichtlich, ist der PFC eine der Regionen, die sich mit am spätesten und längsten entwickelt. Das ist auch in der individuellen Entwicklung so und macht Sinn. Nichtsdestotrotz beginnt die Entwicklung schon früh und hat rasante Phasen – unter anderem im Kindergartenalter (z.B. Carlson 2005). Die Regionen im Gehirn, die für die exekutiven Funktionen eingenommen werden, orchestrieren wie ein Dirigent andere Regionen im Gehirn und wirken mit ihnen zugunsten einer guten Selbstregulation zusammen. Dies ist in Abbildung 1 zu sehen: Verschiedene Regionen sind bei der Beanspruchung exekutiver Funktionen gemeinsam aktiv (Reineberg et al. 2015).

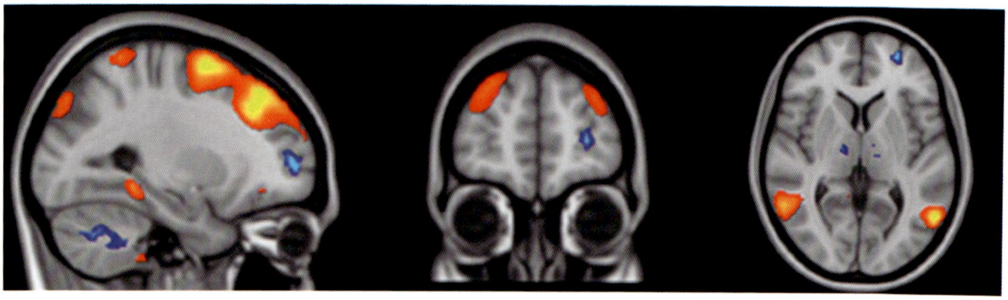

Das Gehirn im Querschnitt. Verschiedene Bereiche sind aktiviert, wenn die exekutiven Funktionen beansprucht sind (Reineberg et al. 2015).

Je jünger Kinder sind, desto mehr Situationen sind für sie neu, und sie haben noch keine Routinen für sie entwickelt. Ihre exekutiven Funktionen sind im Aufbau. Das kann man am Verhalten von Kindern beobachten. Beispielsweise sind jüngere Kinder impulsiver und reagieren unüberlegter als Kinder, die schon etwas älter sind. Ältere Kindergartenkinder können ihre Aufmerksamkeit zunehmend besser fokussieren und gegen Ablenkungen »abschirmen«. In der Kindergartenzeit entwickeln sich die exekutiven Funktionen in großen Schritten fort. Das Schaubild zeigt vereinfacht Entwicklungsschübe.

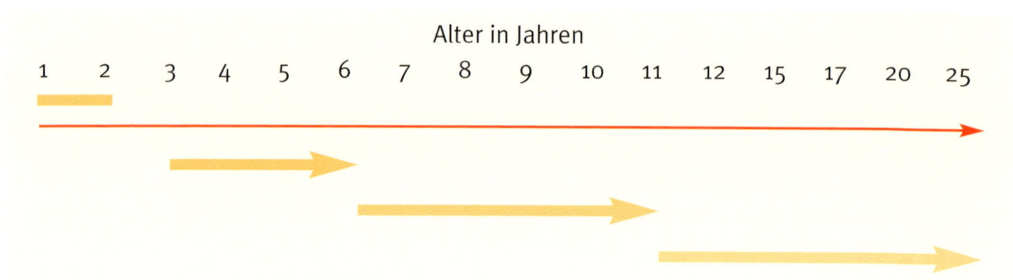

Entwicklungsphasen der exekutiven Funktionen und die rasante Entwicklung zwischen 3 und 6 Jahren (z.B. Diamond 2002; Carlson 2003; ©Baden-Württemberg Stiftung).

Arbeitsgedächtnis

Die Entwicklungsschübe zeichnen sich im Arbeitsgedächtnis durch die Anzahl der Informationen aus, die erinnert werden können. Schon Kleinkinder können sich Informationen merken. Im Vergleich zu den Kindergartenkindern sind es aber weniger: Man spricht von drei bis fünf Elementen, die Kinder in diesem Alter im Arbeitsgedächtnis speichern können. Im Alltag wird das an den kleinen Arbeitsaufträgen an die Kinder sichtbar. Beispielsweise bei einfachen Hol-und-Bring-Spielen. Wie viele Dinge können sich die Kinder in Ihrer Einrichtung merken und bringen? Oder wie viele Schritte einer Anleitung z.B. zum Falten können Kinder im Gedächtnis behalten? Wie gut erinnern sie sich an Spielregeln? An diesen Beispielen wird die Relevanz der Arbeitsgedächtnisleistung für die Handlungsplanung deutlich. Zunehmend können Kinder Handlungsschritte »auf dem Schirm« behalten und ausführen. Es gelingt ihnen immer besser, auch eine »Kursänderung« zu vollziehen, also eine Handlung anzupassen, wenn sich die Situation geändert hat. So können sich Kinder auf Regelwechsel in Spielen einstellen (Carlson 2005; Garon et al. 2008).

Inhibition

Wie groß die Herausforderung ist, wenn man sich selbst und seine Gefühle im Griff zu haben versucht, wird unter anderem in Streitsituationen deutlich. Eigene Gefühle und die daraus entstehenden Handlungsimpulse zu kontrollieren, ist für Kinder im Kindergartenalter ein Lernfeld, auf dem sie Unterstützung von außen benötigen (z.B. durch die pädagogische Fachkraft). Schritt für Schritt können sie gemeinsam mit dem Erwachsenen Konfliktlösungen finden, statt impulsiv zu handeln. Ihre wachsende Fähigkeit zur Inhibition unterstützt diesen Prozess (z.B. Recchia et al. 2013).

In diesen Bereich der Inhibition spielt auch der Belohnungsaufschub hinein, also die Befriedigung von Bedürfnissen, die zugunsten eines Ziels zurückgestellt werden können. Zum einen nimmt während der Entwicklung die Zeitspanne zu, während der ein Belohnungsaufschub geleistet werden kann. Beispielsweise befolgt ein Kind die Aufforderung, ein neues Spielzeug nicht anzufassen, immer besser (Kochanska et al. 2001). Zum anderen wird die Fokussierung der Aufmerksamkeit z.B. auf ein Buch, auf den Morgenkreis oder ein eigenes Ziel immer besser. Störquellen werden immer effektiver ausgeblendet. So wirken Kinder gegen Ende der Kindergartenzeit viel kontrollierter und fokussierter als junge Kindergartenkinder.

Kognitive Flexibilität

Im Bereich der kognitiven Flexibilität kann vor allem gegen Ende der Kindergartenzeit ein Entwicklungsfortschritt beobachtet werden. Die Fähigkeit zum Perspektivwechsel durchläuft zunächst eine recht instabile Phase. Sich in andere hineinversetzen können, Gefühle und Gedanken anderer zu verstehen: Jüngeren Kindergartenkindern gelingt das mal besser und mal schlechter. Relativ stabil ist diese Fähigkeit erst im Vorschulalter vorhanden.

Die kognitive Flexibilität ist unter den drei Bereichen der exekutiven Funktionen recht komplex. Ihre Entwicklung lässt sich u.a. am Meistern von Übergängen erkennen. Der Wechsel von Tätigkeiten baut auf den beiden anderen Fähigkeiten (Inhibition und Arbeitsgedächtnis) auf. Für einen gelungenen Wechsel muss das Kind die aktuelle Tätigkeit oder den aktuellen Plan (Arbeitsgedächtnis) stoppen (Inhibition) und sich auf eine neue Tätigkeit oder einen neuen Plan einlassen (kognitive Flexibilität). Übergänge stellen für Kinder in diesem Alter eine echte Herausforderung dar, sei es zwischen Kita und Elternhaus, zwischen Tätigkeiten, oder unterschiedlichen Regeln. Sie brauchen besondere Achtsamkeit und Unterstützung (Diamond 2013).

Bereits im Kindergartenalter entstehen zwischen den Kindern in den einzelnen Bereichen individuelle Unterschiede, die als Ergebnis eines Zusammenspiels zwischen Anlage und Umwelt zu werten sind (Montroy et al. 2016).

Bedeutung für die sozial-emotionale und kognitive Entwicklung

Häufig werden die kognitiven Fähigkeiten von Kindern in den Mittelpunkt gerückt, z.B. wenn es um die Schuleignung geht. Für ein gelungenes Leben werden aber beide Aspekte – kognitive sowie sozial-emotionale Fähigkeiten – benötigt, die jeweils durch eine gute Selbstregulationsfähigkeit unterstützt werden (Moffitt et al. 2011).

Ein Experiment, das die Bedeutung der Selbstregulationsfähigkeit im frühen Kindesalter und ihre lebenslangen Auswirkungen hervorhebt, ist der berühmt gewordene so genannte Marshmallow-Test. Mit diesem Test gelingt es dem Psychologen Walter Mischel bereits in den 1960er-Jahren, die Bedeutung der Fähigkeit zum Aufschub direkter Bedürfnisbefriedigung (»Delay of Gratification«) herauszuarbeiten.

Der Marshmallow-Test stellt die Delay of Gratification auf die Probe. In einer Laborsituation werden Kinder im Alter von vier bis fünf Jahren mit ihrer Lieblingssüßigkeit (die sie sich aussuchen können) konfrontiert und vor die Entscheidung gestellt: Wollen sie die Leckerei vernaschen, wann immer sie wollen, oder so lange warten, bis die Versuchsleiterin wieder zurückkommt? Im letzteren Falle gäbe es eine weitere Portion ihrer Lieblingssüßigkeit. 15 bis 20 Minuten ließen die Forscher die Kinder warten. Einige harrten tatsächlich aus, im Durchschnitt jedoch schafften es die Kinder, ca. 6 Minuten zu warten (vgl. Kidd et al. 2013).

Es geht also darum, im Moment auf etwas zugunsten einer wesentlich größeren Belohnung zu verzichten. Dieser Belohnungsaufschub wird selbst auferlegt, da die Situation jederzeit abgebrochen werden kann. Solch ein selbst auferlegter Belohnungsaufschub begegnet uns in vielfältigen Situationen und erfordert z.B. beim Sparen für eine Anschaffung, beim Lernen auf eine Prüfung usw. immer wieder aufs Neue die komplexe Fähigkeit, eine sofortige Bedürfnisbefriedigung zurückzustellen und die Belohnung hinauszuzögern (Mischel et al. 1989).

Zwei Fragen sind hier von Interesse. Erstens: Wie gelingt es den Kindern, die Situation auszuhalten und zu lösen? Und, zweitens, was sagt das Experiment letztlich aus?

1) Um die schwierige Herausforderung zu bewältigen, warten zu müssen bzw. ein dringliches Bedürfnis aufzuschieben, spielen die exekutiven Funktionen und die Selbstregulationsfähigkeit des Kindes eine zentrale Rolle. Das Marshmallow erst mal nicht zu essen, ist die eine Seite, das aber über die gesamte Zeit des Experiments zu bewerkstelligen, ist die andere. Sofort möchte man zugreifen und in die Süßigkeit hineinbeißen. Das Kind muss Inhibitions- und Arbeitsgedächtnisleistungen aufbringen, um das nicht zu tun. Das Arbeitsgedächtnis steckt in der Leistung, den Auftrag und die Spielregeln im Gedächtnis zu behalten, um nicht plötzlich zu vergessen, dass man das Marshmallow nicht essen will, weil man auch das zweite haben möchte. Vielleicht schafft es das Kind, sich die Erfahrungen und Erinnerungen zu vergegenwärtigen, auf welche Weise es früher schon mal geglückt ist, erfolgreich mit ähnlichen Situationen der Langeweile oder des Wartens umzugehen: Wie machen wir das im Kindergarten, wenn wir auf das Essen warten? Die Inhibitionsleistung zeigt sich im Widerstehen des Drangs,

das Marshmallow zu essen, in der Anstrengung, auch dem verlockenden Duft der Süßigkeit standzuhalten und während der gesamten Zeit des Experiments nicht schwach zu werden.

2) Und stattdessen ...? Stattdessen heißt es, kognitiv flexibel sein! Kognitive Flexibilität beantwortet Fragen wie: Was mache ich während der langen Zeit, statt das Marshmallow zu essen? Wie bewerte ich seinen Reiz? Dazu gibt es unterschiedliche Varianten des Experiments. Das Kind kann sich kurzfristig einreden, dass es sowieso keine Marshmallows mag oder diese jetzt gerade nicht essen mag. Oder die Strategie der kognitiven Umdeutung wird vom Erwachsenen vor Beginn des Experimentes zur Verfügung gestellt: Das Kind wird angeregt, sich die Süßigkeit einfach als Wattebausch vorzustellen, ... was ja absolut gar nicht lecker ist! Der Reiz wird dadurch wesentlich heruntergesetzt und es gelingt, stressfreier dem Ziel entgegenzukommen. Und: Die Kinder können sehr viel länger ausharren! Bis zu 17 Minuten gelingt es ihnen zu warten, wenn sie die Verlockung umdeuten können (Mischel et al. 1989).

Sich in dieser Situation zu bewähren, erfordert eine hohe Kompetenz im Umgang mit Stress. Beobachtet man die Kinder, wie sie mit dieser Stresssituation umgehen, erkennt man schnell, dass sie sich unterschiedliche Ablenkungsmanöver einfallen lassen: Sie singen, setzen sich auf ihre Hände, pressen die Lippen zusammen, schauen weg oder halten sich einfach die Augen zu. Exekutive Funktionen stecken im einfachen Abwarten, aber auch im Abrufen und Umsetzen solcher Stressregulierungsmechanismen (Shoda et al. 1990; im Video: Igniter Media 2009).

Die Bedeutung für das weitere Leben der Kinder ergibt sich daraus, dass der »Marshmallow-Test« in anderen Lebenssituationen im übertragenen Sinn immer wieder auftaucht (z.B. aufmerksam in der Schule zuhören, abwarten, bis man im Kreisspiel an der Reihe ist). In seinen Folgestudien kann Mischel Zusammenhänge zwischen der im Test aufgebrachten Selbstdisziplin und ihrer Bedeutung für die kognitive und sozial-emotionale Entwicklung der Kinder erkennen: Kinder, die im Alter von ca. 4 Jahren einem verlockenden Reiz widerstehen können, zeigen sich als Heranwachsende und Erwachsene gesünder, erfolgreicher in der Schule und sozial kompetenter (Casey et al 2011; Shoda et al. 1990). In ähnlicher Weise stellt sich die Bedeutung der exekutiven Funktionen für zukünftige Entwicklungen in anderen Bereichen heraus. Kinder, die sich selbst während der Kindheit und Jugend besser im Griff haben, haben im Durchschnitt als Erwachsene bessere Gesundheitswerte (z.B. kardiovaskuläre Gesundheit), haben weniger mit Suchtproblemen zu tun, haben eher einen günstigen sozio-ökonomischen Status, eine bessere Ausbildung und werden weniger oft straffällig (Moffitt et al. 2011). Diese Fähigkeiten scheinen also Bedeutung für den Bereich der kognitiven und der sozial-emotionalen Kompetenzen zu haben.

Natürlich stellt sich die Frage, wie ein Test mit einem kleinen Marshmallow so starke und richtungsweisende Aussagen ermöglichen kann. Mischel betont das Zusammenfallen von Abwarten-Können und zukünftigem Erfolg und weist zugleich daraufhin, dass die Ergebnisse des Tests gemäßigt zu interpretieren sind. Er führt aus, dass wir nie wissen können, was das Leben nach dem vierten und fünften Geburtstag für uns bereithält, was den weiteren Lebensweg eines Menschen beeinflusst (Mischel 2016). Dennoch scheint der Zusammenhang nachvollziehbar zu sein: z.B. wenn man betrachtet, wie sich die Fähigkeit zur Selbstregulation im Kontext Schule fortentwickelt. Der Schüler, der sich zügig an die Hausaufgaben setzt, wird erfolgreicher sein als andere (Duckworth & Seligman 2005).

So weit, so gut. Doch warum haben manche Kinder bessere Strategien und können dem Marshmallow länger widerstehen? Was bedingt die individuellen Unterschiede?

Das Zusammenwirken von Anlage, Umwelt und Persönlichkeit des Kindes

Eine grundsätzliche Frage in der wissenschaftlichen Diskussion um exekutive Funktionen, Selbstkontrolle oder Selbststeuerung ist, wie hoch jeweils genetische und umweltbedingte Einflüsse auf die Entwicklung sind. Generell scheint eine hohe Erblichkeit der exekutiven Funktionen vorzuliegen – unabhängig von anderen Fähigkeiten wie Intelligenz und Verarbeitungsgeschwindigkeit. Für die einzelnen Teilbereiche der exekutiven Funktionen ist die Erblichkeit unterschiedlich hoch (Friedman et al. 2008). Auch wenn von einer fast ausschließlichen Beeinflussung der Gene auf die exekutiven Funktionen die Rede ist (Friedman et al. 2008), so stehen dieser Behauptung Studien entgegen, die Einflüsse von Trainings (Rueda et al. 2005) oder Interventionen (z.B. Blair & Raver 2014) belegen.

Bei den Ausgangsbedingungen von Kita-Kindern spielen verschiedene Umweltfaktoren eine Rolle: beispielsweise der Bildungsgrad der Mutter, Armut oder ein schwacher sozio-ökonomischer Status (Berry et al. 2015). Auch andere familiäre Stressoren wie chaotische (instabile, desorganisierte) Zustände zu Hause beeinflussen die Entwicklung der exekutiven Funktionen als Umweltfaktor (Berry et al. 2014).

Um die Bedeutung von Umweltfaktoren zu zeigen, soll auf eine Variante des Marshmallow-Tests verwiesen werden. Sie untersucht den Einfluss, den verlässliche und berechenbare Erwachsene auf Kinder haben. Um das zu beobachten, werden die Kinder in zwei Gruppen eingeteilt. Die eine Gruppe soll Vertrauen in die Testleiter*innen entwickeln, die andere Gruppe soll darin irritiert werden.

Vor dem eigentlichen Marshmallow-Test werden die Kinder eingeladen, ein Bild zu malen, um die Zeit des Wartens zu überbrücken. Dann sagt der Versuchsleiter, dass es im Zimmer nebenan noch ganz tolle Glitzerstifte gäbe. In der einen Gruppe kommt die Versuchsleiterin dann tatsächlich mit den Stiften und das Kind malt damit ein Bild; bei der anderen Gruppe aber kommt die Versuchsleiterin ohne Stifte zurück. Das Kind wird in seinem Vertrauen auf ihre Zuverlässigkeit enttäuscht. Im anschließenden Marshmallow-Test zeigt sich, dass die Kinder, die sich auf das Wort der Versuchsleitung verlassen können, viel besser abschneiden. Sie warten im Schnitt doppelt so lange wie die Kinder, die im Vorfeld enttäuscht worden sind (Mischel 2016).

Dieses Ergebnis deckt sich mit anderen Beobachtungen in Bezug auf Unzuverlässigkeiten, die Kinder in ihrer Umwelt wahrnehmen. Im Alltag von Kindern können sie von Chaos oder Stress zu Hause ausgelöst werden. Vielleicht werden sie kurzfristig bedingt durch Ereignisse wie Todesfälle oder eine Scheidung. Halten sie jedoch lange an oder werden Kinder nicht entsprechend begleitet, kann kurzzeitiger Stress chronisch werden. Den Kindern fehlt ein angemessenes Umfeld, um ihre exekutiven Funktionen erfolgreich auszubilden, und ihre Strategien werden beeinträchtigt (Shonkhoff 2011, Arnsten 2009).

Bereits im Kindergartenalter bilden sich individuelle Unterschiede heraus. Bedingt durch verschiedene Umwelten heraus, entwickeln manche Kinder diese Fähigkeiten früher und andere später. Beispielweise entwickelt ein Kind im Kindergartenalter eine gute Fähigkeit, sein Verhalten zu inhibieren, während das andere damit noch im Grundschulalter Schwierigkeiten hat (Montroy et al. 2016).

Frühe Unterstützung – wichtig für das ganze Leben!

Das Erleben von Gerechtigkeit, Zuverlässigkeit und Fürsorge – und zwar konstant über das Leben hinweg – begünstigen eine gesunde Entwicklung der Selbstregulationsfähigkeit der Kinder. Es fällt Kindern leichter, der höheren Belohnung zu trauen, wenn sie es gewohnt sind, dass Versprechen gehalten werden und ihr Eigentum geschützt ist (nicht von älteren Geschwistern ungestraft aufgegessen oder kaputt gemacht werden darf).

Beruhigend zu wissen ist, dass gerade Kinder, die im Kindergartenalter in der Entwicklung hinterherhinken, von einer gezielten Förderung profitieren und gut aufholen können. Im Kindergarten können Strategien gelernt (z.B. das Überbrücken der Wartezeit auf Mama oder Papa durch Anschauen der Marienkäfer auf den Schuhen oder Lesen einer Geschichte) und die exekutiven Teilbereiche gefördert werden. Aus Sicht der pädagogischen Fachkraft heißt das, gute Rahmenbedingungen für kindliche Selbstwirksamkeit und weitere entwicklungsförderliche Bedingungen – wie Gerechtigkeit und Fürsorge – zu schaffen. Ebenso können eine Reihe von Bemühungen, beispielweise in der Kita oder bestimmte Beschäftigungen, Kindern helfen, gute exekutive Funktionen aufzubauen (Diamond & Lee 2011). Dazu gibt es eine Reihe von Studien, die den Einfluss von Bewegung, Spielen, Unterstützung der exekutiven Funktionen im Dialog und in der Interaktion belegen (z.B. Kubesch et al. 2009; Sylva et al. 2004)

Obwohl den erblichen Faktoren bei der Entwicklung der exekutiven Funktionen und der Selbstregulation ein großer Einfluss beigemessen wird (Friedman et al. 2008), ist nicht zu unterschätzen, welchen Einfluss das Umfeld und die Förderung der Kinder haben. Gerade in jungen Jahren können kleine Erfolge bei der Förderung die Entwicklung langfristig günstig beeinflussen (Moffitt et al. 2011; Diamond 2013, 2016).

Literatur

Arnsten, A. F. (2009): Stress signalling pathways that impair prefrontal cortex structure and function. In: Nature reviews neuroscience. Nr. 10(6), S. 410-422.

Baddeley, A. (2012): Working memory: Theories, models, and controversies. In: Annual review of psychology. Nr. 63, S. 1-29.

Berry, D., Blair, C., Ursache, A., Willoughby, M. T., & Granger, D. A. (2014): Early childcare, executive functioning, and the moderating role of early stress physiology. In: Developmental psychology. Nr. 50(4), S. 1250-1261.

Blair, C., & Raver, C. C. (2014): Closing the achievement gap through modification of neurocognitive and neuroendocrine function: Results from a cluster randomized controlled trial of an innovative approach to the education of children in kindergarten. In: PloS one. Nr. 9(11), 1-13.

Carlson, S. M. (2005): Developmentally sensitive measures of executive function in preschool children. In: Developmental neuropsychology. Nr. 28(2), S. 595-616.

Casey, B. J., Somerville, L. H., Gotlib, I. H., Ayduk, O., Franklin, N. T., Askren, M. K., & Glover, G. (2011): Behavioral and neural correlates of delay of gratification 40 years later. In: Proceedings of the National Academy of Sciences. Nr. 108(36), S. 14998-15003.

Diamond, A. (2002): Normal development of prefrontal cortex from birth to young adulthood: Cognitive functions, anatomy, and biochemistry. In: Stuss, D. (Hrsg): Principles of frontal lobe function. Oxford: Oxford University Press, S. 466-503.

Diamond, A., & Lee, K. (2011): Interventions shown to aid executive function development in children 4 to 12 years old. In: Science. Nr. 333(6045), S. 959-964.

Diamond, A. (2013): Executive functions. In: Annual review of psychology. Nr. 64, S. 135-168.

Diamond, A. (2016): Why improving and assessing executive functions early in life is critical. In: Griffin, J. A., McCardle, P., & Freund, L. (Hrsg.): Executive function in preschool-age children: Integrating measurement, neurodevelopment, and translational research, Washington: American Psychological Association, S. 11-43.

Drechsler, R. (2007): Exekutive Funktionen. In: Zeitschrift für Neuropsychologie. Nr. 18(3), S. 233-248.

Duckworth, A. L., & Seligman, M. E. (2005): Self-discipline outdoes IQ in predicting academic performance of adolescents. In: Psychological science. Nr. 16(12), S. 939-944.

Friedman, N. P., Miyake, A., Young, S. E., DeFries, J. C., Corley, R. P., & Hewitt, J. K. (2008): Individual differences in executive functions are almost entirely genetic in origin. In: Journal of experimental psychology: General. Nr. 137(2), S. 201.

Garon, N., Bryson, S. E., & Smith, I. M. (2008): Executive function in preschoolers: a review using an integrative framework. In: Psychological bulletin. Nr. 134(1), S. 31.

Garon, N., Smith, I. M., & Bryson, S. E. (2014): A novel executive function battery for preschoolers: Sensitivity to age differences. In: Child Neuropsychology. Nr. 20(6), S. 713-736.

Gopnik, A., Kuhl, P., & Meltzoff, A. (2007): Forschergeist in Windeln. München: Piper.

Hancox, R. J., Milne, B. J., & Poulton, R. (2004): Association between child and adolescent television viewing and adult health: a longitudinal birth cohort study. In: The Lancet. Nr. 364 (9430), S. 257-262.

Igniter Media (2009): The Marshmallow Test. URL: https://www.youtube.com/watch?v=QX_oy9614HQ.

Kidd, C., Palmeri, H., & Aslin, R. N. (2013): Rational snacking: Young children's decision-making on the marshmallow task is moderated by beliefs about environmental reliability. In: Cognition. Nr. 126(1), S. 109-114.

Kochanska, G., Coy, K. C., & Murray, K. T. (2001): The development of self regulation in the first four years of life. In: Child development. Nr. 72(4), S. 1091-1111.

Kubesch, S., Walk, L., Spitzer, M., Kammer, T., Lainburg, A., Heim, R., & Hille, K. (2009): A 30 minute physical education program improves students' executive attention. In: Mind, Brain, and Education. Nr. 3(4), S. 235-242.

Mischel, W. (2015): Der Marshmallow-Test: Willensstärke, Belohnungsaufschub und die Entwicklung der Persönlichkeit. München: Der Hörverlag.

Mischel, W. (2016): Der Marsmallow-Effekt. Wie Willensstärke unsere Persönlichkeit prägt. München: Siedler.

Mischel, W., Shoda, Y., & Rodriguez, M. I. (1989): Delay of gratification in children. In: Science. Nr. 244(4907), S. 933-938.

Miyake, A., Friedman, N. P., Emerson, M. J., Witzki, A. H., Howerter, A., & Wager, T. D. (2000): The unity and diversity of executive functions and their contributions to complex »frontal lobe« tasks: A latent variable analysis. In: Cognitive psychology. Nr. 41(1), S. 49-100.

Moffitt, T. E., Arseneault, L., Belsky, D., Dickson, N., Hancox, R. J., Harrington, H., ... & Sears, M. R. (2011): A gradient of childhood self-control predicts health, wealth, and public safety. In: Proceedings of the National Academy of Sciences. Nr. 108(7), S. 2693-2698.

Monsell, S. (2003): Task switching. In: Trends in cognitive sciences. Nr. 7(3), S. 134-140.

Montroy, J. J., Bowles, R. P., Skibbe, L. E., McClelland, M. M., & Morrison, F. J. (2016): The development of self-regulation across early childhood. In: Developmental Psychology. Nr. 52(11), S. 1744.

Recchia, H. E., Wainryb, C., & Howe, N. (2013): Two sides to every story? Parents' attributions of culpability and their interventions into sibling conflict. In: Merrill-Palmer Quarterly. Nr. 59(1), S. 1-22.

Reineberg, A. E., Andrews-Hanna, J. R., Depue, B. E., Friedman, N. P., & Banich, M. T. (2015): Resting-state networks predict individual differences in common and specific aspects of executive function. In: Neuroimage. Nr. 104, S. 69-78.

Rueda, M. R., Posner, M. I., & Rothbart, M. K. (2005): The development of executive attention: Contributions to the emergence of self-regulation. In: Developmental neuropsychology. Nr. 28(2), S. 573-594.

Shoda, Y., Mischel, W., & Peake, P. K. (1990): Predicting adolescent cognitive and self-regulatory competencies from preschool delay of gratification: Identifying diagnostic conditions. In: Developmental psychology. Nr. 26(6), S. 978.

Shonkoff, J. P. (2011): Protecting brains, not simply stimulating minds. In: Science. Nr. 333(6045), S. 982-983.

Sylva, K., Melhuish, E., Sammons, P., Siraj-Blatchford, I., & Taggart, B. (2004): The effective provision of pre-school education (EPPE) project technical paper 12: The final report-effective pre-school education. Essex: Formara.

2.2 Auswirkungen von negativem Stress auf das Lernen des Kindes

Carmen Deffner

Dort, wo Menschen sich angenommen und geborgen fühlen, sind sie entspannt und offen: offen für Neues und eben fürs Lernen. Sich in seiner (Lern-)Umgebung wohl und sicher zu fühlen – das ist hinlänglich bekannt –, stellt eine wesentliche Grundlage für gelingende Lernprozesse dar. Stress hingegen behindert und erschwert Lernen, gleich ob es sich um Kinder oder Erwachsene handelt: »Das Gehirn ist nicht nur der Ausgangspunkt, sondern auch das wichtigste Zielorgan der Stressreaktion« (Hüther 2001, S. 7).

Was ist eigentlich Stress?

Etymologisch geht »Stress« auf das englische »to stress« zurück und hat seine ursprüngliche Verwendung im technischen Bereich, nämlich um auszudrücken, dass sich Materialien durch Krafteinwirkung verändern. Beispielsweise verbiegen sich Stahl oder andere Metalle bei entsprechend großem Druck. Die Übertragung in die Psychologie als Ausdruck für einen be- und überlasteten Zustand ist erst etwa 100 Jahre alt. In diesem Kontext werden als Stress Situationen bezeichnet, in denen das Gefühl der Überforderung wahrgenommen wird (Borck 2014). Situationen, die ängstigen, Situationen, in denen sich der Mensch handlungsunfähig fühlt. Stress bedeutet, eine Situation nicht kontrollieren zu können, ihr ausgesetzt zu sein (Hüther 2001). Deswegen geht es beim Erleben von Stress eigentlich nicht um die Situation an sich, sondern um die Auswirkungen, die das jeweilige Erlebnis, die jeweilige Situation auf den Menschen hat. Dadurch ist Stress ein individuelles Erleben. Schwierige Umstände sind viel eher auszuhalten, wenn man das Gefühl hat, trotz allem noch handlungsfähig zu sein. Sobald einem aber das Ruder aus der Hand genommen wird oder man es selbst abgibt, entsteht das Gefühl der Handlungsunfähigkeit und dadurch Stress. »Nicht die unangenehmen Erfahrungen an sich bewirken Stress, sondern das Gefühl, ihnen machtlos ausgeliefert zu sein« (Spitzer 2014, S. 3).

Entstehung und Auswirkungen von Stress

Stress ist also das Ergebnis einer individuellen Bewertung. Besonders bei Kindern ist diese Bewertung mehr eine emotionale denn eine metakognitiv reflektierte. Kinder können nicht beeinflussen, welchen Stressoren sie ausgesetzt sind, noch können sie diese kontrollieren (Möhler & Resch 2016). Das Kind ist also abhängig von der Qualität seiner Erfahrungen. Je nachdem, wie sich das Kind aufgrund seiner Fähigkeiten und Erfahrungen – auch mit der Unterstützung durch andere – als kompetent erlebt und bereits erlebt hat, ist es von der Bewältigbarkeit einer Situation überzeugt oder eben nicht: Es erlebt Stress oder eben nicht.

Eine gute Passung zwischen der Anforderung der Situation oder Aufgabe und den eigenen Fähigkeiten erzeugt das Gefühl der Kontrolle – bis hin zum Flow-Erleben. In diesem Zustand wird die Zeit vergessen und der Tätige – nicht nur Kinder – sind völlig in ihr Tun versunken. Je geringer die Passung zwischen den beiden Dimensionen, desto intensiver sind die Zustände der Überforderung (Angst, Sorge), aber auch Unterforderung und Langeweile. Beides kann zu Stress führen. Nach Brisch (2009) braucht es von frühester Kindheit an eine Passung aus Belastung, Entlastung und

Anforderung. Dazu gehört eine sensible Abwägung des Anforderungslevels, das an das Kind gerichtet wird oder welches das Kind selbst für sich wählt (vgl. die Ausführungen zur »Zone der nächsten Entwicklung« in Kapitel 1.2).

Tätigkeiten und die Auseinandersetzung mit interessanten bzw. weniger oder nicht interessanten Dingen versetzen uns in unterschiedliche Erlebenszuständen. Vom Flow-Erleben wird dann gesprochen, wenn wir in die Tätigkeit voll und ganz versunken sind.

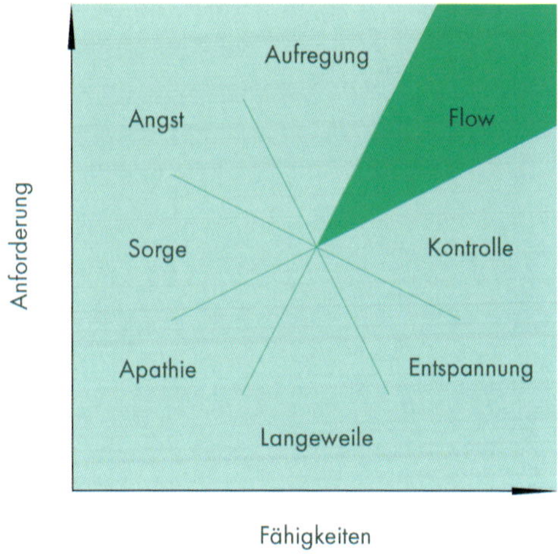

Kinder im Flow-Erleben: Diese Kinder setzen sich völlig selbstständig und vertieft über lange Zeit mit den Buchstaben auseinander.

Stress ist Empfindungssache

Stress, oder vielmehr Stressempfinden, wird also individuell verschieden bewertet; dasselbe gilt für das eigene Vermögen, den Stress zu bewältigen. Wie aber kommt es zu Stress? Was passiert dabei im Gehirn? Und was bedeutet das für den Menschen?

Das Erleben von Stress macht sich zunächst einmal körperlich bemerkbar, u.a. durch einen erhöhten Herzschlag, erhöhten Blutdruck und die Ausschüttung von Stresshormonen, z.B. Cortisol (z.B. Shonkoff et al. 2016; Rüegg & Bertram 2010; Roth 2016).

Auf Ereignisse zu reagieren, die außerhalb des Bekannten und Erwarteten liegen, die uns ängstigen oder überfordern, ist zunächst einmal eine im Menschen angelegte, ganz natürliche Verhaltensweise (Shonkoff et al. 2016). Sie hat dazu beigetragen, dass die Spezies Mensch bis heute überleben und sich entwickeln konnte. Hätten wir uns im Laufe der Menschheitsgeschichte kein angemessenes Verhaltensrepertoire wie Flucht, Rückzug oder auch Angriff auf Unvorhergesehenes und Bedrohliches angeeignet, hätte die Menschheit kaum bis zum heutigen Tag überdauert. Wären wir über Jahrtausende Stress nicht nach dem Prinzip »Fight or flight – Kämpfe oder fliehe!« begegnet, wären wir heute nicht hier. Und auch in der Gegenwart zeigen Menschen in stressauslösenden Situationen ein ganz ähnliches Verhalten.

Es zeichnet allerdings Menschen unserer Zeit aus, auf gegebene und auf plötzlich eintretende Lebensumstände nicht nur mit Flucht oder Angriff zu reagieren, sondern überlegt, zielorientiert und sozial angemessen. Das ist u.a. durch metakognitive Strategien möglich. Die exekutiven Funktionen (EF) mit ihrem Sitz im präfrontalen Cortex (PFC) unterstützen metakognitive Fähigkeiten und ist die am weitesten entwickelte Region im Gehirn. Allerdings ist diese Gehirnregion auch sehr sensibel gegenüber Stress. Schon kurzzeitiger Stress sorgt dafür, dass unsere exekutiven Funktionen beeinträchtigt sind und wir uns zum Beispiel schlechter regulieren oder konzentrieren können. Sind wir längere Zeit Stress ausgesetzt, können sich dadurch sogar Nervenverbindungen des PFC verändern. Dann spricht man von der Veränderung der Architektur der Nervenverbindungen (Arnsten 2009). Da diese Veränderung der Gehirnstrukturen nicht zufällig ist, wird sie auch »experience-based plasticity«, erfahrungsbasierte Veränderbarkeit, genannt (Hüther 2001, S. 4).

Erfahrungen und Emotionen – ein Wechselspiel

Inhalte von großer emotionaler und persönlicher Bedeutung lassen sich besser abspeichern und sind leichter zu erinnern, als Inhalte, zu denen der Lernende keinerlei Bezug hat oder aufbauen kann. Emotionale Erfahrungen werden durch die wechselseitige Zusammenarbeit von Gehirnregionen, die für die Entstehung emotionaler Erregungen zuständig sind (limbisches System), mit jenen, die die Eindrücke kognitiv verarbeiten und einordnen (u.a. PFC), verarbeitet und abgespeichert. Der Hippocampus sorgt dafür, dass Gedächtnisinhalte für lange Zeit gespeichert werden können, indem er sie vom Kurzzeit- ins Langzeitgedächtnis überführt. Immer wenn neue Inhalte an uns herangetragen werden – durch Hören, Sehen, Riechen, Schmecken, Fühlen, Spüren –, gleicht der Hippocampus sie mit bereits gemachten und gespeicherten Erlebnissen ab: Können die neu hinzukommenden Informationen daran anknüpfen, sind sie schon bekannt oder stellen sie etwas Neues dar und müsste mit erhöhter Aufmerksamkeit aufgenommen, gefiltert und verarbeitet werden? (vgl. Brand & Markowitsch 2009).

Die Verarbeitung von Emotionen jedoch ist komplexer. Sie geschieht im engen Wechselspiel zwischen Hippocampus und Amygdala. Das so genannte emotionale Gedächtnis ist das Ergebnis der Zusammenarbeit des Hippocampus und der Amygdala (Hüther 2001, S. 4).

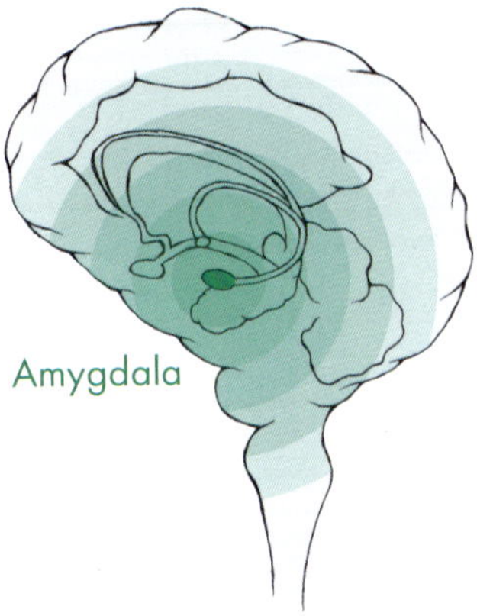

Die Amygdala feuert, um eine Fluchtreaktion auszulösen.

Die Amygdala ist Teil des limbischen Systems, das soziale Gefühle wie Fürsorge, Angst, Liebe, Spiel- und Sexualtrieb regelt. Aber auch das Lernen durch Nachahmen und ein Teil des instinktiven Verhaltens werden von ihm gesteuert. Die zentrale Funktion des limbischen Systems besteht in der Steuerung von Emotionen, Antrieb und Lernen (z.B. Roth 2016).

Wie die anderen Zentren im Gehirn auch, fungiert das limbische System nicht allein. Erst durch die enge Verknüpfung mit dem präfrontalen Cortex (PFC) kommt es zu Erwartungen, Entscheidungen und Belohnung.

Doch zurück zur Amygdala, dem Speicherort der Gefühle: Kommen Sinnesreize durch ein Sinnesorgan ins Gehirn, werden sie über den Thalamus auf direktem Weg zur Amygdala geschickt, die jeden »Eingang« überprüft: Handelt es sich um eine Gefahr oder nicht? Sie ist also wichtige Entscheidungsträgerin bei der Bildung von Grundemotionen, vorwiegend von Angst und Furcht. Dieser Prozess läuft schneller ab als die Wahrnehmungsverarbeitung z.B. über das Sehzentrum.

Grundsätzlich sorgt die Verbindung zwischen dem Präfrontalen Cortex (PFC) und der Amygdala dafür, dass Angst und Furcht kontrolliert werden können. Allerdings ist diese Verbindung nicht immer ausreichend stark. Bei Kindern ist dies mit noch geringer Reifung zu begründen: Der präfrontale Cortex ist schlichtweg noch zu wenig entwickelt, um dem Kind in komplexen und unbekannten Situationen die Grundlage für eine ausreichende Regulationsfähigkeit zur Verfügung zu stellen.

Dass Angst und Furcht auch Erfahrungswerte sind oder erlernt sein können, liegt daran, dass bei diesem ohnehin schon komplexen Vorgang auch der Teil des Gehirns mitwirkt, der für Erinnerung und Gedächtnisbildung zuständig ist. Der Hippocampus ist, wie bereits dargestellt, mit der Amygdala verbunden und reguliert dort die Erregungen. Daraus geht die enge Verbindung zwischen Gefühlen, dazugehörigen Erregungszuständen und den dadurch ausgelösten Handlungen hervor. Das gilt für die positiven wie negativen Momente des Lebens, für Freude wie Angst.

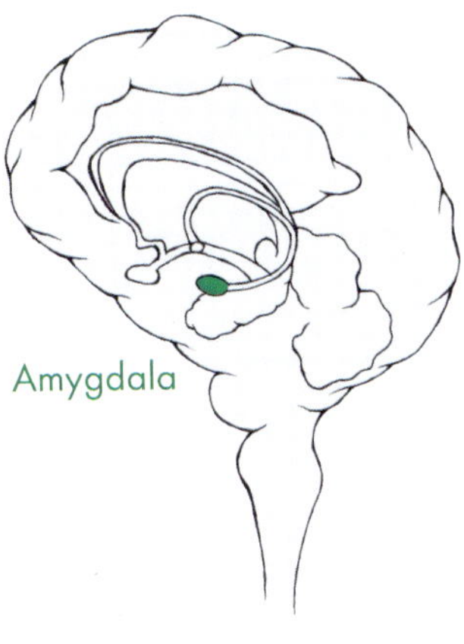

Sitz der Amygdala

Gerade weil die Amygdala auch mit Regionen des präfrontalen Cortex verbunden ist, gelingt es uns im Laufe der Entwicklung und Reifung, dass wir stressauslösende Situationen mit Hilfe der exekutiven Funktionen überdenken und ggf. übermäßige Reaktionen noch rechtzeitig kontrollieren und »durch unseren Verstand« in den Griff bekommen. Wir analysieren Geschehnisse, ob sie tatsächlich bedrohlich sind, und versuchen, Wahrgenommenes blitzschnell durch rationales Überdenken einzuordnen und dann meist auch zu relativieren (Brand & Markowitsch 2009).

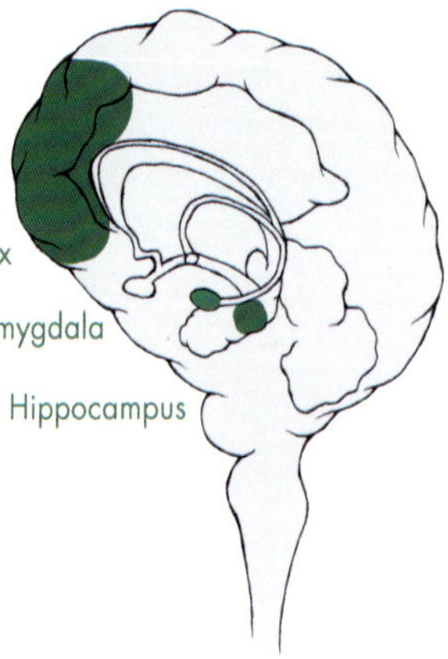

Der präfrontale Cortex nimmt die Analyse einer Situation vor und stimmt das Verhalten darauf ab.

Die Verbindung zwischen Amygdala und präfrontalem Cortex funktioniert in der Regel ganz gut. In ausgeglichenen Situationen kann durch den präfrontalen Cortex gut reguliert gehandelt; Emotionen können gesteuert und in sinnvolle, reflektierte Handlungen gelenkt werden. Wir selbst und andere erleben uns als ausgeglichen.

In Stresssituationen hingegen werden die Handlungen von den Emotionen dominiert. Der präfrontale Cortex kann Reaktionen, die durch überstarke Emotionen und Neurotransmitter zustande kommen, nicht mehr koordinieren. Wir verlieren sprichwörtlich die Kontrolle und schreien z.B. lauter, als es für die kleine Spinne notwendig wäre! Besonders, wenn Stress über längere Zeit anhält und mittels bislang umgesetzter Verhaltensstrategien nicht mehr bewältigt werden kann, steigt im Körper der Cortisolspiegel (Hüther 2001).

Der Hypothalamus kontrolliert sowohl das vegetative Nervensystem als auch das Hormonsystem des Menschen. Er regt die Hirnanhangsdrüse (Hypophyse) an, die Nebennieren zu aktivieren, was zur Ausschüttung von Cortisol führt. Weiterhin werden über das Nebennierenmark die Stresshormone Adrenalin und Noradrenalin ausgeschüttet.

Das führt zu einer Schwächung des Immunsystems, weil der Körper in Alarmbereitschaft ist und alle Ressourcen für die Wiederherstellung eines Ruhezustandes aktiviert. Im Umkehrschluss bedeutet das, dass die betroffene Person in diesem Moment keine Kapazität freisetzen kann für Lernen und Entwicklung. Das wird zum Problem, wenn es ein langandauernder Zustand ist und kein vorübergehender, der mit angemessenem Aufwand zu regulieren wäre.

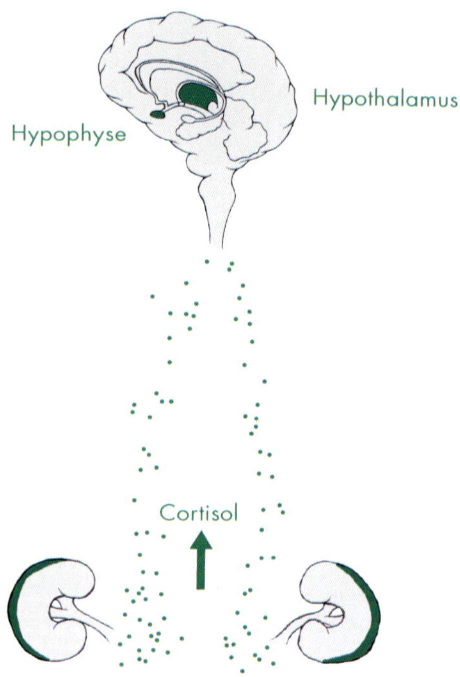

Die Nebennieren schütten Cortisol aus, um dem Gehirn zu signalisieren »Achtung, Gefahr!«

Stress blockiert die Entwicklung

In den ersten Lebensjahren entwickelt sich das Gehirn des Kindes rasant. Zahlreiche Studien belegen, dass ungünstige lebensweltliche Bedingungen zu Veränderungen der Gehirnentwicklung beim Kleinkind führen können. Besonders betroffen sind die exekutiven Funktionen und die Impulskontrolle (z.B. Korja et al. 2017; van den Bergh 2017). Erlebt das

Kind langandauernden Stress, kann es zu einer Blockade seiner Entwicklung kommen. Der Mechanismus ist komplex und die Auswirkungen sind beachtlich. Laut Hüther (2009, S. 47) »lässt sich inzwischen nachweisen, dass Angst, Stress, Überforderung und äußerer Druck die Herausforderung komplexer Verschaltungen im kindlichen Gehirn ebenso behindern wie Unterforderung, mangelnde Anregung, Verwöhnung und Vernachlässigung.« Langandauernder und für das Kind unauflösbarer Stress hat seine Ursache z.B. in einer chronischen Disharmonie oder bei Suchtproblemen in der Familie, psychischer und physischer Gewalt, aber auch bei permanenter Über- oder Unterforderung im Kindergarten. Weitere stressauslösende Umweltfaktoren können anhaltende Armut in der Familie sein, emotionale Vernachlässigung durch Zeitmangel oder Herabsetzung: die permanente Botschaft »Aus dir wird eh nichts!«, unabhängig vom sozialen Status der Familie (u.a. Shonkoff et al 2016; Schlack 2013).

Konkret messbar wird Stress u.a. durch Veränderungen des Herzschlages (Gloger-Tipplet 2008) und einen erhöhten Cortisolspiegel, der seinerseits zu einer Schwächung des Immunsystems beiträgt. Studien belegen, dass permanentes Stresserleben das Immunsystem hemmt und damit die Anfälligkeit für Infektionskrankheiten erhöht (Sommershof et al. 2011).

Auf emotionaler und psychischer Ebene führt Stress dazu, dass das Kind sich ständig als unzulänglich und nicht selbstwirksam erlebt. Es entwickelt ein Bild von seiner Lebenswelt, die nicht zu steuern ist. Diese Inkongruenz ist für das Kind zutiefst irritierend und wiederum eine stressauslösende Erfahrung (Zulauf-Logoz 2008). Möhler und Resch (2019) heben Stress im frühen Kindesalter als wesentlichen Einflussfaktor der Entwicklung hervor und belegen in ihrem Übersichtsartikel ausführlich, dass es dadurch zu einer Beeinträchtigung der kindlichen Emotionsregulation und Impulskontrolle kommen kann (Möhler & Resch, 2019).

Wie kann Stress abgebaut werden?

Evolutionsgenetisch hat die Entladung von Stress eine wichtige Bedeutung. Lachen z.B. hat seit jeher eine rückversichernde Funktion, nämlich, dass keine Gefahr droht und alles gut ist! Wenn der Schreck sehr groß war, fällt dieses Entspannungslachen schon mal etwas hysterisch aus – zumindest für den Außenstehenden. Lachen wirkt zwischenmenschlich entspannend, aber auch rein körperlich: Es sorgt für eine stärkere Durchblutung im Gehirn, versorgt es also mit neuem Sauerstoff, was wiederum zu erfrischter und erhöhter Leistung beiträgt. Lachen schüttet aber auch Endorphine aus, die schmerzlindernd wirken, ein Effekt, der besonders nach großen Schrecken und starken körperlichen Reaktionen sehr wohltuend ist (Benecke 2009).

Weitere Techniken, die wir bewusst und auch unbewusst anwenden, ist die tiefe Bauchatmung, welche die Kurzatmigkeit als typische Stressreaktion ablöst. Kurzatmigkeit signalisiert: Achtung, Gefahr, jetzt sparsam mit Energiereserven umgehen und alle Konzentration auf blitzschnelles Reagieren – z.B. Wegrennen – ausrichten (Spitzer & Bertram 2007).

Neben Lachen und Atmen sind Bewegung und Entspannungstechniken wirksame Methoden des Spannungsabbaus. Achtsam ein Gleichgewicht zwischen den beiden Polen herzustellen, ist wesentlich zur Vorbeugung von Stress.

Großräumige Bewegungen sorgen für Spannungsabbau

Das nährende Umfeld – Stress vermeiden!

Zahlreiche Studien arbeiten heraus, dass vor allem das Vorhandensein einer verlässlichen Umwelt positiv zu einer gesunden Entwicklung der Kinder beiträgt. Das Center on the Developing Child der Harvard University betont, dass Kinder, die in belastenden Lebenswelten aufwachsen, weniger Schaden nehmen, wenn sie in dieser Umwelt auf unterstützende Beziehungspersonen zurückgreifen können. Stabile und fürsorgliche Beziehungen, so die Forscher*innen, können als Puffer wirken, die das Kind vor lebenslangen psychischen, körperlichen und kognitiven Auswirkungen schützen (Center on the Developing Child 2019).

Entscheidend für das Kind ist die grundsätzliche Erfahrung, gut versorgt zu sein, sich wohl und geborgen zu fühlen. Bezugspersonen, die sensibel und angemessen auf die Äußerungen und Bedürfnisse des Kindes antworten, legen mit ihren Verhalten den entwicklungsförderlichen Grundstein des »well-beings«. Ein wohlwollender, reizsensibler und konsequenter Erziehungsrahmen sorgt in der Lebewelt des Kindes für Vorhersehbarkeit und das Gefühl von Sicherheit. Das kindliche Gehirn kann günstige Strukturen bilden und z.B. seine exekutiven Funktionen entwickeln (Center on the Developing Child 2012).

Aufgrund solcher Erfahrungen in ihren Familien, in der Kita und in ihrem erweiterten sozialen Umfeld können Kinder verinnerlichen: Erwachsenen kann ich trauen. Wenn sie mir etwas versprechen, dann machen sie das auch. Wenn ich mich mit einem Anliegen an sie wende, hören sie mir zu. Ich werde wahrgenommen und respektiert, ich bin in Sicherheit (Brisch 2013; Mischel et al. 2011; Mischel 2016). Im Umkehrschluss haben Kinder, die in unsicheren und unberechenbaren Beziehungen aufwachsen, schlechtere Chancen, diese Zuversicht zu entwickeln.

Nicht zuletzt sind Kinder auf Vorbilder angewiesen, auf Menschen – ob Erwachsene oder etwas ältere Kinder –, von denen sie lernen können, wie mit belastenden Situationen umgegangen werden kann. Jüngere Kinder imitieren die Strategien Erwachsener und älterer Kinder in ihrem Umfeld. Kann ein Kind nicht auf positiv förderliche Begleitpersonen zurückgreifen, ist seine Entwicklung zusätzlich erschwert (Mischel et al. 2011; Mischel 2016; Vernon-Feagans et al. 2016).

Grundsätzlich gilt: Überall dort, wo ein Kind sich wohl fühlt und in Sicherheit seiner Neugierde und den Fragen seines Lebens nachgehen kann, ist es bereit für entwicklungsfördernde Lernprozesse (Hüther 2009).

Das Faustmodell – Symbol für die Entstehung und Auswirkung von Stress

Als Fachkraft die Entstehung und die Auswirkungen von Stress zu verstehen, ist eine grundlegende Voraussetzung, um auf den unterschiedlichen Ebenen (Selbst, Kind, Familie, Kolleg*innen) reflektieren, beraten und handeln zu können. Anhand seines Faustmodells erklärt Siegel (2010) sehr eindrücklich und simpel, wie selbstreguliertes Verhalten funktioniert und wie es durch Stresseinwirkung verhindert werden kann.

Die geschlossene Faust symbolisiert das Gehirn

Die Finger der Faust klappen hoch, die regulierende Region des Gehirns hat keine Kontrolle über das Zentrum der Emotionen mehr.

Die geschlossene, den Daumen umschließende Faust symbolisiert das Gehirn, wobei die zum Handballen gebogenen Finger den Präfrontalen Cortex (PFC), also die exekutiven Funktionen (EF), abbilden. Der Daumen ist der Hippocampus und ist von den Fingern umschlossen. Das stellt den Normalzustand dar: Der Hippocampus ist in gutem Kontakt mit dem PFC; er, bzw. die EF steuern die Gedanken, Gefühle und Handlungen zielorientiert und situationsangemessen. Der Daumennagel ist die Amygdala. Kommuniziert diese Gefahr und Bedrohung, entsteht eine Blockade zwischen Hippocampus und PFC. Die Kontrolle des PFC über den Hippocampus und die Amygdala ist dann nur noch sehr schwer möglich. Bildlich dargestellt klappen die Finger der Faust nach oben.

Der Kontaktabbruch zwischen Ratio und Emotion kann zu unüberlegten, emotionsgeladenen Reaktionen führen. Sie sind auch Ausdruck und Ergebnis von Stress. Dieses Faustmodell ist einfach und nützlich: Man hat es schließlich immer dabei!

- Reflektieren Sie sich von Zeit zu Zeit selbst: Was führt dazu, dass »meine Finger« nach oben klappen? Was könnte ich tun, um diese Situation wieder zu beruhigen, damit die Finger (= PFC) wieder die Kontrolle übernehmen können und auch behalten (präventive Strategien)?
- Wenden Sie dieses Wissen bei der Beobachtung eines Kindes an: Was führt dazu, dass die »Finger« bei diesem Kind nach oben klappen? Und welche co-regulierenden Hilfestellungen können Sie dem Kind anbieten, damit es sich in dieser Situation beruhigen und als selbstreguliert erleben kann?

Beim Graben bis zum Erdkern diskutieren die Kinder, welche Strategie die zielführende sein könnte.

Wenden wir das Faustmodell am Beispiel von Leni (4,2 Jahre) an. Leni spielt im Sandkasten. Vertieft gräbt sie Kanäle und Rinnen für ihre Murmel, schüttet vorsichtig Sand zu Erhebungen auf und gräbt feine Kuhlen für Sammelbecken.

Sie erschließt sich wichtige Zusammenhänge zwischen Steigung und Gefälle, Haftung und Rieseleigenschaft von Sand und die Wirkung des Wassers als Bindemittel für Sand.

Plötzlich wird der Sandkasten von drei Jungs gestürmt, die ganz andere Pläne haben. Sie möchten bis zum Erdkern buddeln. Dafür sind sie gerüstet, nämlich mit Bagger und Schippen. Lautstark und gestikulierend bringen sie ihre Pläne zum Ausdruck. Leni bemerkt zunächst nichts, so vertieft ist sie in ihr Tun. Erst als Manu in eine ihrer Rinnen tritt, wird sie herausgerissen. Erschrocken schreit sie auf, weint und brüllt Manu an: »Pass auf, du machst meine Murmelbahn kaputt, du Blödmann!« Und schon fliegt das erste Sandförmchen. Wutentbrannt geht sie auf die Jungen los.

Was ist hier passiert, dass Leni so starke Emotionen und Handlungen zeigt? Was hat dazu beigetragen, dass ihre »Finger« hochgeschnellt sind – dass sie die Kontrolle verloren hat?

Aus den Beobachtungen des Tages wird der Fachkraft klar, dass es nicht allein die zerstörte Murmelbahn war, die Leni so aufgebracht hat. Schon morgens ist ihr das blasse Gesicht aufgefallen, und die Erzählungen der Mutter bestätigten, dass Leni schlecht geschlafen habe und der Morgen vom Aufstehen bis zur Fahrt zur Kita eine Tortur für alle Beteiligten war. Leni ist also schon gestresst in der Kita angekommen.

Diese Situation mit all den beschriebenen Einflussfaktoren ist für Leni allein nicht gut zu bewältigen. Sie benötigt die co-regulative Unterstützung ihrer Erzieherin. Was kann diese jetzt durch ihr Verhalten beeinflussen? Die sensible Erzieherin weiß, dass Leni heute weniger belastbar ist als an anderen Tagen. Mit wohlwollender Zuwendung geht sie auf das Mädchen zu und nimmt mit ruhiger Stimme Kontakt auf. Leni erzählt bestürzt, dass alles kaputt ist, was sie erbaut hat. Ihre Erzieherin signalisiert Verständnis und erklärt den Jungs Lenis Perspektive. Trotzdem möchte Leni zu ihrem Spiel nicht mehr zurückkehren; ihre Regulationskraft ist aufgebraucht. Die Erzieherin schlägt Leni vor, »Füße-Einbuddeln« zu spielen. Sie schafft ihr dadurch einen Raum für Ruhe und Erholung.

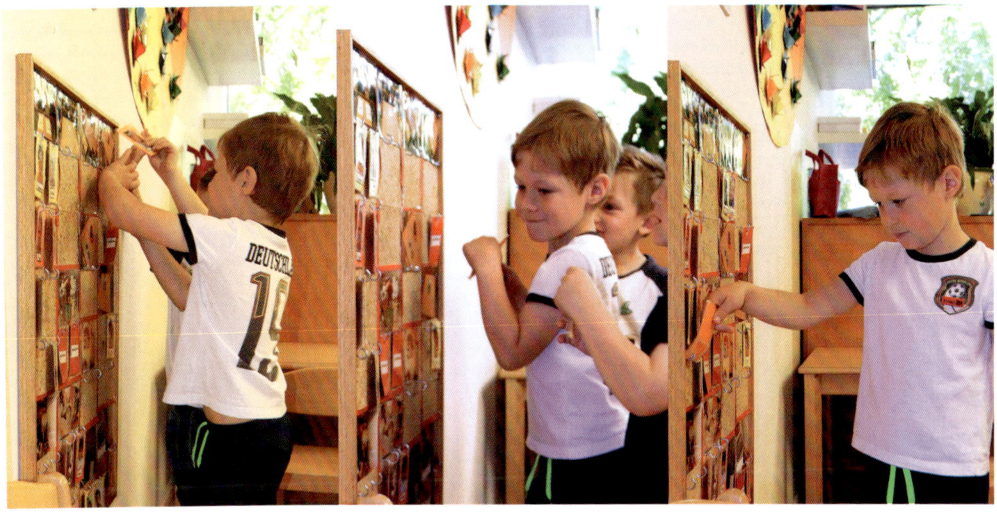

Die Konzentration des Jungen wird kurzzeitig gestört, aber am Ende schafft er es, die Kontrolle wiederherzustellen.

Ein anderes Beispiel können wir bei Peter (5,2 Jahre) betrachten. Peter ist neu im Kindergarten und lernt gerade, zuverlässig seine Porträtkarte in das entsprechende Feld der Aktivitäten-Pinnwand aufzuhängen, um dadurch zu kommunizieren, welcher Tätigkeit er im Moment nachgehen möchte. Für Peter hat das zusätzlich den Effekt, dass er unterstützt wird, sich zu strukturieren: Er macht seine gedankliche Entscheidung für sich selbst sichtbar. Er ist so konzentriert, sein Bild richtig zu platzieren, dass er die Geschehnisse im Gruppenraum nicht wahrnimmt. So kommt es, dass er von einer Gruppe Jungs überstürmt und zur Seite gerempelt wird. Seine Karte fällt runter, seine Tätigkeit ist unterbrochen. Er ist frustriert und fängt an, die Störenfriede zu hauen.

Warum hat Peter hier kurzzeitig die Kontrolle verloren? Was hat dazu beigetragen, dass die »Finger« seiner Faust hochgeklappt sind? Peter war hoch konzentriert und wurde gestört. Welche Regulationshilfen kann die Fachkraft anbieten, um Peter in der Bewältigung dieser Situation zu unterstützen? Zunächst nimmt die Fachkraft einfühlsam Kontakt zu Peter auf: über Blickkontakt und eine sanfte Berührung an der Schulter. Sie zeigt Präsenz. Dadurch werden auch die anderen

Kinder ruhig und bemerken, dass sie zu ruppig vorgegangen sind. Neben der Aktivitäten-Tafel sind die Regeln für den Gruppenraum als Bilderfolge angebracht. Die Erzieherin zeigt darauf, um sie in Erinnerung zu rufen. Sofort fällt es den Jungs ein: »Oh, wir müssen ruhiger sein!«. Sie entschuldigen sich bei Peter und heben sein Bild auf.

Durch den Verweis auf die allgemein gültigen Regeln nimmt die Fachkraft den regulierenden Fokus von sich und lenkt diesen auf die bildhaften Regeln. Sie vermittelt dadurch Struktur und Klarheit. Danach gibt die Erzieherin Peter Zeit, sich zu sortieren und seine Arbeit zu Ende zu bringen: »Wo wolltest du denn hin, Peter? Kannst du mir erzählen, was du vorhattest? Komm, zeig mir wo du dein Bild hinhängen möchtest.«

Für Peter bedeutet das mehr als nur die Entschärfung der Situation. Das Vertrauen in die Zuverlässigkeit seiner Lernumgebung, die die Grundlage für sein Lernen bilden, ist wieder hergestellt.

Zwar musste er seine Tätigkeit zunächst unterbrechen; erst später, als die anderen Jungs weg sind, kann er sie zu Ende bringen. Das bedeutet aber auch, dass er sich nach der Irritation beruhigt hat und den Faden wieder aufnehmen kann.

Sozio-kulturelle Perspektiven auf Lernen und Entwicklung

Der Junge hat die Arbeit mit den geometrischen Figuren für den Augenblick beendet. Er legt sein Namenschild dazu, um zu signalisieren, dass er damit weiterarbeiten möchte.

In den sozio-kulturellen Perspektiven auf Lernen und Entwicklung kommt dem sozialen Kontext eine besondere Bedeutung zu. Dieser umfasst einerseits das Erleben von Eingebundensein und Dazugehörigkeit, verbunden mit dem Grundbedürfnis nach Sicherheit, Transparenz, Zuverlässigkeit und dem Schutz eigener Bedürfnisse. Andererseits gehören dazu Personen, die das Kind schützen und dafür sorgen, dass es seine Bedürfnisse befriedigen kann. An ganz alltäglichen Begebenheiten ist zu erkennen, wie beispielsweise das »Eigentum« des Kindes geachtet wird: Die Konstruktion aus Bauklötzen kann das Kind mit seinem Namensschild markieren, wenn es von der Kita abgeholt wird. Nun kann es sicher sein, dass das Gebaute in seiner Abwesenheit als das »Seine« respektiert und beschützt ist. Es kann gewiss sein, dass es am folgenden Tag anknüpfen und weiter daran arbeiten kann.

Es lohnt sich, zu überdenken, ob es in der Einrichtung Strukturen gibt, die den Schutz des »Eigentums« gewährleisten und den Respekt der Gruppe vor dem Schaffen des einzelnen Kindes herstellen. Im pädagogischen Alltag ist dies ganz simpel mit Namensschildern (vgl. Montessori-Pädagogik).

Bedingungen für gelingende Lernprozesse zu schaffen, beginnt damit, sich der Perspektive des kindlichen Wohlbefindens anzunehmen und stressauslösenden Momente im Kita-Alltag zu überdenken. In einem respekt- und rücksichtsvollen Umfeld, das erkennt, was das Kind kann, was es lernen möchte, wofür es sich interessiert, was es zum Ausdruck bringen möchte, das seine Gedanken und Ideen aufgreift und es dabei unterstützt diese weiterzuführen, erlebt das Kind eine Passung zwischen Anforderung, Fähigkeit und Support. Ein solches Umfeld stellt den Raum für Entwicklung von Selbststeuerung und Selbsttätigkeit zur Verfügung, einen Raum für Herausforderungen und die Ermittlung individueller Entwicklungszonen.

Literatur

Ahnert, J., Bös, K., & Schneider, W. (2003): Motorische und kognitive Entwicklung im Vorschul- und Schulalter: Befunde der Münchner Längsschnittstudie (LOGIK). In: Zeitschrift für Entwicklungspsychologie und Pädagogische Psychologie. Nr. 35(4), S. 185-199.

Arnsten, A. F. (2009): Stress signalling pathways that impair prefrontal cortex structure and function. In: Nature Reviews Neuroscience. Nr. 10(6), S. 410-422.

Benecke, C. (2009): Lachen, um nicht zu weinen ... In: Psychotherapeut. Nr. 54(2), S. 120-129.

Borck, C (2014): Die Weisheit der Homöostase und die Freiheit des Körpers. Walter B. Cannons integrierte Theorie des Organismus In: Zeithistorische Forschungen/Studies in Contemporary History. Nr. 11/2014), S. 472-477.

Brand, M; Markowitsch, H. (2009): Lernen und Gedächtnis aus neurowissenschaftlicher Perspektive – Konsequenzen für die Gestaltung des Schulunterrichts. In: Herrmann, U (Hrsg.) (2009): Neurodidaktik. Grundlagen und Vorschläge für ein gehirngerechtes Lehren und Lernen. Weinheim und Basel: Beltz. S. 69-85.

Brisch, K. H., Mögel, M., Simoni, H., von Kalckreuth, B., & Kruppa, K. (2009): Verantwortung für Kinder unter drei Jahren. Empfehlungen der Gesellschaft für Seelische Gesundheit in der Frühen Kindheit (GAIMH) zur Betreuung und Erziehung von Säuglingen und Kleinkindern in Krippen. URL: https://www.mmi.ch/files/downloads/e40c28fe6825240d046e5bb261a157ba/GAIMH_Betreuung%20von%20Kindern%20unter%203.pdf.

Brisch, K. H. (2013): Kinderkrippe als sicherer Hafen? Bindung und frühkindliche außerfamiliäre Betreuung. In: XX Die Zeitschrift für Frauen in der Medizin Nr. 2(02), S. 85-91.

Center on the Developing Child (2012): The Science of Neglect: The Persistent Absence of Responsive Care Disrupts the Developing Brain. URL: https://developingchild.harvard.edu/wp-content/uploads/2012/05/The-Science-of-Neglect-The-Persistent-Absence-of-Responsive-Care-Disrupts-the-Developing-Brain.pdf.

Center on the Developing Child (2019): Toxic Stress Derails Healthy Development. URL: https://developingchild.harvard.edu/science/key-concepts/toxic-stress.

Gloger-Tipplet, G (2008): Individuelle Unterschiede in der Bindung und Möglichkeiten ihrer Erhebung bei Kindern. In: Ahnert, L. (Hrsg.): Frühe Bindung: Entstehung und Entwicklung. München: Reinhardt, S. 82-109.

Herrmann, U. (2009). Neurodidaktik. Grundlagen und Vorschläge für ein gehirngerechtes Lehren und Lernen. Weinheim und Basel: Beltz.

Hüther, G. (2001): Die neurobiologische Verankerung von Erfahrungen und ihre Auswirkung auf das spätere Verhalten. Plenarvortrag im Rahmen der 51. Lindauer Psychotherapiewoche 2001. Nähere Informationen: www.lptw.de.

Hüther, G. (2009): Die Bedeutung sozialer Erfahrungen für die Strukturierung des menschlichen Gehirns. In: Herrmann, U. (2009): Neurodidaktik (s.o.), S. 41-48.
Korja, R., Nolvi, S., Grant, K. A., & McMahon, C. (2017): The relations between maternal prenatal anxiety or stress and child's early negative reactivity or self-regulation: a systematic review. In: Child Psychiatry & Human Development. Nr. 48(6), S. 851-869.
Mischel, W., Ayduk, O. N., Berman, M., Casey, B. J., Jonides, J., Kross, E., ... & Shoda, Y. (2011): Willpower over the life span: Decomposing impulse control. In: Social Cognitive Affective Neuroscience Nr. 6, S. 252-56.
Mischel, W. (2016): Der Marshmallow-Effekt. Wie Willensstärke unsere Persönlichkeit prägt. München: Pantheon.
Möhler, E., & Resch, F. (2019): Early life stress. Praxis der Kinderpsychologie und Kinderpsychiatrie. Nr. 68(7), S. 575-591.
Roth, G. (2016): Wirkung vorgeburtlicher und früh-nachgeburtlicher Umwelteinflüsse auf Gehirn und Psyche. In: Psychotherapeut. Nr. 61(2), S. 118-123.
Rüegg, J. C., & Bertram, W. (2010): Hirnlandschaften. Eine funktionell-neuroanatomische Tour d'Horizon. In: Spitzer & Bertram (Hrsg.) (2010): Hirnforschung für Neu(ro)gierige: Braintertainment 2.0. Stuttgart: Schattauer. S. 1-8.
Schlack, H. G. (2013): Sozialer Status, Gesundheit und Entwicklung von Kindern. In: Kinderärztliche Praxis. Nr. 84(2), S. 79-85.
Siegel, D. J. (2010): Die Alchemie der Gefühle. München: Kailash.
Shonkoff, J. P., Boyce, W. T., & McEwen, B. S. (2009): Neuroscience, molecular biology, and the childhood roots of health disparities: building a new framework for health promotion and disease prevention. In: Jama Nr. 301(21), S. 2252-2259.
Sommershof, A., Basler, M., Riether, C., Engler, H., & Groettrup, M. (2011): Attenuation of the cytotoxic T lymphocyte response to lymphocytic choriomeningitis virus in mice subjected to chronic social stress. In: Brain, behavior, and immunity. Nr. 25(2), S. 340-348.
Spitzer, M. (2013): Hirnforschung für Neu(ro)gierige. Stuttgart: Schattauer.
Spitzer, M. (2014): Rotkäppchen und der Stress. Stuttgart: Schattauer.
Spitzer, M., & Bertram, W. (Hrsg.). (2007): Braintertainment: Expeditionen in die Welt von Geist & Gehirn. Stuttgart: Klett-Cotta.
Vernon-Feagans, L., Willoughby, M., & Garrett-Peters, P. (2016): Predictors of behavioral regulation in kindergarten: household chaos, parenting, and early executive functions. In: Developmental psychology. Nr. 52(3), S. 430-441.
Weber, C. S., & Zimmermann-Viehoff, F. (2008): Angst setzt den Körper unter Druck. In: Druckpunkt. Nr. 4/2008, S. 16-17.
Zulauf-Logoz, M. (2008): Die Desorganisation der frühen Bindung und ihre Konsequenzen. In: Ahnert, L. (Hrsg.): Frühe Bindung: Entstehung und Entwicklung. München: Reinhardt, S. 297-311.

2.3 Aufbau einer sicheren Beziehung zwischen Erzieher*innen und Kindern

Ina Schenker

»Kern aller Pädagogik ist die Beziehung. Ohne sie verfehlen Lerninhalte ihr Ziel.«
Joachim Bauer

Wechselt ein Kind von der Familie in eine Kindertageseinrichtung, vollzieht es wahrscheinlich den ersten Transitionsprozess in seinem Leben. Der Übergang in die Kita führt dazu, dass das Kind nun einen großen Teil des Tages ohne seine vertrauten Bindungspersonen verbringt. Viele Kinder freuen sich auf die Kita. Trotzdem ist plötzlich alles anders. Der gewohnte Tagesablauf verändert sich und die Eltern sind nicht mehr ständig verfügbar. Plötzlich ist das Kind eines unter vielen in einer Kindergruppe.

Obwohl der Übergang eine große Herausforderung darstellt, lernt das Kind schnell, wie das Leben in der Kindertageseinrichtung abläuft. Voraussetzung für die Bewältigung dieses bedeutenden Entwicklungsschritts ist, dass es ihm gelingt, positive Beziehungen zu den Kindern der Gruppe und den Erwachsenen aufzubauen. Doch was ist damit genau gemeint? Warum haben positive Beziehungen zu anderen Bezugspersonen so eine große Bedeutung, wenn doch die Eltern zu Hause für das Kind da sind?

Die Bedeutung pädagogischer Beziehungen für die kindliche Entwicklung

Ahnert (2004) geht ebenso wie Grossmann & Grossmann (2017) davon aus, dass jedes Kind eine Beziehung zu der Betreuungsperson hat, mit der es in ständigem Kontakt steht. Jede Beziehung ist individuell verschieden. Jedoch ist es nicht egal, von welcher Qualität diese Beziehung ist.

Ist eine negative Beziehung vorhanden, erwartet das Kind von der Bezugsperson keinen Trost und keine Unterstützung, wenn es Angst hat. Es verhält sich wie gewohnt, auch wenn diese Person nicht in der Kita ist.

Negative Beziehungen entstehen, wenn Erwachsene Kindern gegenüber ein nicht eindeutig zuordenbares Verhalten zeigen. In manchen Situationen sind sie freundlich, dann wieder nicht. Besonders bei sehr unsicheren Kindern entstehen so widersprüchliche Gefühle. Wenn Kinder nicht über eine angemessene Widerstandskraft (Resilienz) verfügen, kann eine höhere Verletzbarkeit auftreten. Sicherlich gelingt es pädagogischen Fachkräften, aufgrund der Komplexität ihrer Aufgaben, nicht immer, in widersprüchlichen, uneindeutigen Situationen die richtigen Ursachen für das unangemessene Verhalten des Kindes zu entschlüsseln. Bis zu einem gewissen Grad verzeihen Kinder dies, wenn die Beziehung – auch zu den anderen Kindern der Kindergruppe – sonst klar von Anerkennung und Wärme geprägt ist.

Wenn das Erzieher*innenverhalten jedoch kontinuierlich unbeständig, widersprüchlich und uneindeutig ist, besteht die Möglichkeit einer andauernden gravierenden Verunsicherung des betroffenen Kindes. Es ist überfordert damit, das unvorhersehbare Wechseln des Verhaltens vorherzusagen. Verschiedene Abstufungen von Anerkennung und Verletzung verhindern das Entstehen positiver Beziehungen (Ahnert 2004; Grossmann & Grossmann 2017).

In einer sicheren Beziehung, welche Kinder auch zu Betreuungspersonen außerhalb der Familie aufbauen können, fühlt sich das betroffene Kind bei Gefahr beschützt. Es holt sich Hilfe und

Unterstützung in schwierigen Situationen. Häufig reichen schon Blicke der Betreuungsperson, um zu trösten. Das Kind hat die Gewissheit, jederzeit Schutz und Sicherheit zu bekommen, wenn es sie benötigt. Ist die Pädagogin einmal nicht in der Einrichtung, zeigt das Kind Trennungsleid.

Besteht eine sichere Beziehung, ist der tägliche Übergang von der Familie in die Kita normal. Problemlos und freudig nimmt das Kind Kontakt mit den Pädagog*innen und den anwesenden Kindern auf. Es freut sich auf den Tag in der Kita, das Spielen mit den anderen Kindern und die Herausforderungen, die ein interessanter Alltag mit sich bringt (Grossmann & Grossmann 2017).

In der Phase der Eingewöhnung wird das Kind von einer seiner engsten Bezugspersonen, wahrscheinlich Vater oder Mutter, in der Kita begleitet. Beide nehmen einen längeren Zeitraum gemeinsam am Gruppengeschehen teil. Löst sich das Kind von seiner Bezugsperson, spielt mit den anderen Kindern und lässt sich von der Bezugserzieherin trösten, ist der Eingewöhnungsprozess abgeschlossen.

Der Aufbau sicherer Beziehungen

Pädagogische Beziehungen in Kitas bauen sich im alltäglichen Umgang zwischen den pädagogischen Fachkräften, dem einzelnen Kind bzw. den Kindern der Gruppe auf. Misslingt dieser Prozess – scheitert der Aufbau einer sicheren Beziehung zu einzelnen Kindern mehrmals –, nimmt die Beziehungsqualität zwischen den Pädagog*innen und der gesamten Kindergruppe Schaden. Bezugspersonen besitzen eine Vorbildfunktion für die Gestaltung aller sozialen Interaktionsprozesse in der Kindergruppe. Begegnen sie Kindern mit Akzeptanz, Verständnis, Respekt und zwischenmenschlicher Wärme, sind sie ein Modell für gute Beziehungen in der Kindergruppe (Völker & Schwer 2012).

Ähnlich wie bei Eltern-Kind-Bindungen sind Beziehungskonstellationen in der Kita eng mit der Passung zwischen dem Charakter des Kindes und der Feinfühligkeit der Erzieher*in verknüpft (Kuhl et al. 2011). Besitzt die pädagogische Fachkraft eine hohe Verlässlichkeit, ist sehr einfühlsam und reagiert angemessen auf die Bedürfnisse der Kinder, entstehen schnell sichere Beziehungen. Ein promptes Eingehen auf die Impulse eines einzelnen Kindes ist aufgrund der Vielzahl der Kinder in einer Kindergruppe häufig nicht möglich. Pädagogische Fachkräfte müssen eine Auswahl treffen, welches Kind wann wieviel Zuwendung benötigt. Feinfühlige Erzieher*innen erkennen das schnell. Sie wissen, dass kleine Kinder und Kinder aus widrigen Lebenslagen ggf. mehr körperlichen Kontakt brauchen, suchen und einfordern als andere (Ahnert 2004; Brisch 2007; Siegler et al. 2016).

Kontinuierlich vorhandene Bezugserzieher*innen sind liebevoll wertschätzend und wohlwollend präsent. Durch nachvollziehbare, verbindliche Regeln und Normen bieten sie Schutz, Sicherheit und Orientierung im Alltag. Sie passen ihre Erwartungen gegenüber den Kindern an deren Entwicklungsstand an, überfordern bzw. unterfordern sie nicht.

Aufgrund ihrer Professionalität sind Pädagog*innen in der Lage, die Signale, welche die Kinder durch ihr Verhalten setzten, zu verstehen und richtig zu interpretieren.

»Lernbegleitung durch wohlwollenden Präsenz, Zuhören, freundliche Vermittlung in Spielgruppen oder das Anbieten von gemeinsamen Aktivitäten fördert den Beziehungsaufbau. Pädagog*innen, welche einen eher autoritativen Erziehungsstil leben, geben Kindern durch klare, überschaubare Anforderungen und dem Verlangen nach Regeleinhaltung Verlässlichkeit, Sicherheit und Orientierung. Wenn sie gleichzeitig Kinder als ernstzunehmende Gesprächspartner akzeptieren, räumen sie ihnen im Rahmen der gesetzten Grenzen Möglichkeiten zur Beteiligung und Selbstbestimmung ein.« (Liebenwein 2008)

Sichere Beziehungen bieten Schutz

Einerseits können Kindertageseinrichtungen Orte sein, in denen Kinder aus konfliktbehafteten, schwierigen Lebensumständen lebenswichtige, positive Erfahrungen sammeln: Orte, an denen sie lernen, mit den Widrigkeiten ihrer momentanen Lebenssituation umzugehen, sich anerkannt und liebenswert fühlen.

Andererseits finden in der Beziehung zwischen den Pädagog*innen und einzelnen Kindern »Manifestationsprozesse von Verschiedenheit« statt. Warnecke (2011) führt aus, dass die Bezugspersonen das Verhalten der Kinder den gesamten Tag über beobachten. Aufgrund dieser unbewusst stattfindenden Beobachtungen ordnen sie jedes Kind einer bestimmten Gruppe zu. Manche Kinder werden als aggressiv wahrgenommen, andere als freundlich und nett. Es gibt langsame Kinder, die in der Garderobe bummeln, und solche, die immer alles richtig machen. Die »Zuweisung« von Kindern zu einer Kategorie (bspw. Geschlecht, Hautfarbe, Migrationshintergrund, soziale Lebenslage, physische oder psychische Behinderung oder besondere Familienkonstellationen) bedingen bestimmte Erwartungshaltungen bzw. Vorurteile von pädagogischen Fachkräften. Diese Erwartungshaltungen haben Folgen für den Umgang mit dem betroffenen Kind. Verhalten sich Kinder deutlich anders als erwartet, geraten sie schnell in eine Außenseiterposition. Es entstehen Situationen von Ausgrenzung, Anderssein, Nicht-dazu-gehören, Nicht-dabei-sein-können, die von den Kindern als sehr schmerzhaft erlebt werden und Einfluss auf deren Selbstbild nehmen.

Professionelle Pädagog*innen erkennen die widrigen Lebenssituationen eines Kindes. Feinfühlig versuchen sie, passend auf deren psychische und/oder physische Notlage zu reagieren. Sie haben die Chance, eine Bündelung verschiedener Risikofaktoren zu verhindern. Klare Regeln bieten Schutz, Sicherheit und Orientierung. Liebevolle Zuwendung und das Hervorheben der Stärken des Kindes sichern, dass die anderen Kinder der Gruppe es akzeptieren und mitspielen lassen.

Die Bedeutung dieses Handelns für die kindliche Entwicklung ist immens. Sichere emotionale Beziehungen haben positive Auswirkungen auf das Selbstbild des Kindes. Zunehmend kann es sich als fähig, als interessanter Spielpartner, als guter Freund wahrnehmen. Die über die Lebenszusammenhänge der Familie hinaus gesammelten Beziehungserfahrungen sichern die Erweiterung kindlicher Kompetenzen bzgl. kultureller Gewohnheiten und sozialer Fähigkeiten. Respektvolle Anerkennung, die Akzeptanz des Kindes in seiner Individualität und das Erleben von Demokratie bilden die Basis dafür, damit Kinder so wichtige Fähigkeiten wie Selbst- und Mitbestimmung herausbilden können (Prengel 2013).

Fehlen diese sicheren Beziehungen, muss das betroffene Kind aus eigener Kraft standhalten, selbst für Sicherheit und Orientierung sorgen. Mit dieser Aufgabe ist es so heillos überfordert, dass es nicht nur psychischen Schaden nimmt, sondern auch in seiner körperlichen bspw. motorischen Entwicklung beeinträchtig wird. Um dies zu verhindern, müssen Erzieher*innen, gerade wenn Eltern nicht dazu in der Lage sind, für das Wohlfühlen des Kindes sorgen. Möglicherweise ist es notwendig, andere Fachdienste um Unterstützung und Hilfe zu bitten (Griebel & Niesel 2004).

Beziehungen als Grundlage für Lernprozesse

Die eigentliche Quelle der kindlichen Entwicklung ist die Wechselwirkung zwischen dem Kind und seiner sozialen Realität. Die gesamte Lebensweise eines Kindes ist darauf ausgerichtet, mit den Erwachsenen und den Kindern seiner Umgebung in Kontakt zu treten. Erinnern wir uns: Kinder werden mit der Fähigkeit geboren, aus Erfahrung zu lernen. Bildung entsteht dadurch, dass sich Kinder an allem beteiligen, was ihnen ihre soziokulturelle Umwelt an Möglichkeiten zur Verfügung stellt. Schäfer (2011) betrachtet jede pädagogische Situation als Beziehungssituation, die im optimalen Fall zu einer Lernsituation wird. Grundlage dafür ist allerdings, dass der gesamte Alltag bewusst als ein pädagogischer Prozess aufgefasst wird: Jede soziale Situation, bspw. Mahlzeiten, die Verrichtung hygienischer Maßnahmen, die Begleitung des Spielens oder geplanter Inputs (Angebote), werden didaktisch, d.h. inhaltlich und methodisch bewusst, gestaltet. Die Fülle der sich den Tag über bietenden individuellen bzw. gruppenbezogenen Lehr-Lernsituationen wird genutzt.

Wie kann das aussehen? Schon im Frühdienst unterhalten sich Erzieher*innen mit einzelnen Kindern, spielen Regelspiele, lassen sich zum Mitspielen einladen, erzählen, lesen vor oder decken gemeinsam den Tisch. In der Garderobe üben kleinere Kinder sich anzuziehen, während die älteren schon allein im Garten spielen. Den ganzen Tag über bleibt die Präsenz der Pädagog*innen spürbar: als kontinuierlich vorhandener Kontakt mit einzelnen Kindern oder kleineren Kindergruppen. Jedes Kind lebt in der Gewissheit, dass es Zuwendung erfährt, wenn es sie mag bzw. benötigt.

Die Beziehungen der Kindergruppe zur pädagogischen Fachkraft

Empathisches Erzieher*innenverhalten prägt die Atmosphäre in der Gruppe: Ein prosoziales Verhalten der Kinder untereinander bildet sich heraus. Sie reagieren feinfühlig und angemessen auf die Bedürfnisse anderer Kinder, helfen einander und verhalten sich weniger aggressiv. Solch ein Gruppenklima gibt Kindern Sicherheit, auch dann, wenn die pädagogische Fachkraft einmal nicht sofort verfügbar ist.

Pädagog*innen müssen ständig entscheiden, welchen Kindern sie sich sofort zuwenden. »Unter Umständen können nur die wichtigsten Bedürfnisse einzelner Kinder bedient werden« (Ahnert 2004, S. 268). Allerdings werden Kinder dadurch in ihrer Beziehung nicht beeinträchtigt.

Die Kinder beobachten genau, wie die jeweilige Bezugsperson mit einzelnen Kindern bzw. kleinen Kindergruppen kommuniziert und schließen dann auf den Stil des Umgangs mit anderen Kindern und sich selbst. Sie schauen danach: Ist sie präsent und jederzeit ansprechbar? Wie verhält sie sich in Konfliktsituationen? Wie geht sie auf die Bedürfnisse einzelner Kinder ein?

Entwickeln die Pädagog*innen sowohl ein Gefühl für die Besonderheiten der Kindergruppe als auch individuelle Beziehungen zu einzelnen Kindern, fördert dies eine harmonische Atmosphäre und ein Zusammengehörigkeitsgefühl der Kindergruppe. Schon seit Jahrhunderten entsteht so dasselbe Phänomen: Es gibt beliebte Pädagog*innen und solche, die von allen Kindern nicht gemocht werden.

Faszinierend ist, dass die Beziehungen der Kinder untereinander eine höhere Bedeutung haben als die mit den pädagogischen Fachkräften. Wählen Kinder aus, wen sie für die Gestaltung ihrer Aktivitäten bevorzugen und daran beteiligen, entscheiden sie sich vorzugsweise für Peers. Allerdings benötigt jedes Kind zur Herstellung einer Beziehung zu anderen Kindern – ggf. nur punktuell – die Unterstützung und Begleitung Erwachsener. Gruppenbezogene Erwachsene haben die Bedürfnisse Einzelner im Blick und berücksichtigen dabei die Kindergruppe als Ganzes. Deshalb erkennen sie schnell, welches Kind Hilfe im Beziehungsaufbau zu Peers braucht.

Geschlechtsspezifische Beziehungsqualität zwischen Pädagog*innen und Kindern

Wahrscheinlich hat eine Vielzahl von weiblichen Pädagoginnen häufiger positive Beziehungen zu Mädchen. Weibliche Betreuungspersonen und Mädchen harmonieren besser miteinander – vermutlich aufgrund gleicher Interessen (Basteln, Gestalten) und Vorlieben (Harmonie im sozialen Umgang). Im Alltagsgeschehen werden das partnerschaftliche Handeln und die Kooperationsbereitschaft der Mädchen lobend hervorgehoben.

Spezifisch für Jungengruppen ist, dass sie aufgrund der Herausbildung ihrer Geschlechtsidentität schon relativ früh eine eigene Kultur entwickeln. Balgen, sportliche Wettkämpfe und risikoreiche Aktivitäten sind notwendig für das Aushandeln von Hierarchien und den Beliebtheitsgrad in der Gruppe. Betrachtet man Spielsituationen von Jungengruppen von außen, erscheinen diese wilder, aggressiver und kämpferischer. Die von den Erzieherinnen häufig gestalteten Angebote und Aktivitäten sind für viele Jungen eher weniger interessant. Wahrscheinlich verstärkt sich dadurch die generelle Asymmetrie der Beziehungen zwischen Erwachsenen und Kinder in der Beziehung zwischen Erzieherinnen und Jungen.

An den Geschlechterklischees scheint also etwas Wahres zu sein. Das hat Folgen: Bevorzugte Kinder bekommen durch die pädagogische Fachkraft besondere Zuwendung, positive Orientierungen und emotionale Wärme. In der Folge werden diese Kinder auch von den anderen Kindern der Gruppe bevorzugt: Mehr Hilfsbereitschaft und Kooperationsvermögen durch die anderen gegenüber diesen Kindern ist der Effekt (Brandes & Schneider-Andrich 2019).

Hier ist professionelles Reflexionsvermögen nötig: Pädagog*innen beiderlei Geschlechts müssen sich permanent Gewissheit darüber verschaffen, welche Qualität die emotionale Beziehung zu jedem Kind der Gruppe hat (Ahnert 2010).

Die Bedeutung von Peers für die kindliche Entwicklung

Die meisten Kinder kommen zum Spielen in die Kita. Lebensräume, in denen Kinder unbeobachtet miteinander spielen können, gibt es besonders in Großstädten schon lange nicht mehr. Viele Kinder wachsen als Einzelkind oder nur mit einem Geschwister auf. Schon kleine Kinder jedoch haben ein natürliches Bedürfnis, ihr Verhalten immer unabhängiger von Erwachsenen zu gestalten. Die kontinuierlichen Peer-Kontakte in einer Kita sind deshalb entwicklungsnotwendig.
Meist treten kleine Kinder über Gegenstände miteinander in Kontakt: Sie zeigen sich diese, helfen

beim Ausprobieren oder spielen gemeinsam, aber parallel nebeneinander, damit. Im sogenannten Parallelspiel kommunizieren sie miteinander. Im gemeinsamen Tun erhalten Kinder Zugang zu unbekannten Dingen und anderen, ihnen fremden Alltagswelten. Prozesse des Zeigens (Lehrens) wechseln sich mit Prozessen der Nachahmung (des Lernens) ständig ab (Ahnert 2010).

So nehmen Peers untereinander Einfluss auf die Entwicklung ihrer kognitiven, sozialen und emotionalen Fähigkeiten. Sie entwickeln dadurch ihre Identität.

Kinder in Kindergruppen sind gleichberechtigt. Bei ähnlichem Entwicklungsstand befinden sich ihre Beziehungen auf einer symmetrischen Ebene. Basisfähigkeiten wie demokratisches Verhalten, Eigenverantwortung, Selbststeuerung und Selbstorganisation können nur in Kindergruppen erworben werden, in denen Erwachsene nicht permanent steuernd eingreifen. Bedingt durch die Asymmetrie der Beziehungsstruktur, kann dies in Erziehungsprozessen unmöglich gelingen. Kleine Kinder ordnen sich der Perspektive der (kompetenteren) Erwachsenen unter, um von ihnen zu lernen (Ahnert 2010).

Nur im Status der Gleichberechtigung können Kindern Spielinhalte planen, aushandeln, gemeinsam weiterdenken und umsetzen. Genaue Absprachen treffen die Kinder in Eigenregie: zum Spielthema (bspw. Feuerwehr), dem Inhalt (die Feuerwehr löscht einen Brand) und den dazu benötigten Spielgegenständen (Pappkarton zum Feuerwehrauto umgestaltet). Spielen, als Haupttätigkeit von Kindern, fördert und fordert Peer-Kontakte.

Positive Beziehungen zu gleichaltrigen Kindern sind ebenso wichtig wie familiale Bindungen. Für die Entwicklung des kindlichen Selbst ist das Gefühl der Zugehörigkeit zu einer Gruppe, das Ausdrücken von Gemeinsamkeiten, Kooperationen und gegenseitigem Umsorgen notwendig. Schon kleine Kinder gestalten so Momente der Zusammengehörigkeit, Vertrautheit und Unterstützung – die Basis für Freundschaftsbeziehungen entsteht. Freundschaften helfen den Kindern, sich leichter von ihren Eltern zu trennen, sich wohl, beschützt und geborgen zu fühlen. Häufig nennen sie ihre Freunde als Grund, warum sie gern in die Kita gehen (Brandes & Schneider-Andrich 2019). Dieses Aufeinander-Bezogen-Sein fördert die Austauschprozesse der gesamten Kindergruppe.

Umso bedeutsamer ist es, dass sich jedes Kind in der Gruppe wohlfühlt, Anerkennung findet und nicht aus den Gruppenaktivitäten ausgeschlossen wird. Folgerichtig ist es unabdingbar, dass die Bezugspersonen in der Kita immer im Blick haben müssen, inwieweit sich jedes Kind in positiven Beziehungen zu einem anderen Kind oder zur Kindergruppe befindet.

> »Zurückgewiesen und ausgegrenzt zu sein, kann später zu sozialem Rückzug und sozialen Ängsten führen und das Wohlbefinden beeinträchtigen«. (Ahnert 2010, S. 219)

Phänomene des Ausgeschlossen-Seins zeigen sich besonders in aggressivem Verhalten, Wutanfällen oder dem Rückzug aus dem Gruppengeschehen. Aufgrund ihres Fachwissens können Betreuungspersonen in der Kita das gezeigte Verhalten des Kindes richtig interpretieren. Sofor-tige kontinuierliche Zuwendung und Unterstützung durch die pädagogische Fachkraft sind notwendig, damit das Kind nicht erst in eine »Sündenbock-Position« gerät. Nur durch die positive Be-ziehung zu einem anderen Menschen bekommen Kinder Kontakt zu den Mitgliedern der Gruppe. Fühlen sich die Kinder in ihrer Spielgruppe wohl und anerkannt, erlernen auch die, welche zu

Hause wenig Schutz und Sicherheit erfahren, die Fähigkeiten der Perspektivübernahme (Theory of Mind, vgl. Kapitel 1.2) und Empathie. Verlässliche Peer-Kontakte sind ein wichtiger Schutzfaktor für Kinder (Brandes & Schneider Andrich 2019; Ahnert 2010).

Besonders geschlechtstypische Peer-Groups mit ihren eigenen Kulturen zeichnen sich durch ein besonders hohes Zusammengehörigkeitsgefühl aus. Kinder mit einem attraktiven und originellen Verhalten, mit kreativen Ideen agieren als Vorbilder für andere. Dementsprechend hoch ist auch deren Anerkennung in der Kindergruppe. Diese steigt, indem sich diese Kinder trauen, solche Spielinhalte zu etablieren, welche Erwachsene häufig sanktionieren (Schenker 2019). Auch hier scheint es geschlechtstypische Unterschiede zu geben:

Jungen balgen sich häufiger als Mädchen. Sie spielen Krieg, schießen und raufen sich, auch in sportlichen Wettkämpfen. Durch solche Spiele, durch Raufen und Herumtoben handeln Jungen, wie oben angerissen, die Beliebtheit und die Hierarchien in der Gruppe immer wieder neu aus. Durch die Nichtbeachtung bzw. Sanktionierung ihrer Interessen durch Erwachsene besteht die Möglichkeit, dass Jungengruppen in Aggressivität abtauchen.

Kinder, die in Familienstrukturen aufwachsen, die anregungsarm sind, wenig emotionale Sicherheit und Orientierung an gesellschaftlich geteilten Normen und Werten finden, sind in Gefahr. Aufgrund mangelnder Vorbilder in ihrer Familie haben sie nur eingeschränkte Chancen zu lernen, sich selbst zu beherrschen, Gefühle zurückzudrängen, wenn diese nicht angebracht sind und nicht jedem Vorhaben spontan zu folgen (Ahnert 2010).

Alle Kinder, die sich in einer solchen Situation befinden, benötigen die besondere Unterstützung durch Erwachsene. Pädagogisches Ziel ist es, dass es den Kindern zunehmend besser gelingt, positiv mit den anderen Kindern der Gruppe in Kontakt zu kommen. So kann einer drohenden Stigmatisierung entgegengewirkt werden. Ein klar und nachvollziehbar strukturierter Tagesablauf, mit überschaubaren, leicht zu kontrollierenden Anforderungen bietet Orientierung für das Handeln. Liebevolle Zuwendung durch Präsenz, gepaart mit einem konsequenten Bestehen auf Regeleinhaltung, bietet Sicherheit. Von großer Bedeutung ist ein achtsamer Umgang miteinander, damit nicht aus Versehen und unbeabsichtigt neue Verletzungen entstehen, welche den Beziehungsaufbau wieder (zer-)stören können. Nach und nach werden die Kinder mit einem außergewöhnlichen Sozialverhalten mit den anderen Kindern der Gruppe in Kontakt kommen und die Bezugsperson kann sich langsam auf eine Beobachterposition zurückziehen. Solche pädagogisch herausfordernden Situationen verdeutlichen in besonderem Maß, wie wichtig sichere Beziehungen für die Entwicklung von Kindern sind.

Literatur

Ahnert, L. (2004): Frühe Bindung. Entstehung und Entwicklung. München: Reinhardt.

Ahnert, L. (2010): Wieviel Mutter braucht ein Kind? Heidelberg: Spektrum.

Ahnert, L., & Spangler, G. (2014): Die Bindungstheorie. In: Theorien in der Entwicklungspsychologie. Stuttgart: Springer VS. S. 404-435.

Bauer, J. (2019): Die pädagogische Beziehung: Neurowissenschaften und Pädagogik im Dialog. Ein Überblick unter besonderer Berücksichtigung der Vorschulzeit. In: Herrmann, U. (Hrsg.): Pädagogische Beziehungen. Grundlagen – Praxisformen – Wirkungen. Weinheim: Beltz Juventa, S. 35-41.

Brandes, H. (2019): Vygotskijs Konzept der »Zone der nächsten Entwicklung« und dessen Bedeutung für aktuelle Diskurse in der Elementarpädagogik. In: Schenker, I. (Hrsg.): Didaktik in Kindertageseinrichtungen. Eine systemisch-konstruktivistische Perspektive. Weinheim: Beltz Juventa, S. 34-55.

Brandes, H., & Schneider-Andrich, P. (2019): Peers ins Spiel bringen. Die Gleichaltrigen und ihre Beziehungen als Herausforderung für elementarpädagogische Didaktik. In: Schenker, I. (Hrsg.): Didaktik in Kindertageseinrichtungen. Eine systemisch-konstruktivistische Perspektive (s.o.), S. 63-80.

Brisch, K.-H. (2007): Bindungsstörungen – Grundlagen, Diagnostik und Konsequenzen für das sozialpädagogische Handeln. In: FORUM: Internetzeitschrift des Landesverbandes für Kinder in Adoptiv- und Pflegefamilien S-H e.V. (KiAP) und der Arbeitsgemeinschaft für Sozialberatung und Psychotherapie (AGSP). URL: http://agsp.de/html/a79.html.

Griebel, W., & Niesel, R. (2011): Übergänge verstehen und begleiten. Transitionen in der Bildungslaufbahn von Kindern. Berlin: Cornelson Scriptor.

Grossmann, K., & Grossmann, K. (2017): Nicht einmischen – unterstützen. TPS-Spezial Bindung und Feinfühligkeit, S. 12-15.

Lachner, C., Weckend, D., & Zierer, K. (2019): »Visible Education«. Erziehung sichtbar machen. In: Schenker, I.: Didaktik in Kindertageseinrichtungen. Eine systemisch-konstruktivistische Perspektive (s.o.), S. 169-181.

Laewen, H.-J., Andres, B., & Hédevári, E. (2003): Die ersten Tage – ein Modell zur Eingewöhnung in Krippe und Tagespflege. Weinheim: Beltz.

Liebenwein, S. (2008): Erziehung und soziale Milieus. Wiesbaden: VS Verlag Sozialwissenschaften.

Pfreundner, M. (2018): Provokationen und Aggressionen von Kindern. »Kein Kind ist von Grund aus böse!« In: TPS-Spezial: Wo ist die unsichtbare Linie? S. 22-25.

Plehn, M. (2016): Übergänge und Transitionen. Professionelles Verständnis entwickeln. TPS. Nr. 1/2016, S. 4-7.

Prengel, A. (2013): Pädagogische Beziehungen zwischen Anerkennung, Verletzung und Ambivalenz. Opladen: Barbara Budrich.

Regel, G., & Kühne, T. (2007): Pädagogische Arbeit im Offenen Kindergarten. Profile für Kitas und Kindergärten. Freiburg i. Br.: Herder.

Schäfer, G. E. (2011): Über Beziehung und Bildung von Anfang an. In: Kuhl, J., Müller-Using, S., Solzbacher, C., & Warnecke, W.: Bildung braucht Beziehung. Selbstkompetenz stärken – Begabung entfalten. Freiburg i. Br.: Herder, S. 131-148.

Schwer, C., & Völker, S. (2011): Beziehungsgestaltung in Bildungsprozessen. In: Kuhl, J., Müller-Using, S., Solzbacher, C., & Warnecke, W.: Bildung braucht Beziehung. Selbstkompetenz stärken – Begabung entfalten (s.o.), S. 59-70.

Siegler, R., Eisenberg, N., De Loache, J., & Saffran, J (2016): Entwicklungspsychologie im Kindes- und Jugendalter. Deutsche Ausgabe hrsg. v. S. Pauen. Heidelberg: Springer.

Völker, S., & Schwer, C. (2012): Lehrer/-innen-Schüler/-innen-Beziehungen und ihr Einfluss auf die Entwicklung von Kindern: Was sagt die Forschung? In: Solzbacher, C., Müller-Using, S., & Doll, I. (Hrsg.): Ressourcen stärken! Individuelle Förderung als Herausforderung für die Grundschule. Köln: Carl Link, S. 296-308.

Warnecke, W. (2011): Begabungsentfaltung, Verschiedenheit, Diversitiy – Beziehungen als Schutzraum und Ressource. In: Kuhl, J., Müller-Using, S., Solzbacher, C., & Warnecke, W.: Bildung braucht Beziehung. Selbstkompetenz stärken – Begabung entfalten (s.o.), S. 107-120.

Winner, A. (2015): Das Münchner Eingewöhnungsmodell – Theorie und Praxis der Gestaltung des Übergangs von der Familie in die Kindertagesstätten. URL: https://kita-fachtexte.de/uploads/media/KiTaFT_winner_2015.pdf.

3. Die Bedeutung des Spiels für die Herausbildung exekutiver Funktionen

Ina Schenker

Spielen ist kein pädagogisches Angebot oder eine pädagogische Methode. Kinder spielen aus einem inneren Antrieb heraus. Spielen ist eine dem Kind eigene Tätigkeitsform. Spielen hat, wie im nachfolgenden Text zu sehen sein wird, eine – sogar die höchste – Bedeutung für die Entwicklung des Kindes in der frühen Kindheit. Spielen ist die Form des Lernens bei Kindern im Alter von null bis sechs Jahren. Im Vordergrund der Arbeit in der Kita muss also stehen, Kindern die Lust und die Freude am Spielen zu erhalten und gegebenenfalls zurückzugeben.

Im nächsten Artikel nehme ich die Bedeutung des Spiels für die kindliche Entwicklung der exekutiven Funktionen in den Blick. Mein Ziel ist, dafür zu sensibilisieren, welche Aufmerksamkeit und Präsenz die Beobachtung und Begleitung des Spielens durch Erzieher*innen erfordert. Dabei sollen verschiedene Arten des Spiels untersucht werden. Obwohl besonders das Rollenspiel die Entwicklung der exekutiven Funktionen herausfordert, haben Regelspiele und v.a. Rezeptionsspiele eine ebenso hohe Bedeutung. Wygotski geht davon aus, dass jedes Spiel nach Regeln verläuft, gleichzeitig aber auch eine eingebildete Situation ist. Im nachfolgenden Text werden zwar verschiedene Spielarten explizit dargestellt, beim Lesen des Textes wird deutlich, dass alle Spielarten miteinander verknüpft sind.

Spielen als Quelle der Entwicklung

Am Anfang des 20. Jahrhunderts formulierte der Psychologe Karl Groos: »Solange nicht der Zwang der Erziehung eingreift, ist das kindliche Dasein überwiegend von Spieltätigkeit ausgefüllt«. Diese Aussage ist heute noch aktuell. Kinder in der frühen Kindheit lernen nur durch Spielen; zwischen Spielen und Lernen besteht kein Unterschied. Erst später, ungefähr mit dem Eintritt in die Schule, können Kinder fächerzentriert Dinge lernen, zu denen sie im Moment keinen Bezug haben. In der frühen Kindheit dagegen leben Kinder noch ganz im Hier und Jetzt.

Im Spiel verändern sich die Bedürfnisse und das Bewusstsein des Kindes. Es wächst quasi über sich hinaus: Aus einem kleinen, eher schmächtigen Kind wird ein gefährliches Monster; um mit den älteren Jungen Fußball spielen zu können, lernt ein jüngeres Kind die Fußballregeln.

Spiel ist die Quelle der Entwicklung. Kinder suchen sich zum Spielen Kinder aus, von denen sie etwas lernen können, die ihnen Anregungen für ihr Spiel geben. Eigenaktiv, selbstinitiiert, in Kooperation mit anderen Kindern und Erwachsenen lernen sie, was sie an Wissen und Fähigkeiten zum Spielen brauchen. Wie wir schon gesehen haben, spielen Kinder immer in der »Zone der nächsten Entwicklung«. Durch das Spielen mit anderen Kindern lernen sie Sachen oder nehmen Perspektiven ein, die sie noch nicht selbst erlebt haben (Schulkind sein), bzw. nie erleben werden (als Wolf jemanden fressen). Durch die Lust am Ausprobieren, das Schlüpfen in verschiedene Rollen, ist Spielen ein »Wendepunkt«: Kinder nehmen sich selbst, andere und anderes unter einer neuen Perspektive wahr. Kinder verstehen etwas neu und handeln darum anders. Ein wichtiger

Moment des Lernens ist, wenn bereits vorhandenes Wissen und vertrautes Handeln mit neuen Erfahrungen gepaart werden. Lernen im Spiel benötigt deshalb keine positive bzw. negative Verstärkung durch Erwachsene. Spielen findet selbstorganisiert statt. Wie befriedigt die Kinder aus einem Spiel herausgehen, das können sie nur selbst festlegen: »Spiel ist eine sich selbst belohnende Verhaltensaktivität« (Hermann 2009, S. 26).

3.1 Rollenspiele

Die Fähigkeit zum Rollenspiel entwickelt sich in der Familie. Das Zusammenspiel zwischen Eltern und dem Kind ist unabdingbar für die spätere Rollenspielkompetenz mit anderen Kindern.

Die Eltern liegen mit ihrem Kind auf dem Boden und haben Freude am Zusammensein, an der gemeinsamen Interaktion. Der Säugling schaut seine Eltern an. Es lächelt und wackelt voller Freude mit seinen Armen und Beinen.

Die Eltern nehmen – wahrscheinlich unbewusst – die Freude des Kindes auf. Sie spiegeln seine Gefühle: Sie sprechen höher, reißen die Augen auf, schauen verschmitzt, vielleicht kitzeln sie ihr Kind.

Das Kind steigert sein Strampeln und jauchzt noch lebhafter. Der Blickkontakt ist intensiv. Kind und Eltern fühlen sich wohl – sie spielen miteinander.

In der geschilderten Situation haben die Eltern sensibel die Gefühle ihres Kindes wahrgenommen und spiegeln sie ihrem Kind wider. Durch den »spielerischen Ausdruck« seiner Eltern merkt das Baby, es ist etwas anders als sonst: Meine Eltern stellen etwas dar.

Spielen und Nichtspielen, als zwei unterschiedliche Interaktionsformen, werden vom Säugling wahrgenommen und praktiziert. Manchmal spielt es – manchmal nicht. Diese Beziehungen und Interaktionen zwischen den Eltern und ihrem Baby haben eine sehr wichtige Funktion: Sie sind Grundlage für das Als-ob-Spiel des Kindes und damit für seine Denkentwicklung. Spielen beginnt durch Spiele machen (Fonagy et al. 2006). Ohne Personen, die zeigen, was spielen ist, können Kinder ihren angeborenen Spieltrieb nicht aktivieren.

Wesensmerkmale des Rollenspiels

Rollenspiel wird kulturübergreifend in jedem Lebensalter gespielt. Jeder kann Menschen beobachten, die mit Schals, Tröten und Mützen verkleidet ins Fußballstadion einrücken, als Clown Fasching feiern oder Rollenspiele im Internet spielen.

Rollenspiel wird auch als »szenisches Spiel«, am häufigsten aber als »Freispiel« bezeichnet. Obwohl Rollenspiel in vielen Formen auftritt, ist für Pädagog*innen eine klare Begriffsdefinition unabdingbar. Das Wissen, das die pädagogische Fachkraft über das Kinderspiel hat, bestimmt ihr pädagogisches Handeln: Wie viel Spielzeit wird den Kindern mehrmals am Tag »eingeräumt«? Wie anregend ist die Spielumwelt gestaltet? Und – was wahrscheinlich am wichtigsten ist – wie spielfördernd verhalten sich die Pädagog*innen während der Spielzeit?

Das erste Wesensmerkmal des Spiels ist das Moment der Freiheit: Spielen kann man nicht befehlen.

Es ist möglich, Kindern zu sagen, dass sie spielen sollen. Ob sie es tun, entscheiden die Kinder selbst. Spielen ist ein anderer Zustand des Bewusstseins, der nur durch das Individuum selbst erreicht werden kann. Freiheit bedeutet, Kinder legen fest, ob sie überhaupt spielen – was, mit wem, wo, wie lange. Im Spielen entziehen sie sich der Erziehung durch Erwachsene. Sie sind selbstbestimmt, eigenaktiv, allein oder mit Peers tätig.

Spielen als Handlung hört nicht auf, es erschöpft sich nicht – das ist das Moment der Unendlichkeit. Wird das Spielen durch die Erfordernisse des täglichen Lebens, wie Essen, Aufräumen, Arbeiten, Müdigkeit und Schlaf unterbrochen, wird es bei der sich nächstmöglich bietenden Gelegenheit von den Kindern wiederaufgenommen.

Alles ist im Spiel möglich. Es gibt keine Bindung an die Wirklichkeit. Mit dem Moment der Scheinhaftigkeit ist gemeint, dass sich Kinder neben der realen eine eigene (Schein-)Welt schaffen. Sie »tun so-als ob«. Sie steigen in Rollen ein, geben Gegenständen eine andere Bedeutung. Die soziale Realität wird umgekehrt: Kinder probieren aus, wie es sich anfühlt, Macht zu haben, bestimmen zu können, Baby oder Hund zu sein.

Mit dem Moment der Ambivalenz ist einerseits gemeint, dass das Kind zwischen Spielen und Nichtspielen »pendelt«. Ambivalenz im Spiel bedeutet aber auch, dass ein Mädchen sehr wohl weiß, dass sie keine Prinzessin ist und der Schleier um ihren Kopf eine Windel – egal, wie gerne sie eine Prinzessin wäre. Auch wenn Jungen einen Stock oder die Schaufel als Gewehr nutzen, wissen sie genau, sie können und wollen niemanden totschießen.

Spielen ist für eine gewisse Dauer aus der Alltagswelt herausgelöst. Kinder betreten einen »Spielraum«, welcher durch selbst erschaffene Regeln, Zeit, Raum, Material oder eine Spielgruppe begrenzt ist – das ist das Moment der Geschlossenheit.

Das Moment der Gegenwärtigkeit ist leicht zu verstehen. Spiel ist immer anders: Es bringt Überraschungen mit sich, nie wird exakt das Gleiche gespielt, es gibt fortwährend Variationen und Improvisationen. Die Kinder entscheiden selbst, spielen sie weiter oder hören sie auf. Spielen ist aus der Kontinuität der Zeit herausgehoben (Huizinga 1987; Scheuerl 1965; Schenker 2019).

Wie der Name es schon sagt, übernehmen Kinder im Rollenspiel immer eine Rolle. Der Spielinhalt, die damit verbundenen Handlungen und auch die Utensilien sind fest an die Rolle geknüpft, die das Kind verkörpert:

Eine Gruppe von Kindern will Schule spielen. Sie diskutieren und legen dann die Rollen fest. Ingrid ist die Lehrerin, die drei anderen Kinder die Schüler. Jedes der Kinder weiß, wie es sich als Lehrerin oder Schülerin zu verhalten hat. Weiterhin steht fest, dass an Utensilien eine Tafel mit Kreide, Hefte, Stifte etc. benötigt werden. Ist das nicht real vorhanden, aktivieren die Kinder alle ihre Kräfte und gestalten das Material selbst: Schulhefte werden aus A4-Blättern angefertigt oder ein großes Pappschild als Tafel genommen.

Je älter Kinder werden, umso komplexer wird das Spiel. Häufig ist das Rollenspiel mit anderen Spielarten verbunden. Klassisches Beispiel dafür ist das Spielen in der sog. Bauecke. Hier sind zwei Varianten zu beobachten:

In Variante 1 spielen die Kinder von Anfang an die Rolle der Bauarbeiter. Sie setzen Bauarbeiterhelme auf und reden sich mit verstellter Stimme in »Bauarbeitersprache« an. Es gibt verschiedene Rollen: Chef, Kranführer, Lastwagenfahrer. Der Inhalt des Spiels ist das Entstehen eines Bauwerkes, z.B. einer Straße.

In Variante 2 baut sich ein Kind beispielsweise mit Lego ein Mondmobil. Wenn das Mobil fertig ist, beginnt es mit dem Rollenspiel. Es werden Entdeckertouren auf dem Mond durchgeführt, kleine Playmobilfiguren sind die Astronauten und erforschen den Mond. Erst nach dem Konstruktionsprozess wechselt das Kind in das Rollenspiel.

Entwicklung der Rollenspielfähigkeit

Im frühen Symbolspiel ahmen sehr junge Kinder Tätigkeiten aus ihrem täglichen Lebensumfeld nach. Sie »tun so, als ob«. Sie spielen schlafen oder essen.

Zunehmend mehr werden diese Handlungen bspw. auf einen Partner, ein anderes Kind, oder eine Puppe übertragen. Später spielt das Kind mit Ersatzobjekten, ein Stöckchen wird zum Rührlöffel, mit dem das »Essen« im Sandeimer umgerührt wird. Jetzt wird die Tätigkeit schon beschrieben: »Ich koche Suppe«.

In der nachfolgenden Entwicklungsstufe wird die eingenommene Rolle durch einfache Monologe dargestellt. Das Kind spricht mit sich selbst: »Ich koche jetzt Suppe, weil ich die Mutter bin«. Das Kind steuert sein Verhalten, indem es sich laut vorsagt, was es tut.

Beim Parallelspiel spielen Kinder teilweise schon denselben Inhalt (Straße bauen), nehmen aber noch keinen konkreten Bezug aufeinander: Es gibt jetzt viele Chefs auf der Baustelle. Jeder von ihnen baut etwas, ohne dass vorher abgestimmt und besprochen wurde, wer, was, womit, wie gestaltet.

Am Ende der Kindergartenzeit sind die Kinder aufgrund ihrer Entwicklung in der Lage, vor dem Spiel alles genau auszudenken, zu planen, zu organisieren. Sie legen die Regeln für das Spiel fest und überwachen während der gesamten Spielzeit, ob das vorher Abgesprochene so auch gespielt wird. Hier ein Beispiel zur Verdeutlichung:

1. Die Kinder einigen sich auf das Spielthema: Sie spielen Baustelle.
2. Es wird ausgehandelt, was heute auf der Baustelle geschieht: Es soll ein Kino entstehen.
3. In einem – ggf. längeren – Aushandlungsprozess einigen sich die Kinder darauf, welche Rolle jeder der Mitspieler einnimmt: Chef, Baggerführer, LKW-Fahrer, Bauarbeiter.
4. Jedes Kind spielt jetzt seine Rolle: Der Chef gibt Anweisungen, der Baggerfahrer baggert die Steine auf den LKW, der Bauarbeiter baut etc.

Während des gesamten Prozesses überwachen und regulieren die Kinder das Spielgeschehen selbstständig. Ihr Ziel ist, dass der gegenwärtig gespielte Inhalt dem geplanten entspricht.

Spielen ist spannend, es erschöpft sich nicht, es ist nie zu Ende. Bei der nächsten Gelegenheit beginnt alles neu: neue Ideen, andere Inhalte, interessante Spielmaterialien oder eine Gruppe mit anderen Kindern.

Für Pädagog*innen ist es von großer Bedeutung, die Spielfähigkeit eines jeden Kindes zu kennen. An der Qualität des Rollenspiels erkennen Pädagog*innen den aktuellen Entwicklungsstand des Kindes. Dieser ist der Ausgangspunkt für die Gestaltung der Unterstützungsangebote, die Pädagog*innen für das einzelne Kind bzw. die Kinder einer Gruppe gestalten.

Die Entwicklung exekutiver Funktionen im Rollenspiel

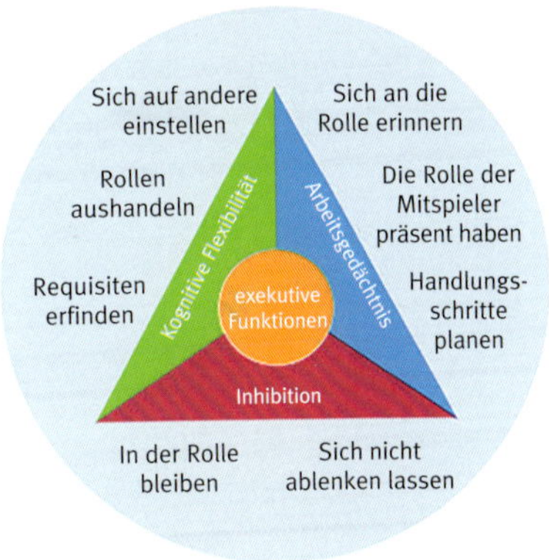

Exekutive Funktionen im Zusammenhang mit Rollenspiel (© Baden-Württemberg Stiftung)

Rollenspiel und kognitive Flexibilität

Kognitive Flexibilität im Rollenspiel beruht auf dem aktuell vorhandenen Wissen des Kindes. Besitzt es ein umfangreiches Wissen und vielfältige Kompetenzen, kann es über eine Fülle von Handlungsmöglichkeiten verfügen. Sich in andere einfühlen zu können, deren Perspektiven und Gedanken einzunehmen und gemeinsam als Gruppe Entscheidungen zu treffen, sind kognitive Fähigkeiten, die sich in der frühen Kindheit entwickeln und auf die lebenslang zurückgegriffen werden muss. Eine bedeutende kognitive Fähigkeit ist die Theory of Mind – die Fähigkeit zu überlegen, was andere wissen oder denken könnten (vgl. Kapitel 1.2). Die ToM entwickelt sich vom Ende des ersten bis hin zum sechsten Lebensjahr. Angeregt wird sie u.a. von der kognitiven Flexibilität des Kindes. Die ToM ist eng mit der Entwicklung der Rollenspielfähigkeit verknüpft: Schon Kleinkindern am Ende des ersten Lebensjahres ist bewusst, dass andere Menschen nicht immer die gleichen Absichten haben wie sie selbst. Diese Fähigkeit wird als Mentalisierung bezeichnet.

Zweijährige Kinder sind schon so kognitiv flexibel, dass sie sich in andere hineinversetzen können. Die Fähigkeit, zwischen eigenen und fremden Gefühlen zu unterscheiden, ist basal dafür, um miteinander zu spielen. Auch wenn sich das Spiel zweier Kleinkinder noch nicht aufeinander bezieht, treffen sie fortwährend Entscheidungen: etwa darüber, ob bzw. wie lange sie in der Nähe des anderen Kindes bleiben; oder ob sie dem anderen Kind Dinge zeigen, die ihnen wichtig sind, oder lieber nicht.

Vierjährige haben schon ein Bewusstsein dafür, dass man alles aus verschiedenen Perspektiven sehen kann. Viel Zeit verbringen die Kinder im Spiel mit der Diskussion, wie eine bestimmte Rolle »richtig« gespielt werden muss. Kognitive Flexibilität ist nötig, um aus diesen verschiedenen Vorstellungen heraus zu einem gemeinsamen Rollenspiel zu kommen. Die Kinder treten in einen oft sehr engagiert und lautstark geführten Dialog. Sie tauschen ihre unterschiedlichen Perspektiven aus, planen und organisieren den Spielablauf. Kognitive Flexibilität ist von Nöten, um die für das Spiel notwendigen Spielmaterialien zu suchen, selbst herzustellen bzw. sie sich gedanklich vorzustellen. Selbstbeherrschung ist gefragt, wenn ein Kind in der Spielgruppe verweilt, obwohl ein Inhalt gespielt wird, den es eigentlich nicht wollte. Aber um in der Spielgruppe weiter spielen zu können, bleibt es »im Spiel«.

Ältere Kinder von ungefähr fünf oder sechs Jahren, haben ein Verständnis für »Überzeugungen höherer Ordnung«. Sie können die Gedanken anderer vorwegnehmen. Erkennbar ist das bspw. an solchen Äußerungen: »Michael brauchen wir erst gar nicht zu fragen, er spielt eh nicht mit uns«. Ältere Kinder mit sehr gut entwickelten ToM-Fähigkeiten verstehen Witze und Ironie. Sie können Situationen inszenieren, um andere Kinder bewusst zu veralbern (Marinovi & Pauen 2012).

Kognitive Flexibilität, gepaart mit differenzierten ToM-Fähigkeiten und einem vielfältigen Wissen, ist die Grundlage für ein ideen- und inhaltsreiches, differenziertes und langandauerndes Rollenspiel.

Rollenspiel und Arbeitsgedächtnis

Für das Rollenspiel ist das Arbeitsgedächtnis unabdingbare Voraussetzung.

Wie oben angerissen, führen Kinder immer einen Dialog, bevor das Spiel losgeht. Sie diskutieren, was sie spielen wollen (das Spielsujet), wer welche Rollen übernimmt, wie und mit welchem Inhalt sie gespielt werden. Das Thema des Spiels, der Inhalt und das eigene Verhalten in der Rolle muss im Arbeitsgedächtnis präsent sein. Das Arbeitsgedächtnis »greift« fortwährend auf die im Langzeitgedächtnis gespeicherten Wissensbestände und biografischen Erfahrungen zurück. Etwas verkürzt gesagt, gilt der Grundsatz: »Ich spiele nur, was ich weiß.« Kinder, die wenig Wissen haben, können deshalb nicht fantasievoll, inhaltsreich und ausdauernd spielen.

Eine Gruppe von fünf bis sechs Jahre alten Kindern möchte gemeinsam spielen. Sie reden darüber, welches Thema sie spielen wollen, und einigen sich dahingehend, dass sie Rockband spielen. Gemeinsam sprechen sie den Inhalt ab: Es soll ein Konzert gegeben werden. Im Anschluss daran werden die Rollen (die Sängerin, der Schlagzeuger, der Gitarrist) besprochen. Es werden Regeln verabredet, was jedes Kind in seiner Rolle tun muss. Die Kinder legen fest, dass sie Kostüme und Musikinstrumente für ihr Konzert brauchen. Diese müssen zusammengesucht bzw. hergestellt werden. Natürlich gehören auch echte Zuschauer zu einem Konzert dazu. Schnell werden jüngere Kinder dafür gewonnen. Nachdem alles organisiert ist, geht es endlich los.

Während ihres Spiels »überwachen« die Kinder den Spielprozess. Fortwährend wechseln sie zwischen dem Spielen ihrer Rollen und dem Reden darüber, was anders oder besser werden soll. Die Fragen, die sie bewegen, sind: Läuft alles so, wie wir es abgesprochen haben? Welche neuen Ideen können wir noch umsetzen? Welche Materialien werden noch gebraucht? Wie können wir einige Zuschauer wieder einfangen, denen es zu langweilig geworden ist, abzuwarten, bis das Konzert endlich beginnt?

Diese metakognitiven Kommunikationsprozesse sind notwendig, um einerseits die Spielinhalte weiterzuentwickeln. Andererseits wird das Arbeitsgedächtnis »aufgefrischt«, damit niemand den Faden verliert. Das Reden über das Spielen dauert häufig länger als das Spielen selbst. Die oben beschriebenen lernmethodischen Kompetenzen bilden sich in diesem Prozess ebenso heraus wie Empathie (Brandes; Schneider-Andrich 2019; Deffner 2019).

Rollenspiel und Inhibition

Biografische Erfahrungen werden im Zusammenleben mit Erwachsenen und anderen Kindern gesammelt. Diese einverleibten Erfahrungen bestimmen das Maß der individuellen Selbstregulationsfähigkeit. Dieser etwas kompliziert klingende Prozess ist leicht zu erklären: Die Regeln und Normen, die unsere Erziehung bestimmten, wirken noch weit über unsere Kinderzeit hinaus in uns fort. Sie beeinflussen unser Handeln, unseren Lebensstil, sogar unsere berufliche Praxis im Erwachsenenalter. Diese Erfahrungen spiegeln sich auch im Spiel wider:Täglich ordnen sich Kinder den Regeln einer Rolle unter. Das Spiel wird nicht abrupt abgebrochen, wenn ein Kind etwas spielen muss, was es eigentlich nicht wollte. Kinder haben Angst davor, nicht mehr mitspielen zu dürfen. Das Bedürfnis nach Anerkennung und Zuwendung ist so groß, dass schon relativ junge Kinder sich für eine kurze Zeit beherrschen, sich unterordnen, nur um in der (Spiel-)Gruppe bleiben zu können.

Einige Kinder sind dazu nicht imstande. Aufgrund widriger Lebensumstände ist ihre Selbstregulationsfähigkeit durch Inhibition nicht so ausgeprägt, dass sie ihnen hilft, mit anderen Kindern zu spielen. Sie zeigen sich aggressiv und stören. Überall dort, wo sie sind, entstehen Konflikte. Nur in einem positiven Zusammenleben mit anderen können sie lernen, sich selbst zu regulieren. Sie müssen erfahren welche Möglichkeiten des Problemlösens und des Umgangs miteinander es gibt.

3.2 Regelspiele

Damit Kinder Regelspiele lernen können, müssen sie zum einen verstehen, was eine Spielregel ist. Andererseits brauchen sie ältere Kinder oder Erwachsene, die ihnen die jeweiligen Spielregeln vermitteln, das Spiel überwachen und auf Regeleinhaltung achten. Die Komplexität der gespielten Regelspiele verläuft synchron mit der kindlichen Entwicklung. In der frühen Kindheit werden einfache soziale Regelspiele wie »Guck-guck« oder Verstecken gespielt. Durch das Absolvieren des immer wiederkehrenden Ablaufs entwickelt das Kind unbewusst ein erstes Gespür für Regeln.

Regelspiele sind durch den Ablauf der Handlung befristet. Erwachsene und Kinder treffen eine gemeinsame Vereinbarung darüber, dass sie jetzt spielen wollen. Dies geschieht durch Aufforderungen und Angebote »Wollen wir jetzt ... spielen?« oder durch einfaches Anfangen. Schon kleine Kinder verfügen über die Freiheit, selbst zu bestimmen, ob sie mitspielen wollen, sich abzuwenden bzw. aufzuhören.

Besonders Regelspiele verführen Pädagog*innen dazu, das Spiel pädagogisch zu »verzwecken«, d.h. Regelspiele bewusst zur Förderung von Sprache, Motorik etc. einzusetzen. In diesem Zusammenhang muss nochmals betont werden, dass die Förderung der kindlichen Entwicklung und der geistigen Funktionen, nur ein positiver Nebeneffekt ist. Für Kinder steht der Spaß, die Lust am Spielen, am gemeinsamen Beisammensein im Vordergrund. Kein Mensch würde auf die Idee kommen zu überlegen, welche Kompetenzen Freizeitvolleyballer*innen im Spiel erwerben oder warum es gut für ihre geistige, körperliche, soziale und emotionale Entwicklung ist, Punktspiele zu machen.

Arten von Regelspielen

Regelspiele haben einen ebenso hohen Anteil an der Weiterentwicklung exekutiver Funktionen wie das Rollenspiel.

Anders als beim Rollenspiel, für das sich Kinder die Regeln selbst ausdenken und deren Einhaltung sie allein überwachen müssen, werden Regelspiele nach festen, nicht verhandelbaren Regeln gespielt. Regelspiele haben immer den gleichen Ablauf. Ein Aushandlungsprozess ist nicht nötig, die Spielregeln werden von anderen, regelkundigen Kindern bzw. Erwachsenen vermittelt. Die Einhaltung der Regeln wird von den Mitspieler*innen selbst bzw. außenstehenden Schiedsrichter*innen kontrolliert.

Nachfolgend werden drei Formen des Regelspiels dargestellt, die eine besondere Bedeutung für die Entwicklung jüngerer Kinder haben:

Schoßspiele: Dies ist die erste Form von Regelspielen. In der Kita werden diese wahrscheinlich selten oder gar nicht gespielt. Es sind Formen der Eltern-Kind-Spiele.

Schoßspiele, die einfachste Form von Regelspielen, sind eine Weiterentwicklung der spielerischen Interaktionen auf dem Wickeltisch. Der Erwachsene zeigt Bewegungen und spricht Texte, die immer wieder gleich sind. Das Kind hat Freude daran, ist in einer intensiven Beziehung zu seinen engsten Bezugspersonen. Schon Schoßspiele verlaufen nach festgelegten Regeln: Immer wieder gleich gesprochene Verse werden mit gleichen Bewegungen kombiniert. Jeder von uns kennt »Hoppe, Hoppe, Reiter« oder »Kommt ein Mann die Treppe rauf«. Die Kinder ahnen den weiteren Ablauf und freuen sich auf den Höhepunkt des Spiels. Sie sind noch nicht in der Lage, die Regeln zu erkennen, aber sie spielen mit. Das Kind spiegelt den Erwachsenen durch sein Verhalten wider, dass es sich an die Regel gehalten hat: Es lacht und freut sich, dass gleich »Guten Tag Herr Nasemann« gesagt wird und gleichzeitig Mutter oder Vater vorsichtig an der Nase wackeln. Durch Nachahmung lernt es das Spielen nach Regeln. Sicherlich dauert es nicht lange, dass das Kind dieses Spiel, unvollkommen noch, auch mit den Eltern spielt. Eine ebenso beliebte Form der Schoßspiele sind Fingerspiele.

Bewegungsspiele haben besonders komplexe Formen der Herausforderung. Viele Spiele erfordern eine Strategie, um zu gewinnen. Man muss schnell und geschickt sein, gut verbal und nonverbal mit seinen Mitspielern kommunizieren. Eine große Herausforderung ist, sich emotional zu beherrschen. Nicht alles läuft wie erwartet.

Beispiele für Bewegungsspiele sind Hasche- und Versteckspiele, Laufspiele wie »Komm mit – lauf weg« oder Ballspiele wie Fußball. Besonders beliebt sind bei vielen Kindern Rauf- und Tobespiele. Merkmale für diese besondere Form sind eine hohe körperliche und psychische Beteiligung und gespielte Aggressionen z.B. beim »Hahnenkampf«. Zudem werden auch die Rollen der Jäger und der Gejagten bspw. bei »Räuber und Gendarm« kontinuierlich gewechselt.

Werden Kinder älter, bekommen sie immer mehr Freude an Wettspielen, die immer differenzierter und schwieriger werden. Die Entwicklung der Komplexität der Bewegungsspiele verläuft synchron mit der kindlichen Entwicklung, verknüpft mit dem Normen- und Regelverständnis. Gewinnen und Verlieren wird zunehmend ein zentrales Element von Bewegungsspielen. Die Grenze zwischen Bewegungsspiel und Sport ist hauchdünn.

Gesellschaftsspiele (Mensch-ärgere-dich-nicht, Schach, UNO) werden über alle Altersgruppen hinweg gespielt. Dazu gehören auch Karten- oder Brettspiele, Memory oder Computerspiele (Sutton-Smith 1974; Renner, 2007, Hauser 2013).

Regelspiele haben auch eine hohe kulturelle Bedeutung: Dadurch, dass die Regeln schon sehr lange bestehen und sie ggf. weltweit geteilt sind (Fußball, Jäger und Gejagter) sind sie ein Kulturgut. Spielregeln werden über Generationen weitergegeben. Historische Spiele werden mit in die Gegenwart genommen. Kinder lernen heute schon nicht mehr gebräuchliche Worte (»Steckenpferd«) oder werden mit anderen Rollenbildern konfrontiert.

Entwicklung von Regelspielen

Kinder lernen einfache Formen von Regelspielen schon im ersten Lebensjahr durch ihre Eltern kennen. Sie ahmen das Spiel der Eltern nach, ohne Regeln benennen zu können.
Mit der Entwicklung des Kindes nimmt dessen Fähigkeit zu, selbständig und immer komplexere

Regelspiele zu spielen. In einem Alter von ungefähr vier Jahren sind sie überwiegend in der Lage, Standards und Normen einzuhalten. Sie schwanken jedoch immer noch zwischen dem Einhalten der Regel und ihren eigenen Handlungsimpulsen hin und her.

Die Kinder spielen »Ich seh etwas, was du nicht siehst«. Älteren Kindern macht es Spaß, differenzierte und schwer zu erratende Dinge zu beschreiben. Jüngere hingegen verraten sofort, was sie gemeint haben. Oder, wenn der Mitspieler den Gegenstand erraten hat, sagen sie »Nein, das ist es nicht, es ist etwas anderes«.

Jüngere Kinder entgehen durch das Spielen solcher einfacher Regelspiele noch der Gewinner-Verlierer-Situation. Das Spiel wird einfach so lange gespielt, bis keiner mehr Lust hat. Mit zunehmendem Alter wird die Freude am Wettkampf größer und wird zum bestimmenden Motiv dafür, Regelspiele zu initiieren.

Ältere Kinder spielen Spiele, die strategisches Vorgehen, Taktik und planvolles Handeln verlangen. Durch den Vergleich ihrer Fähigkeiten mit denen anderer Kinder bekommen sie Rückmeldungen über sich selbst. Es verfestigen sich die Rollen in der Kindergruppe. Kinder, die durch kluges, strategisch-taktisches Vorgehen und sehr gute kommunikative Fähigkeiten auf sich aufmerksam machen, werden häufig als Anführer angesehen.

Weiter oben wurde beschrieben, dass viele Regeln kulturübergreifend oder wenigstens einer großen Gruppe von Kindern bekannt sind. Neue Kinder in der Kita, welche die Spielregeln bekannter Spiele kennen, können sofort mitspielen. Dadurch kommen sie schneller und intensiver in Kontakt mit den anderen Kindern. Die Integration in eine unbekannte Gruppe gelingt dadurch schneller.

Die Art und Weise, wie sich ein Kind an den Spielen beteiligt, aggressiv oder kooperativ, bestimmt die Art des Umgangs miteinander: ablehnend oder freundschaftlich. Diese Persönlichkeitsmerkmale »lesen« Kinder aus der Körpersprache, besonders am Gesichtsausdruck, ab. So werden erste Erfahrungen mit unterschiedlichen emotionalen Verhaltensweisen und zum Verständnis der Körpersprache gesammelt. Im Spiel bauen Kinder ihre Menschenkenntnis auf und erweitern sie kontinuierlich.

Zunehmend lernen sie, mit ihrer eigenen Körpersprache zu spielen. Sie loten aus, welche Möglichkeiten sie haben, um bspw. den Gegner zu täuschen oder in die Irre zu führen.

Exekutive Funktionen im Regelspiel

Das Regelspiel scheint besonders dafür geeignet zu sein, das gesamte kognitive Fähigkeitsrepertoire von Kindern zu erweitern.

Regelspiel und kognitive Flexibilität

Diese kognitive Fähigkeit entwickelt sich im Regelspiel durch verschiedene Herausforderungen. Bedingung dafür ist, dass Kinder, nach der Instruktionsphase, die Selbstorganisation des entsprechenden Regelspiels übernehmen dürfen. Ständige Fremdkontrolle behindern Selbstorganisation und das Erwerben von Selbstbeherrschung. In diesem Fall geben Kinder die Verantwortung für ihr Tun zunehmend an den kontrollierenden Erwachsenen ab. Soziale Fähigkeiten wie Kooperation, Regelbewusstsein und Empathie können sich nicht entwickeln.

Schwierige Spiele haben ein sehr komplexes, vielschichtiges Regelwerk. Haupt- und Nebenregeln müssen ständig im Blick sein, Handlungen mit anderen koordiniert und abgestimmt werden. Kognitive Flexibilität ist vonnöten, um das sich ständig wechselnde Verhalten der Mitspieler zu erkennen und entsprechend schnell darauf reagieren zu können. Neue Mitspieler*innen sind eine ebenso große Herausforderung, da die Kinder sie noch nicht kennen. Besonders Kindern mit sehr gut ausgebildeten exekutiven Funktionen gelingt es, in Distanz zur Spielsituation zu gehen. Aufgrund ihrer ToM-Fähigkeiten können sie »Schlachtpläne« entwickeln und taktisch vorgehen. Geplante Spielzüge des Gegners werden vorweggenommen, dessen Spielplan wird erkannt und darauf reagiert. Ständig gleichen sie ihre eigenen Fähigkeiten mit denen der anderen ab. Sie bewerten ihre Handlungen und Leistungen selbst. Ältere Kinder sind sehr gut in der Lage, zu bewerten, worauf ihr Erfolg oder Misserfolg im Regelspiel zurückzuführen ist. Im optimalen Fall, wenn das Kind eine hohe Reflexionsfähigkeit besitzt, kann es selbstständig Maßnahmen ergreifen, um Misserfolge zukünftig zu verhindern.

Manche Kinder verfügen über eine bestimmte Lockerheit im Umgang mit ihren Spielergebnissen. Sie sind sich darüber bewusst, dass ihre Ressourcen in anderen Lebensbereichen liegen.

Regelspiele und Arbeitsgedächtnis

Jede erlernte Spielregel, auch die zu den einzelnen Regelspielen dazugehörigen Bewegungen, Texte und Lieder, werden vor dem Spiel aus dem Langzeitgedächtnis abgerufen. Sie sind dann für die Dauer des Spiels im Arbeitsgedächtnis aktiviert und im konkreten Tun anwendbar. Dies kann man sich ungefähr so vorstellen:

Eine Gruppe von Kindern erinnert sich daran, dass sie vor längerer Zeit das Bewegungsspiel »Komm mit – lauf weg« gespielt haben. Im Dialog aktualisieren sie dessen Spielregeln. Im Arbeitsgedächtnis haben sie jetzt wieder die Aufstellung, den Ablauf, die Kommandos und auch ihre eigene Aufgabe. Während des Spiels der Kinder ist die Aufmerksamkeit jedes Kindes geteilt. Es beobachtet die Einhaltung der Spielregel bei den anderen Kindern. Parallel dazu speichert es ab, wer schon dran war, und rechnet sich die Wahrscheinlichkeit aus, wann es angetippt werden könnte. Ist das der Fall, koordiniert es seine Bewegungen, ruft im Arbeitsgedächtnis ab, wer noch nicht dran war, und tippt dieses Kind an. Im Rennen sucht es eine noch freie Lücke, um hineinzuschlüpfen.

Diese Situation ist ein Paradebeispiel dafür, wie intensiv die kognitiven Funktionen zusammenspielen. Mit diesem Beispiel kann jede einzelne exekutive Funktion illustriert werden.

Mit zunehmendem Regelverständnis wenden Kinder in komplexeren Spielen erfolgreiche Strategien dauerhaft an. Kognitive Flexibilität zeigt sich, wenn Kinder in der Lage sind, erfolgloses Verhalten einzustellen und ggf. das bisherige Vorgehen zu ändern. Parallel dazu beobachten sie nun dessen Wirkung auf den Spielverlauf. Ältere, besonders schlaue Kinder, planen vor dem Spiel ihr Handeln. Das Ausgedachte halten sie bis zum Spielbeginn präsent, wenden es dann im Spiel an und kontrollieren von einer Metaebene aus den Erfolg.

Als Spielführer agierende Kinder sind in der Lage, das gesamte Geschehen der Spielgruppe zu koordinieren, anderen Kindern Hinweise und Hilfestellungen zu geben und gleichzeitig die geltenden Spielregeln zu überwachen.

Aufgrund ihrer gut entwickelten ToM-Fähigkeiten können ältere Kinder die individuellen Besonderheiten bereits bekannter Mitspieler*innen im Gedächtnis aktivieren und sich spieltechnisch darauf einstellen.

Regelspiel und Inhibition

Eigene Handlungsimpulse zu hemmen und das Verhalten im Sinne der Spielregeln zu regulieren, sind erforderliche Kompetenzen für ein gelingendes Regelspiel. Vor dem Spielbeginn treffen die Kinder ihre eigene Entscheidung darüber, ob sie mitspielen wollen oder nicht. Sie gleichen die Anforderungen des Spiels mit ihren eigenen Bedürfnissen ab. Bei Kindern ist schon sehr zeitig das Bewusstsein ausgeprägt, dass das Mitspielen in einem Regelspiel Einordnung in ein Regelsystem und Unterordnung in eine Gruppe bedeutet. Kinder mit ausgeprägter Inhibition sind über lange Zeit in der Lage, sich den Spielregeln und den damit verbundenen Gruppenregeln unterzuordnen. Sie denken im Sinne der Gruppe und tragen unter Aufwendung ihrer gesamten Kraft zum Gelingen des Spiels bei. Das Engagement ist überdurchschnittlich hoch – besonders bei Kindern, die häufig die Erfahrung gemacht haben, dass durch ihren Beitrag die Gruppe gewonnen hat. Eine Besonderheit des Regelspiels ist, dass häufig ein direkter Zusammenhang zwischen der eigenen Anstrengung, der »Aufopferung« der eigenen Bedürfnisse und dem Erfolg im Spiel besteht. Dies führt zur Stabilisierung eines positiven Blicks auf sich selbst.

Bei mangelnder Inhibition ist genau das Gegenteil der Fall: Kinder, die aufgrund körperlicher oder kognitiver Merkmale häufig verlieren, werden nach und nach aus der Gruppe und damit auch vom Spiel ausgeschlossen. Werden ständig negative Erfahrungen gesammelt, ist es für das Kind unmöglich, ein positives Selbst aufzubauen. Kinder, die schnell die Beherrschung verlieren, verfügen meist über kein positives Vorbild eines Erwachsenen. Es besteht die Vermutung, dass Kinder durch die angeborene Fähigkeit der Nachahmung das aggressive Verhalten Erwachsener imitieren und unhinterfragt übernehmen.

Mangelnde Inhibition hat auf die Qualität des Spiels gravierende Auswirkungen. Dazu ein kleiner Exkurs:

Es gibt einen Unterschied zwischen gespielter Aggression und echter. Spielen Kinder Rauf- und Tobespiele, gibt es keine Verletzungen. Nichts geht absichtlich kaputt. Schläge, Tritte, Hiebe stoppen vor dem Körper. Die Kinder haben ein »Spielgesicht«. Beim Spielen beobachten die Kinder sich genau. Sie lernen Emotionen zu lesen, sie stellen sich die Frage, wie es dem anderen Kind wohl geht, und passen ihr Verhalten entsprechend an. Der Gegner wird geschont. Sind Aggressionen echt, tatsächlich vorhanden, gelangt das Kind nicht in den Spielmodus. Es setzt kein »Spielgesicht« auf. Es verliert echt die Beherrschung. Verletzungen oder kaputtes Spielzeug können die Folge sein.

Pädagog*innen können dieses Phänomen mildern, im besten Fall sogar verhindern, wenn sie den Kindern andere Möglichkeiten des sozialen Umgangs zeigen. Treten sie ihnen wohlwollend und tolerant entgegen, kann der Teufelskreislauf von Sanktionen und Ablehnung unterbrochen werden. Damit Kinder von anderen lernen können, ist eine förderliche, positive Beziehung notwendig. Das ist leichter geschrieben als getan: Die anderen Kinder der Gruppe beobachten das Interaktionsverhalten zwischen dem betroffenen Kind und der pädagogischen Fachkraft. Wird es häufig sanktioniert, werden die anderen Kinder dieses Verhalten dem betroffenen Kind gegenüber auch übernehmen. Sie lassen »Störenfriede« nicht mehr mitspielen und schließen sie immer mehr von den Gruppenaktivitäten aus, welche die Kinder unter sich organisieren. Der Kreislauf von Ablehnung und Aggression schließt sich und besteht solange, bis es einem Erwachsenen gelingt, diesen zu durchbrechen.

Selbstbeherrschung bei Kindern ist daran zu sehen, mit wem, in welcher Form oder wie lange die Beteiligung bzw. die Anpassung des eigenen Verhaltens an Regeln stattfindet. Ihre Ausprägung hängt von erwachsenen Vorbildern, dem Entwicklungsstand des Kindes und vor allem von der Art des Zusammenlebens in der Kindergruppe ab.

3.3 Rezeptionsspiele

Beschreibungen des Rezeptionsspiels sind in der Literatur nicht häufig zu finden. Auch in der Kita ist der Begriff des Rezeptionsspiels häufig unbekannt. Dabei praktizieren Kinder (und auch Erwachsene) es täglich in unterschiedlichen »Spielarten«. Aus meiner Perspektive hat das Rezeptionsspiel eine hohe Bedeutung für die Ausbildung exekutiver Funktionen. Die aufnehmenden oder Rezeptionsspiele »... sind Spiele der Fantasie, des Geistes, der dem Menschen ermöglicht sich selbst und die Welt zu denken, wie sie sein sollte« (Renner 2008, S. 125).

Wesensmerkmale des Rezeptionsspiels

Rezeptionsspiele sind ein fester Bestandteil der Auseinandersetzung mit der Kultur in allen Lebensbereichen des Kindes. Erzählungen, Märchen, Bilderbücher, Filme, Podcasts, aber auch Kunstwerke bieten Kindern vielfältige Möglichkeiten, sich mit der Vergangenheit und der Zukunft auseinanderzusetzen. Sie führen Kinder tief in die Geschichte ein: »Die erzählten Geschichten in Literatur, Theater, Film, Musik, Malerei, Bildhauerei usw., berichten ebenso wie die Erzählungen von Eltern oder Großeltern von den Dingen des Lebens, von den verlorenen Paradiesen, von Wünschen, Hoffnungen, von Helden, Ängsten, von schweren Prüfungen, vom Glück haben und vom Glücklichsein, Schuld, Versöhnung und Erlösung« (Renner 2008, S. 127).

In der Kita sind Rezeptionsspiele fester Bestandteil des Tageslaufes. Auf den ersten Blick wirkt diese Spielform passiv. Manche Pädagog*innen warnen sogar davor. Sie meinen, dass die Kinder wenig aktiv sind, sich »berieseln« lassen. Rezeptionsspiele sind aber keinesfalls passiv. Mitspielen durch Zuschauen macht den Unterschied zu »Entertainment«. Hohe emotionale Beteiligung, Mitfiebern, Lösungen vorschlagen, Kommentare abgeben zeigen das Engagement für den Inhalt:

Im Märchen »Der Wolf und die sieben jungen Geißlein« wird der Satz »Macht auf, ihr lieben Kinderlein« drei Mal wiederholt. Engagiert beteiligte Kinder können schon nach kurzer Zeit diesen Satz – und auch die Antwort der Geißlein – mitsprechen. Nach dem Vorlesen setzt ein Dialog über die Handlungen im Märchen ein. Kinder diskutieren die Bedeutung des Märchens, treffen eigene Urteile und schlussfolgern im optimalen Fall auf ihr eigenes Handeln.

In der Diskussion, der Auseinandersetzung mit den gesehenen und gehörten Inhalten, greifen die Kinder auf ihr Wissen zurück. Sie müssen dies in Einklang mit dem Gehörten bringen, um es verstehen und deuten zu können. In diesen Prozessen konstruieren sich die Kinder ihr Bild von der Welt.

Die Wirkung von Rezeptionsspielen bleibt häufig in den subjektiven Bildern der Kinder verborgen. Manchmal zeigt sich im Rollenspiel, beim Malen oder Bauen, welche »Gestalt« die aufgenommenen Inhalte im Kind angenommen haben. Vielleicht haben sie durch Rezeptionsspiele Vorbilder gefunden, mit denen sie sich identifizieren oder mit denen sie sich auseinandersetzen können. Rezeptionsspiele geben Orientierung für die Ausgestaltung der Spielrolle und das Handeln in ihr.

Sie können nur gespielt werden, wenn die Kinder freiwillig daran teilnehmen: Sie wünschen sich, dass ein bestimmtes Buch vorgelesen wird, die Ausstellung besucht oder gesungen wird. Pädagogisches Verzwecken verhindert die Freude an Rezeptionsspielen. Hier ist eine Balance gefragt: zwischen den Themen der Kinder, bspw. »Bibi und Tina«, und den von Erwachsenen angebotenen Inhalten. Damit Kinder sich nicht langweilen, sondern genießen, ist Feinfühligkeit bei der Auswahl nötig. Fehlt diese, können Kinder schnell eine Allergie gegen Lesen oder die Rezeption von Kunstwerken und Musik entwickeln. Dabei gehen Chancen für eine kulturelle Bildung durch die Weitergabe von Kulturgütern verloren (Renner 2008).

Die Entwicklung des Rezeptionsspiels

Erste Rezeptionsspiele spielen Kinder schon relativ zeitig. Sie sammeln Bilder, Töne, Gerüche und andere Sinneseindrücke. Dieses aktive Aufnehmen von verschiedenen Impulsen aus der Umwelt lässt innere Bilder entstehen – als Voraussetzung für Rollenspiele. Im Umkehrschluss werden Kinder durch Rezeptionsspiele angeregt, weitere Erfahrungen zu sammeln. Buchinhalte sind die Grundlage dafür, etwas »in echt« auszuprobieren. Plötzlich taucht das Schneewittchen aus dem Märchen im Rollenspiel auf.

Jüngere Kinder »lesen« Bücher mit weniger Text und vielen Bildern. Bei älteren Kindern nimmt die Fülle der Bilder ab, dafür ist mehr Text vorhanden. Märchen, Geschichten, Musikstücke etc. werden mit zunehmendem Alter inhaltlich und in ihrer Struktur immer komplexer. Der Symbolgehalt in Märchen und Geschichten sowie die Themen von Musikstücken können immer besser entschlüsselt werden.

Ungefähr mit dem sechsten Lebensjahr vergleichen Kinder die handelnden Personen in Geschichten, Märchen, Filmen oder Büchern mit sich selbst. Deren Vorstellungen und Verhaltensweisen werden den Vorstellungen über sich selbst entgegengesetzt. Edel, hilfreich und gut zu werden, ein Held, der Frauen befreit und die Welt rettet, kann ein wichtiger Entwicklungsimpuls sein. Parallel dazu sind Gespräche darüber wichtig, in welchen Rollenklischees Märchen, Computerspiele oder bestimmte Geschichten verhaftet sind. Kinder müssen dafür sensibilisiert werden, dass z.B. nicht jede Frau auf einen Befreier wartet.

Exekutive Funktionen im Rezeptionsspiel

Rezeptionsspiel und kognitive Flexibilität

Diese Fähigkeit ist bei Rezeptionsspielen wahrscheinlich nicht so gut zu beobachten. Das Spielen mit Eindrücken findet, von den Erwachsenen unbemerkt, im Kopf der Kinder statt. Eine Abgrenzung zwischen Spielen und Nichtspielen kann, im Gegensatz zu den anderen Spielarten, nicht beobachtet werden. Das Rezeptionsspiel bleibt das »Geheimnis« des Kindes.

Mit zunehmendem Alter stellen sich Kinder beim Hören von Geschichten und Märchen abwesende oder nicht real vorhandene Dinge vor. Auf der Grundlage ihres bereits angesammelten Wissens können sie z.B. Einhörner, Prinzessinnen oder Räuber rekonstruieren. Durch Rezeptionsspiele bekommen Kinder einen Zugang zu den Gefühlen, Absichten und Perspektiven der handelnden Personen oder Tiere. Sie können sich mit verschiedenen Gefühlsausdrücken und Rollen und auseinandersetzen. Kinder, die über viel Wissen verfügen, können ihre Vorstellungen von der Welt fantasievoll ausschmücken. Auch hier gilt: »Ich kann nur spielen, was ich weiß.« Gerade im Reich der Fantasie können Kinder Erfahrungen machen, »die sich der Beschreibung und Bewertung durch andere entziehen« (Renner 2008, S. 129).

Rezeptionsspiel und Arbeitsgedächtnis

Beim Hören, Sehen oder Lesen wird die Aufmerksamkeit und Konzentration gefördert. Kinder müssen die handelnden Personen, Liedtexte, Abläufe etc. im Gedächtnis behalten, um das Gesehene, Gehörte oder Betrachtete zu verstehen.

Auch hier wird bereits vorhandenes Wissen aktiviert und mit neu gewonnenen Eindrücken, Erfahrungen und Erkenntnissen kombiniert. Die Kinder entwickeln sich weiter, da sie die Welt in ihrer Geschichte und Gegenwart besser verstehen und Bilder für ihre Zukunft konstruieren können.

Kinder reflektieren die Inhalte ihrer Rezeptionsspiele. Aufgrund ihres Wissens entscheiden sie, was ihnen gefällt oder nicht. Persönliche Vorlieben oder Abneigungen entwickeln sich, ein persönlicher Geschmack bildet sich schon relativ zeitig heraus. Die Kinder positionieren sich, entwickeln ihre Kategorien von »gut und böse«, »hässlich oder schön« sowie eigene Meinungen und Standpunkte.

Rezeptionsspiel und Inhibition

Vorlesen, Anschauen, Musik hören, Achtsamkeit gegenüber unterschiedlichen Geräuschen erfordern von den Kindern höchste Konzentration und Aufmerksamkeit. Nach und nach schaffen sie es, an den spannenden Stellen der Geschichte nicht dazwischen zu rufen oder ihre Kommentare abzugeben. Immer mehr Geduld können sie zeigen, wenn etwas langweilig erscheint. Sie halten ihre Bedürfnisse nach Aktivität zurück, um andere in ihrem Genuss nicht zu stören. Beim Hören, Anschauen oder Spielen lassen sich Kinder nicht ablenken. Sie können Reize ausblenden, um bei der Sache zu bleiben. Kinder bekommen durch das Vorbild ihrer Helden in Büchern, Märchen und Geschichten Vorstellungen über vielfältige Handlungsmöglichkeiten. Sie erkennen Mut, Kraft und Durchsetzungsvermögen, entwickeln im optimalen Fall Ideen für ihr Tun in ähnlichen Situationen. Die Orientierung an literarischen Vorbildern kann zur Selbstveränderung führen.

Literatur

Ahnert, L. (2010): Bindungsbeziehungen außerhalb der Familie: Tagesbetreuung und Erzieherinnen-Kind-Bindung. In: Ahnert, L. (Hrsg.): Frühe Bindung. Entstehung und Entwicklung. München. Basel: Ernst Reinhardt.

Bodrova, E., & Leon D. J. (1996): Tools of the Mind. New Jersey: Prentice Hall.

Brandes, H., & Schneider-Andrich, P. (2019): Peers ins Spiel bringen. In: Schenker, I. (Hrsg.): Didaktik in Kindertageseinrichtungen – Eine systemisch-konstruktivistische Perspektive. Weinheim: Beltz Juventa, S. 63-80.

Deffner, C. (2019): Exekutive Funktionen – Ein Spiel fürs Leben. In: Schenker, I. (Hrsg.): Didaktik in Kindertageseinrichtungen – Eine systemisch-konstruktivistische Perspektive. Weinheim: Beltz Juventa, S. 81-103.

Elkonin, D. (1980): Psychologie des Spiels. Studien zur Kritischen Psychologie. Köln: Pahl-Rugenstein.

Fonagy, P., Gergely, G., Jurist, I. E., & Target, M. (2006): Affektregulierung, Mentalisierung und die Entwicklung des Selbst. Stuttgart: Klett-Cotta.

Groos, K. (1904): Das Seelenleben des Kindes. Ausgewählte Vorlesungen. Berlin: Von Reuter & Reichhard.

Hauser, B. (2013): Spielen. Frühes Lernen in Familie, Krippe und Kindergarten. Stuttgart: W. Kohlhammer.

Herrmann, U. (Hrsg.) (2009): Neurodidaktik. Grundlagen und Vorschläge für gehirngerechtes Lehren und Lernen. Weinheim: Beltz.

Huizinga, J. (1987): Homo Ludens – Vom Ursprung der Kultur im Spiel. Hamburg: rowolts enzyklopädie.

Leontjew, A. N. (1978): Realistik und Phantasie im Spiel. In: Flitner, A. (Hrsg.): Das Kinderspiel. München: Piper, S. 133-138.

Marinovi , V., & Pauen, S. (2012): Wie Kinder sich in Andere einfühlen können. Die Entwicklung der Theory of Mind. TPS 2/2012. Seelze: Friedrich, S. 36ff.

Oerter, R. (2011): Psychologie des Spiels. Weinheim: Beltz.

Pramling-Samuelson, I., & Asplund-Carlson, M. (2007): Spielend lernen. Troisdorf: Bildungsverlag EINS.

Reich, K. (2006): Konstruktivistische Didaktik. Lehr- und Studienbuch mit Methodenpool. Weinheim: Beltz Pädagogik.

Renner, M. (2008): Spieltheorie und Spielpraxis. Ein Lehrbuch für pädagogische Berufe. Freiburg i. Br.: Lambertus.

Schenker, I. (2015): Frei sein im Spiel. Autonome Bildungskulturen von Kindern. In: Theorie und Praxis der Sozialpädagogik. Leben, Lernen und Arbeiten in der Kita. Nr. 1/2015, S. 37-39.

Schenker, I. (2019): Spielen als kindliche Lebensform. In: Schenker, I. (Hrsg.): Didaktik in Kindertageseinrichtungen – Eine systemisch-konstruktivistische Perspektive. Weinheim: Beltz Juventa, S. 104-135.

Scheuerl, H. (1965): Das Spiel. Weinheim: Beltz.

Siegler, R., Eisenberg, N., DeLoache, J., & Saffran, J. (2016): Entwicklungspsychologie im Kindes- und Jugendalter. Deutsche Ausgabe hrsg. v. S. Pauen. Heidelberg: Springer.

Sutton-Smith, B., & S. (1974): Hoppe Hoppe Reiter ... Die Bedeutung von Eltern-Kind-Spielen. München: Piper.

Wygotski, L. S. (1980): Das Spiel und seine Bedeutung in der psychischen Entwicklung. In: Elkonin, D.: Psychologie des Spiels. Studien zur Kritischen Psychologie. Köln: Pahl-Rugenstein, S. 431-465.

4. Exekutive Funktionen im Kita-Alltag – Sensibilisierung und Unterstützung

Carmen Deffner

Werden pädagogische Fachkräfte gefragt, wann und in welchen speziellen Situationen im Kita-Alltag Kinder ihre exekutiven Funktionen brauchen, um sich gut selbst regulieren zu können, wird schnell klar: Eigentlich immer! Exekutive Funktionen stecken überall drin.

Das stimmt und stimmt zugleich nicht. Denn die Beanspruchung der exekutiven Funktionen und der Selbstregulation trifft nicht für jedes Kind in jeder Situation gleichermaßen zu. Sind Kompetenzen bereits erworben und Abläufe zu Routinen geworden, ist es für die exekutiven Funktionen und die Selbstregulation des Kindes nicht sehr anstrengend und das Kind verhält sich so, wie es die jeweilige Gegebenheit erfordert. Es wirkt entspannt und in seiner Komfortzone. Zum Beispiel sind die kindlichen exekutiven Funktionen stark beansprucht, wenn das Kind Fahrrad fahren lernt. Es muss alle motorischen Abläufe koordinieren, sich die Trittstellung auf den Pedalen merken, sein Gleichgewicht halten, den Fokus darauf richten, Körper und Fahrrad zusammenzuhalten – und vor allem nicht aufgeben, sondern immer wieder probieren. Irgendwann klappt es und die Bewegungen beim Radeln sind automatisiert. Das Fahrradfahren an sich ist dann eine Tätigkeit, die kaum mehr die exekutiven Funktionen benötigt.

Für Situationen, die neu und innerhalb der Zone der nächsten Entwicklung sind, gilt also, dass exekutive Funktionen und Selbstregulation stark beansprucht werden – wenn auch für jedes Kind in unterschiedlicher Ausprägung und in unterschiedlichen Teilaspekten der gegebenen Anforderung. Einem bewegungserfahrenen Kind, das vielleicht schon Roller- und Laufrad fahren kann, fällt das Umsteigen auf das Fahrrad wahrscheinlich leichter als einem Kind mit weniger grobmotorischen Erfahrungen.

Wichtig ist zu differenzieren, dass es hier nicht um ein On/Off-Denken geht. On/Off-Aussagen wären: »Tom kann sich selbst regulieren und Kati nicht.« Obwohl es kein Patentrezept für die Beobachtung von Selbstregulation gibt, kann man von deutlichen Merkmalen sprechen, welche die aufmerksame Beobachter*in beim Kind sehen kann. Um aus diesen Beobachtungen Schlüsse zu ziehen, bedarf es jedoch der genauen Differenzierung und vor allem der kleinen Wörter »schon« und »noch nicht«.

Ein Schon-Szenario:
Tom kann sich beim Mittagessen schon regulieren. Er weiß, dass er an seinem Tisch sitzen bleiben und seine Aufmerksamkeit auf das Essen richten soll. Und doch: Was passiert an Tagen, an denen es Irritationen gibt? Kann Tom sich beim Mittagessen dann immer noch regulieren? Wie verhält er sich, wenn er gerade vor dem Mittagessen mit seinem Freund gestritten hat, der jetzt beim Mittagessen neben ihm sitzt? Ist Tom dann genauso selbstreguliert und fokussiert wie immer? Und: Muss er das überhaupt sein? Ist es angemessen, von einem Kindergartenkind zu erwarten, dass es immer »funktioniert«? Oder sind es auch sensible Zeichen eines Kindes, dass es noch etwas auf der Seele hat und bekümmert über einen Streit mit dem besten Freund ist, mitgenommen von einer Enttäuschung? Gehört es zu den pädagogischen Zielen, dass ein Kind diese emotionalen Wellen einfach so wegstecken kann?

Ein Noch-nicht-Szenario:
Kati kann sich im gleichen Setting »Mittagessen« noch nicht so gut regulieren. Ein zielgerichtetes Vorgehen beim Mittagessen gelingt ihr noch nicht. Teller, Besteck und Becher an den Platz zu räumen, sich setzen und essen, danach das gebrauchte Geschirr abräumen und abschließend Hände waschen – das sind sehr viele Teilschritte eines in der Summe komplexen Vorgangs, den sie neu erlernen und selbstgesteuert umsetzen muss. Alles andere als eine Selbstverständlichkeit!

Beobachtend könnte man meinen, Kati kommt vor lauter Schauen gar nicht ins Tun. Ist das so? Was macht das Kind tatsächlich? Was bedeutet diese Situation aus Sicht der exekutiven Funktionen? Kati muss eine Flut von Informationen aufrechterhalten und memorieren, täglich muss sie die Abfolge und Abläufe erinnern und in Handlungen umsetzen. Doch nicht jeder Tag ist gleich. Kati lernt nicht im luftleeren Raum, sie teilt sich den Essensbereich der Kita mit allen anderen Kindern. Da fällt mal ein Stuhl um, Saft wird verschüttet, jemand weint. Beim Erlernen eines mehr oder weniger standardisierten Ablaufs muss Kati diese Irritationen ausblenden. Das bedeutet, sich von diesen Zwischenfällen nicht ablenken zu lassen, um die Konzentration auf das Bewältigen der Essenssituation zu richten.

Diese Fähigkeiten liegen für Kati in der Zone der nächsten Entwicklung, die man »selbstständig am Mittagessen teilnehmen« nennen kann. Wie könnte Kati in ihrer aktuellen Entwicklungszone unterstützt werden? Welche Maßnahmen würden ihr in ihrem Selbsttätigsein helfen?

4.1 Sensibilität für die Phänomene des Alltags

Bleiben wir noch für eine Weile beim Mittagessen in der Kita. Besonders zur Mittagszeit ist zu beachten, dass die exekutiven Funktionen mancher Kinder ermüdet sein können. Sie mussten sich den Vormittag über in unterschiedlichen Situationen regulieren, jetzt kommt der Hunger hinzu. Es ist deswegen sorgfältig darauf zu achten, die Abläufe klar strukturiert zu gestalten und für eine ruhige, entspannte Atmosphäre beim Essen zu sorgen. Das kann unter anderem durch strukturelle Maßnahmen erreicht werden:

- Wenn es möglich ist, können die Kinder in Teilgruppen zum Essen gehen. Weniger Kinder verursachen weniger Lärm, das einzelne Kind muss weniger Störreize ausblenden. Dies würde eine Entlastung für die Inhibition bedeuten und Kapazität schaffen für das Memorieren des Ablaufs und die Fokussierung auf die Tätigkeiten rund um das Essen. Kati würde sich sicherer fühlen, was für sie weniger Stress bedeutet.
- Oder Kati könnte ein Platz in einer ruhigeren Ecke des Essensbereich angeboten werden, von dem aus sie nicht das ganze Geschehen beobachten muss (= Entlastung der Inhibition), sondern ihre Fokussierung auf die eigentlich erwartete Tätigkeit, nämlich essen, unterstützt wird (= günstige Bedingung für das Arbeitsgedächtnis und die kognitive Flexibilität).
- Decken die Kinder den Tisch selbstständig, können Platzsets hilfreich sein, auf denen die Positionen des Geschirrs und Bestecks aufgemalt sind. Katis Arbeitsgedächtnis wird dadurch entlastet; gleichzeitig kann sie selbsttätig handeln und sich als selbstwirksam erleben: »Ich bin neu im Kindergarten, kann aber schon meinen Platz alleine herrichten.«
- Essensreste in einen Behälter leeren, Besteck in den anderen Behälter legen, Teller auf einen bestimmten Stapel stellen etc. – alle diese Abläufe lassen sich gut bebildern: Auch hier bedeutet die Strukturierung und die visuelle Unterstützung für Kati ein wichtiges Gerüst zu selbsttätigem Handeln.

Ruhig und konzentriert erledigt der Junge seine Aufgabe: abspülen, abtrocknen, einräumen. Er kennt die Abläufe genau und achtet darauf, sie einzuhalten.

- Als personengebundene Unterstützung kann dem lernenden Kind ein Buddy an die Seite gestellt werden: ein erfahrenes Kind, das die Regeln und Abläufe beim Essen schon gut kennt. Kati erhält dadurch Orientierung in einem kindlichen Tempo. Dabei macht sie die wichtige Erfahrung, dass ein größeres und älteres Kind bereits gelernt hat, »wie das mit dem Essen geht«, sie kann sich dadurch zuversichtlich auf das Neue einlassen und lernen.

Die klare Anordnung am Tisch gibt dem Kind Orientierung und drückt gleichzeitig Achtsamkeit aus: Es ist alles vorbereitet, so dass das hungrige Kind sich eingeladen fühlt, in Ruhe zu frühstücken.

Mit solchen Maßnahmen kann die Fachkraft zudem ihren eigenen Handlungsspielraum erweitern. Sie kann sorgfältig abwägen, in welchen Situationen Kati tatsächlich ihre personelle Unterstützung benötigt und in welchen Momenten sie sich zurückziehen kann. Sie wird durch diese Maßnahmen weniger in der Situation sein, auf Regeln und Abläufe hinzuweisen und auf deren Einhaltung zu achten, sondern kann für Kati das bereithalten, was sie braucht: die emotionale Verfügbarkeit der Bezugsperson. Mit dem oben angeführten Buddy wird Kati neben der Fachkraft eine weitere Bezugsperson angeboten werden, an die sie sich jederzeit wenden kann.

Ein gemeinsamer Rahmen löst Wohlbefinden und Freude beim Zusammensein aus.

Das »Noch nicht« zu betonen ist wichtig, denn die Fähigkeit zur Selbstregulation ist reifungs-, erfahrungs- und somit entwicklungsbedingt. Ein Kind zeigt in Situation A noch wenig Selbstregulation, in Situation B hingegen schon viel. Fachkräfte müssen sensibel auf die unterschiedlichen Bedingungen des Kindes reagieren und feinfühlig analysieren, woran es liegen mag und was zu ändern wäre, damit selbstreguliertes Verhalten möglich wird.

Der Regler – sensibel zwischen den Polen

Als Hilfe, um die Selbstregulationsfähigkeit eines Kindes gut einzuschätzen, kann das Bild eines Reglers herangezogen werden. Wie bei einem Lautsprecherregler kann der Knopf zwischen den Polen »noch nicht gut selbstreguliert« und »schon gut selbstreguliert« oszillieren, sich hin und her bewegen. Um zu erkennen, an welcher Stelle des Kontinuums sich das Kind befindet, gilt es, die aktuelle Situation genauestens zu analysieren.

noch nicht gut selbstreguliert |———————| bereits gut selbstreguliert

Es ist also möglich, das aktuelle Ausmaß der Selbstregulationsfähigkeit zu markieren. Wer weiter differenzieren möchte, kann sich an den Polen links und rechts auch den jeweiligen Teilbereich der exekutiven Funktionen notieren.

Das Kind kann sich nur ein bisschen selbst regulieren:

Das Kind kann sich schon recht gut selbst regulieren:

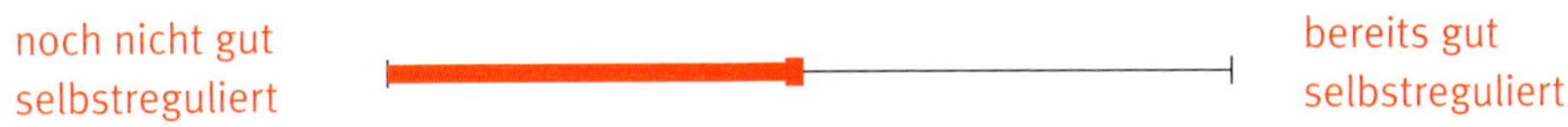

Das Kind kann sich seinem Alter entsprechend schon richtig gut regulieren:

Hilfreiche Fragen können sein:

- Zu welcher Tageszeit findet das Geschehen statt?
- Ist das Kind müde oder ausgeruht?
- Hat das Kind Hunger? Sind seine Grundbedürfnisse befriedigt?
- Welche weiteren Personen sind anwesend, die seine Selbstregulationsfähigkeit ggf. unterstützen oder hemmen?
- Hat das Kind vorher bereits eine anspruchsvolle Situation erlebt, die seine exekutiven Funktionen beansprucht hat (z.B. ein neues Spiel gespielt, eine konzentrierte Arbeitsphase hinter sich, sich mit einem anderen Kind gestritten)?
- Fühlt es sich wohl in der Gruppe?
- Geht es ihm heute gut oder kann es sein, dass es eine Krankheit »ausbrütet«?
- Erlebt es in anderen Kontexten gerade eine seelische Belastung (z.B. Trauer in der Familie, Streit zwischen den Eltern)?
- Hat das Kind ausreichend Kompetenz in Passung zur Anforderung der beobachteten Situation?

Diese und weitere Fragen helfen, das Verhalten des Kindes zu verstehen und davon abzuleiten, was es von uns braucht. Jedes Kind kann lernen, sich selbst zu regulieren – die Frage ist nur, was braucht es dafür? Welche Bedingungen und Unterstützung, welches co-regulative Angebot oder Erwachsenenverhalten muss das Kind in seiner Entwicklungsumwelt vorfinden, um seine Selbstregulationsfähigkeit stetig auszubauen?

Der Regler ist auch ein hilfreiches Bild, wenn es um Situationen geht, die etwas mehr Durchsetzungsvermögen benötigen und zu einer hitzigen Auseinandersetzung führen. Wird der Regler in solchen Fällen auf die Inhibitionsfähigkeit angewandt, wäre er weiter links vorzufinden, weil »auf den Putz« gehauen wird. Das ist ab und zu auch in Ordnung! Ziel wäre aber, dass der Regler sich dann zügig wieder nach rechts bewegt und die Diskutant*innen sich wieder beruhigen und mit klarem Kopf eine Lösung finden.

4.2 Arbeitsgedächtnis und Selbstregulation

Im Vergleich zum Kurzzeitgedächtnis, das Informationen nur für eine begrenzte Dauer im Gedächtnis hält, hat das Arbeitsgedächtnis die Funktion, mit Informationen zu »hantieren« (Wright & Diamond 2014). Man merkt sich also im Kurzzeitgedächtnis die Zutaten für einen Kuchen, überlegt aber im Arbeitsgedächtnis, wie die Zutaten zu einem luftigen Teig vermengt werden können, wägt die Dauer des Backens ab und kalkuliert das eigene Vorgehen zeitlich so, dass der Kuchen fertig und abgekühlt ist, wenn die Gäste eintreffen.

Das Arbeitsgedächtnis beobachten

Das Arbeitsgedächtnis kann im Kita-Alltag u.a. in folgenden Situationen beobachtet werden:

- Das Kind erinnert und erledigt Arbeitsaufträge mit zwei Inhalten, die keine Routineaufgaben sind.
- Das Kind kann sich beim Memory-Spielen an die Motive der aufgedeckten Kärtchen erinnern, die seinem eigenen Spielzug vorausgingen.
- Das (Vorschul-)Kind kann eine kurze Geschichte nacherzählen.
- Das (Vorschul-)Kind kann in sinnvoller Reihenfolge und verständlich berichten, was es am Wochenende erlebt hat.
- Das Kind kennt den Tagesablauf der Kita.
- Das Kind kennt die geltenden Regeln, sich z.B. abzumelden, wenn es in einen anderen Raum geht.
- Das Kind kann Besitz den anderen zuordnen (wem gehört welcher Hausschuh, ich bringe dir den anderen Gummistiefel, ...)
- Das Kind weiß, welches Kind und welche Erzieher*in in welche Gruppe gehören.
- Das Kind kennt interessensabhängig themenspezifische Bezeichnungen (z.B. Baustellenfahrzeuge).
- Das Kind weiß, wo seine Jacke hängt, auch wenn es die Garderobe nicht sieht.
- Das Kind beherrscht nach mehreren Wiederholungen ein neues Lied, das in einem Angebot in der Gruppe eingeführt wird.
- Das Kind erinnert sich an eine oder alle Spielregeln eines einfachen Spieles, das es am Vortag erlernt hat.
- Das Kind nimmt eine Tätigkeit wieder auf, die es am Tag vorher beenden musste. (»Da mache ich morgen weiter.«)
- Das Kind kann eine ca. fünfminütige Aufgabe verfolgen, wenn es hin und wieder ermutigt wird.
- Das Kind kann eine Aufgabe, die an es gerichtet wird, ohne Verzögerung erledigen, auch wenn es dafür zum Beispiel eine Spielhandlung unterbrechen muss.
- Das Kind kann mit Unterstützung zwischen zwei Optionen abwägen, zum Beispiel, wenn es entscheiden soll, was es im Moment machen möchte.
- Das Kind kann Spielsachen an den dafür gedachten Platz zurückräumen.

(in Anlehnung an Dawson & Guare 2012)

Das Arbeitsgedächtnis unterstützen

Im Kita-Alltag bieten sich viele und vielfältige Gelegenheiten, die kindliche Selbstregulationsfähigkeit zu unterstützen und dadurch zu fördern. Beim Teilaspekt des Arbeitsgedächtnisses sind das vorwiegend Situationen, in denen die Merkfähigkeit und Abrufbarkeit von Wissen, Regeln und Abläufen beansprucht wird, sowie das »mentale Hantieren« damit.

Alltägliche Ansatzpunkte, um die Selbstregulationsfähigkeit über das Unterstützen des Arbeitsgedächtnisses zu stärken, sind zunächst äußere Strukturen:

- Klare Strukturen im Raum und in der Verwahrung der Spiel- und Bastelmaterialien
- Bebildern des Tagesablaufes, um es den Kindern zu erleichtern, die Tagesstruktur zu verinnerlichen.

Memory spielen fordert und fördert das Arbeitsgedächtnis und die Inhibition in vielfacher Weise.

Ein weiterer wichtiger Punkt zur Stärkung der Selbstregulationsfähigkeit über das Arbeitsgedächtnis sind sprachliche Begleitung und dialogische Haltung:

- Mehrschrittige Arbeitsaufträge in Verbindung mit unterstützenden Hilfsmitteln (z.B. bebilderte Abfolgen von Teilschritten in die sprachliche Erklärung einbinden; beim Aufzählen der drei Dinge, die das Kind holen soll, die Finger zu Hilfe nehmen und jedem Finger einen Gegenstand zuordnen)
- Handlungsbegleitendes Sprechen
- Gedankengänge versprachlichen

Aufmerksam verfolgen die Kinder das Fingerspiel. Sprache und Motorik zu koordinieren fällt dabei nicht jedem gleichermaßen leicht. Die Sprache unterstützt die motorische Handlung, da sie gewissermaßen eine Anleitung zum Tun gibt, und sie hält zusätzlich die Konzentration aufrecht.

- Im Dialog das Kind zum Mitdenken anregen
- Im Dialog das Kind dazu ermutigen, vorhandenes Wissen zu aktivieren und mit neuen Inhalten zu erweitern
- Im Gespräch Impulse geben, die das Kind zum Nachdenken anregen
- Das Kind zu mehrschrittigen Handlungen ermutigen: Es soll sich mehrere Dinge merken und sie nacheinander ausführen
- Regelmäßig neue Lieder und bewegungsbegleitete Lieder, Fingerspiele, Reime anbieten

Der Junge kann durch die klar strukturierte Arbeitsumgebung völlig in sein Tun versinken. Hoch konzentriert bearbeitet er seine selbstgewählte Aufgabe.

Am Ende des Unterkapitels möchte ich zwei komplexe Beispiele geben, wie das Arbeitsgedächtnis in konkreten Situationen unterstützt werden kann:

Der Aufmerksamkeitsfokus ist gerichtet, das Arbeitstablett unterstützt die Kinder, sich ganz und gar auf ihr Tun zu konzentrieren.

Luisa und Hanna kennen die Regeln für die Freiarbeitsmaterialien gut und wissen, wie sie damit arbeiten können. Sie kennen alle Teilschritte: auf dem Tisch Platz machen, das Material aus dem Regal herausholen und zum Tisch bringen, sich setzen und mit der Aufgabe beginnen. Am Ende müssen sie alle Materialien wieder in den Ausgangszustand zurückbringen und dann ins Regal an den dafür vorgesehenen Platz zurückstellen. In dieses Vorgehen wurden beide Kinder achtsam von der Erzieherin eingeführt. Mittlerweile sind sie sehr geübt darin und können selbstständig und planvoll an die Tätigkeiten herangehen. In der klaren Anordnung der Materialien in den Regalen finden sie Orientierung und einen eindeutigen Aufforderungscharakter. Bilder auf den Regalbögen unterstützen darin, die Arbeitsmaterialien auch wieder zurückzustellen. Diese aussagekräftigen Rahmenbedingungen schaffen Struktur und ermöglichen Selbsttätigkeit. Die Kinder können sich auf ihr Tun konzentrieren. Die Lernumgebung ist gut strukturiert, die Vorgänge sind sorgfältig eingeübt: Beste Bedingungen für kreatives Schaffen!

Eine Schleife binden können, das möchte Rosa!

Zeigen, beschreiben, unterstützen – aufmerksam verfolgt das Kind die Demonstration der Erzieherin.

Rosa möchte lernen, eine Schleife zu binden. Sie hat sich bereits einmal mit dem dafür vorgesehenen Übungsmaterial beschäftigt. Ihre Erzieherin beobachtet sie in ihrem Tun und bemerkt, dass Rosa mehr Unterstützung benötigt, um die beiden Fäden zu überkreuzen. Sie hat den nächsten Teilschritt, der für Rosa auf dem Weg zum Schleife-Binden liegt, erkannt und bietet ihr Unterstützung an. Der Vorgang ist komplex und fordert Rosas Arbeitsgedächtnis, sie muss die Teilschritte und dazugehörigen Bewegungen erinnern und in Handlung umsetzen. Die Fachkraft strukturiert durch äußere Hilfen Rosas Tun, indem sie die Bewegungen der Hand zuerst noch begleitet und führt, sich dann aber zurückzieht und nur noch verbale Unterstützung gibt. Hat Rosa die sprachliche Begleitung verinnerlicht, übernimmt sie diese selbst, und die sensible Fachkraft kann sich auch in diesem Punkt zurückziehen. Indem sie nach und nach die Hilfestellung abbaut, vergrößert sie Rosas Eigenaktivität. Das achtsame Beobachten und Anbieten von Unterstützungsbedarf ist nicht nur für das motorisch komplexe Vorgehen des Schleife-Bindens hilfreich. Rosa erfährt dadurch eine wichtige Unterstützung, um ihren Aufmerksamkeitsfokus aufrechtzuerhalten. Sie bleibt in ihrem Tun. In dieser Situation werden die exekutiven Funktionen zugleich entlastet und gefördert: Das Aufrechthalten des Aufmerksamkeitsfokus geht nicht nur auf das Arbeitsgedächtnis, sondern auch auf Inhibitionsleistung zurück. Das exakte Trennen der Teilfunktionen ist in Alltagshandlungen meist schwierig und ggf. auch gar nicht zielführend – vielmehr geht es darum, welcher Teilaspekt zu welchem Zeitpunkt gefordert ist und in welchem Zusammenhang er mit einem anderen Teilaspekt steht.

4.3 Inhibition und Selbstregulation

Menschen ist es eigentümlich, dass sie auf Reize, die die Umwelt und Mitmenschen an sie richten, reagieren. Sie antworten darauf, in dem sie ihr Handeln den Reizen entsprechend ausrichten (Wright & Diamond 2014).

Bei Kindern ist das auch so – und zwar noch direkter. Während Erwachsene kurz innehalten, ehe sie reagieren und blitzschnell überlegen, welche Reaktion jetzt die angemessene sein könnte, reagieren Kinder direkt. Die Inhibitionsfähigkeit ist noch nicht so weit ausgebildet, dass Kinder den reflektierenden Zwischenschritt umsetzen könnten. Besonders deutlich wird das, wenn ein Wechsel in der Anforderung vorliegt. Dann kann es durchaus sein, dass Kinder die Regeln, die im unmittelbar vorherigen Kontext noch galten, weiter aufrechterhalten. Sie können sozusagen die alte Regel noch nicht aus ihrem Gedächtnis wegwischen, um eine neue einzusetzen.

Die Fähigkeit oder Noch-Nicht-Fähigkeit zur Inhibition ist meist in deutlich emotionalen Situationen zu beobachten. Wenn ein Kind im Spiel verliert, ihm ein Spielzeug von einem älteren Kind weggenommen wird, es nach dem Schlafen seine Mama vermisst oder auf etwas warten muss, dann sind das Situationen, in denen das Kind in seiner Inhibitionsfähigkeit gefordert ist.

Der Kita-Alltag stellt zahlreiche Herausforderungen an das Inhibitionsvermögen der Kinder. Oft geht es darum abzuwarten: Warten an der Reihe zu sein; warten bis einem geholfen wird; auf das Essen warten; warten, bis alle anderen angezogen sind und wir endlich raus dürfen. Warten ist die Erwartung, dass ein (Grund-)Bedürfnis befriedigt wird.

Die zweite Anforderung an die Inhibition bezieht sich auf den Emotionsausdruck: vor Wut das Spiel durch den Raum zu werfen, aus Ärger dem Freund das Auto auf den Kopf zu knallen oder vor Frust laut loszuweinen. Seine Gefühle angemessen auszudrücken und sich von einem emotionalen Ereignis erholen zu können, ist eine sehr herausfordernde Aufgabe für das Kind.

Reflektieren pädagogische Fachkräfte, wann und in welchen Situationen es zu noch schlecht regulierten Verhaltensweisen kommt, stellen sie oft schnell zwei wesentliche Faktoren fest: Das Kind ist müde bzw. vom Tag erschöpft oder das Kind ist hungrig – etwa kurz vor dem Mittagessen. In diesem Fall ist nicht nur das Kind müde! Auch die exekutiven Funktionen sind erschöpft, sie benötigen eine Pause (und neue Energie!). Bekommen sie das nicht, wird es für das Kind ein unermesslicher Kraftakt, seine Emotionen im Griff zu haben. In diesen Situationen benötigt es viel mehr co-regulierende Unterstützung als in ausgeglichenen Situationen. Das ist völlig normal und sollte berücksichtigt werden.

Die Inhibition beobachten

An diesen Beispielsituationen lässt sich die Inhibition im Kita-Alltag beobachten:

- Das Kind schafft es (mit Unterstützung oder vielleicht erst teilweise), erst dann seine Gedanken zu äußern, wenn es im Morgenkreis an der Reihe ist.
- Das Kind kann (mit Unterstützung) Wutanfälle beenden.
- Bekommt das Kind nicht, was es möchte, kann es sich in kurzer Zeit beruhigen.
- Das Kind kann kurze Zeit warten, ohne zu stören.
- Das Kind kann eine kleinere Aufgabe bis zum Ende durchführen und sich auf eine Pause freuen, z.B. erst aufräumen und dann zusammen einen Apfel essen.

(in Anlehnung an Dawson & Guare 2012)

Achtsam, ohne einen Laut, geben die Kinder die Glocke im Kreis herum.

Die Inhibition unterstützen

Über folgende Ansatzpunkte kann im Kita-Alltag die Selbstregulationsfähigkeit über die Entlastung der Inhibition unterstützt und gestärkt werden:

- Symbole unterstützen Regeln, z.B.: ein Stoppschild an Türen oder Schränke, die die Kinder nicht alleine öffnen dürfen
- Trainieren des Abwarten-Könnens mithilfe von Sanduhren oder Redesteinen
- Bei kleinen Kindern den Reiz-Gegenstand (das Streitobjekt) aus dem Blickfeld nehmen – aus den Augen, aus dem Sinn!
- Sitzkissen anbieten, damit die Kinder sich »erden« können
- Momente der Stille und Achtsamkeit üben
- Malen von Mandalas, ggf. unterstützt durch leise, beruhigende Musik
- Stille-Zeiten mit anschließender Reflexion, wie es sich anfühlt, still zu sein: Wo im Körper spürt man das auf welche Weise? Wie kann ich mich selbst beruhigen und in die Stille bringen?

Auch das Unterkapitel zur Inhibition möchte ich mit einem komplexen Beispiel schließen, wie die Inhibition in einer konkreten Situation unterstützt werden kann:

Marie möchte ihrer Erzieherin etwas erzählen. Ihr ist deutlich anzusehen, dass es dringend ist. Frau Schmidt ist jedoch noch im Gespräch mit einem anderen Kind und kann Marie nicht sofort zuhören. Sie nimmt ihre Hand, sieht sie an und sagt mit ruhiger Stimme: »Marie, ich erkläre hier gerade Rosa das Schleife-Binden. Bitte warte einen Augenblick, bis ich dir zuhören kann.« Frau Schmidt führt in Ruhe die Erklärungen zu Ende, Marie bleibt dicht an ihrer Seite stehen. Jetzt wendet sich Frau Schmidt ihr zu und Marie berichtet erleichtert, dass sie ihr Bild zu Ende gemalt hat und jetzt mit ihrer Freundin in den Garten gehen möchte.

Marie kann diese Situation aushalten, da sie auf ihre Erfahrungen mit Frau Schmidts Zuverlässigkeit zurückgreift. Dass sie sich dicht an ihre Erzieherin herandrängt, hilft ihr in zweierlei Hinsicht: Einerseits bleibt sie mit ihr in Kontakt und hält ihr Vertrauen aufrecht: »Sie wird mich nicht vergessen, auch wenn sie mich gerade nicht ansieht und mit einem anderen Kind redet! Ich bin immer noch im Kontakt mit ihr, denn ich spüre, wie sie meine Hand hält.« Zum anderen hält Marie, solange sie Frau Schmidt berührt, ihre Aufmerksamkeit aufrecht und wird sich genau daran erinnern, was sie Frau Schmidt erzählen wollte.

4.4 Kognitive Flexibilität und Selbstregulation

Sich in erwartungswidrigen Situationen flexibel zu verhalten, fällt Kindern ungeheuer schwer. Selbst Erwachsene haben teilweise Schwierigkeiten, sich spontan auf Veränderungen einzustellen und von einer geplanten Vorgehensweise abzulassen. Kognitive Flexibilität benötigt ein gewisses Entwicklungsmaß des Arbeitsgedächtnisses und der Inhibition, um überhaupt sichtbar zu werden (Zelazo et al. 2003).

Wie das funktioniert, lässt sich gut anhand des Marshmallow-Tests beschreiben. In Kapitel 2.2 wurde dargestellt, welche großen Leistungen aller exekutiven Funktionen Kinder aufbringen müssen, um den Verzehr ihrer Lieblingssüßigkeit so lange aufzuschieben, bis die Versuchsleiterin zurückkommt und sie mit der doppelten Portion belohnt.

Die Aussicht auf eine leckere Süßigkeit ergibt sich für die Kinder in einer Situation, die nicht ihren üblichen Erwartungen entspricht: Normalerweise, wenn ich Süßigkeiten sehe und bekomme, darf ich sie auch gleich essen. Das Kind muss also flexibel reagieren. Statt seinem Bedürfnis nachzugeben, das Marshmallow zu vernaschen, muss es auf alternative Strategien zurückgreifen oder sich eine neue Strategie ausdenken, die es ihm ermöglicht, dem Reiz zu widerstehen. Dieses Bedenken von Alternativen setzt im ersten Schritt die Fähigkeit zur Inhibition voraus. Denn hemmt das Kind sein Bedürfnis auf Süßigkeiten nicht, kommt es erst gar nicht zum alternativen Plan. Beim Zurückgreifen auf bereits bekannte Lösungsmöglichkeiten – z.B. sich ablenken oder den Reiz ausblenden – hilft das Arbeitsgedächtnis. Dort werden bekannte Strategien an eine vorherrschende Situation angepasst und verfeinert. Kognitive Flexibilität bedeutet in diesem Fall also, mit einer unvorhergesehenen Situation spontan umzugehen, sich von seinen Erwartungen zu distanzieren und diese Differenz mit dem Aktivieren und Neukreieren von Alternativen zu überwinden. Dabei handelt es sich um einen ziemlich komplexen Vorgang (vgl. Mischel 2016).

Ähnlich komplex verhält es sich mit einem Teilaspekt der kognitiven Flexibilität: dem Perspektivwechsel. Der Perspektivwechsel wird einem Kind etwa im Alter von 3,5 bis 4 Jahren – wenn auch noch instabil – möglich. Nachvollziehen zu können, dass andere Menschen eigene Sichtweisen und Gedanken haben, setzt voraus, sein eigenes Wissen zu »unterdrücken«, es kurzzeitig hintenanzustellen. Natürlich soll dieses Wissen nicht gänzlich vergessen werden, daher muss es trotzdem im Gedächtnis gehalten werden. Parallel dazu muss das Kind die Vorstellungskraft für andere Sichtweisen aufbringen. Das wird unterstützt von bisherigen Erfahrungen, die neu angepasst, überarbeitet oder kombiniert werden müssen – weshalb der Perspektivwechsel wieder mit der Arbeitsgedächtnisleistung zusammenhängt.

Ein Beispiel soll das verdeutlichen: Tim und Hannes spielen mit Handpuppen und inszenieren hinter dem Kasperletheater ein lustiges Spiel zwischen Kasperl und dem Krokodil. Aus Erfahrung wissen sie, dass es beim Kasperletheater dazugehört, Zuschauer zu haben, die vor der Theaterbühne sitzen. Sie sind vom Spiel und der Aktion völlig vereinnahmt und vergessen, hinter der Wand des Kasperltheaters verborgen zu bleiben: Neben den Köpfen der Puppen sind ihre eigenen mitten in der Szenerie.

Das Beispiel verdeutlicht die Schwierigkeit für Kinder, zwischen ihrer eigenen Wahrnehmung und der anderer zu differenzieren. Obwohl die beiden Jungen aus Erfahrung wissen, dass normalerweise nur die Puppen im Bühnenausschnitt zu sehen sind, ist ihnen im Moment des Spielens (noch) nicht bewusst, dass sie selbst sichtbar sind. Auf natürliche Weise jedoch lernen die Kinder es nach und nach, sich versteckt zu halten. Sie bekommen Rückmeldungen von den zuschauenden Peers: »Ah, man kann euch ja sehen! Ich denke, ihr müsst euch so hinter der Wand wegducken, dass wir euch nicht sehen können.« Auch die feinfühlige Fachkraft kann hier ggf. intervenieren, indem sie den Kindern ihre Beobachtung schildert: »Ich sehe neben dem Kasperle ja den Tim und den Hannes! Wen spielst du, Tim? Wen spielst du, Hannes? Soll ich euch hier in der Szene sehen? Was meinst du? Oder soll ich nur eure Stimmen hören?«

Die kognitive Flexibilität beobachten

An diesen Beispielsituationen kann die kognitive Flexibilität im Kita-Alltag beobachtet werden:

- Das Kind kann ohne große Aufregung akzeptieren, wenn es eine Planänderung gibt.
- Das Kind kann sein Spiel unterbrechen und sich auf eine andere Tätigkeit einlassen.
- Das Kind kann sein Verhalten ändern oder anpassen, wenn es von einem Erwachsenen ein Korrektiv erhält.
- Ein älteres Kind kann dem jüngeren bei der Auswahl eines Spielmaterials, das beide haben wollten, nachgeben und stattdessen etwas anderes Attraktives auswählen.
- Das Kind kann sich von einer anderen als seiner Bezugsbetreuer*in trösten lassen, wenn diese nicht da ist.

(in Anlehnung an Dawson & Guare 2012)

Die kognitive Flexibilität unterstützen

Im Kita-Alltag kann die Selbstregulationsfähigkeit über die kognitive Flexibilität einerseits durch Entlastung, andererseits durch Forderung gestärkt werden.

Entlastend wirken:

- Transitionen mit akustischen Signalen einleiten und unterstützen (Aufräum-Lied, Essensgong)
- Den Wechsel vom Freispiel zum Angebot begleiten, indem die Kinder darin unterstützt werden, zur Ruhe zu kommen (z.B. kann ein Glöckchen herumgereicht werden – lautlos!)
- Regelmäßig stattfindende Waldtage (o.ä.) mit einem Symbol kommunizieren (z.B. über ein Kettchen mit einem Holzstück, das am Kindergartentäschchen befestigt wird – das Kind weiß, dass morgen Waldtag ist, und kann sich darauf einstellen – und die Eltern auch!)
- Die Anwesenheit der pädagogischen Fachkräfte mit Bildern kommunizieren: Zeigt das Foto das

Gesicht der Person, ist sie da, ist nur der Hinterkopf zu sehen, ist sie heute nicht da – das Kind kann sich beim Ankommen darauf einstellen, mit wem es den Tag verbringen wird.

Fordernd und fördernd wirken:

- Bewegungsspiele erfordern ein schnelles Reagieren auf sich ständig verändernde Situationen, und dennoch muss das Ziel des Spiels im Fokus gehalten werden. Bei Spielen mit dem Schwungtuch z.B. sind einmal alle Kinder mit gelben T-Shirts gefordert, den Platz zu wechseln, in der nächsten Runde sind es alle Kinder mit langen Haaren, dann alle Kinder, die vier Jahre alt sind, etc.

Beim Ballspiel sind alle Beteiligten gefordert, ihr Bewegungsverhalten an die Absichten des Mitspielenden anzupassen. Blitzschnell müssen sie sich darauf umstellen, anpassen und reagieren.

Ein Junge möchte sich ausprobieren. Den Stelzenlauf beherrscht er bereits. Geschickt (d.h. kognitiv flexibel) stellt er sich einer neuen Herausforderung mit dem bekannten Bewegungsmaterial und passt sein bereits eingeübtes Bewegungsrepertoire den Stufen an.

- Gesellschafts- und Rollenspiele erfordern und fordern ein stetig flexibles Verhalten, denn jedes Mal sind alle Akteur*innen mit neuen und unvorhergesehenen Situationen konfrontiert. Trotz konstanter Regeln verändert sich der Spielverlauf stetig – nie wird es eine vollständig identische Wiederholung geben.
- Beim Rollenspiel übernimmt das Kind die Perspektive anderer Charaktere und übt sich dadurch ganz von selbst im Perspektivwechsel. Es muss auf die Mitspielenden reagieren, sie einbeziehen und sich an den Spielverlauf anpassen.

- Weitere Anforderungen an die kognitive Flexibilität beim Rollenspiel sind für das Kind, dass es seine Rolle ausfüllen muss, in dem es die Bewegungen und Gewohnheiten oder auch das spezifische Vokabular zu imitieren versucht, um die Rolle möglichst authentisch darzustellen (vgl. Deffner 2017).
- Auch beim Raufen und Kräftemessen kommen diese Anforderungen zum Tragen. Der sensible Einsatz eigener Kräfte setzt voraus, dass Rücksicht genommen und die Perspektive gewechselt wird. Kinder üben dies von klein auf, sofern sie die Gelegenheit dazu bekommen.

Ob im Rollenspiel mit dem Pferd …

… oder im Rollenspiel mit der Freund*in: Kinder passen sich dem Spielverlauf an, reagieren auf Ungeplantes, lassen sich von spontanen Ideen leiten.

Die beiden Jungen üben sich darin, bei aller »Wildheit« selbst gesteuert zu sein. Beim Raufen Rücksicht zu nehmen – und trotz starker Emotionen ein Ende zu finden –, erfordert eine gut entwickelte kognitive Flexibilität.

Auch dieses letzte Unterkapitel zur Beobachtung und Unterstützung der exekutiven Funktionen soll mit einem komplexen Beispiel schließen. Es verdeutlicht, wie Kinder drin unterstützt werden können, mithilfe ihrer kognitiven Flexibilität ihr Verhalten an eine unvorhergesehene Anforderung anzupassen:

Roman, Jusuf und Salim spielen mit ihren Autos im Flur. Es geht wild her, denn die Fahrer machen mutige Stunts und lassen die Autos von hohen Rampen herunterrasen. Die Autos fliegen kreuz und quer und auch unkontrolliert über den Flur. Ein Passieren des Flurabschnittes ist nicht mehr gut möglich. Einige der kleineren Kinder werden dadurch verunsichert und brechen ihren Gang zur Turnhalle ab. An sich ist das Spielen im Flur erlaubt, jedoch unter der Prämisse, den Durchgang breit genug zu lassen, so dass ungestört hin- und hergegangen werden kann. Eine Fachkraft beobachtet den Konflikt und verhilft den Jungen zur Rücksichtnahme. Sie erklärt ihnen, warum sie ihr Spiel kurz unterbrechen müssen, und bittet sie, mit ihr zu überlegen, wie viel Platz sie für ihr Spiel in Anspruch nehmen können, damit der Durchgangsverkehr weiterhin stattfinden kann. Die Jungen nehmen den Hinweis auf und bauen eine Abgrenzung für Ihren Bereich. Selbstständig können sie dann darauf achten, diese definierte Zone einzuhalten und sich darin zu begrenzen.

4.5 Methoden für die Praxis

In diesem Unterkapitel finden Sie Methoden, um im pädagogischen Alltag die Entwicklung eines Kindes im oben beschriebenen Sinne systematisch zu beobachten, zu dokumentieren und zu begleiten.

Bitte beachten Sie: Wenn Sie ein Kind beobachten, ist das nur eine Momentaufnahme – eine Beobachtung dessen, was das Kind in genau diesem Moment zeigen kann. Des Weiteren stellen die hier vorgestellten Methoden eine Auswahl dar, aus der sich die Fachkraft in sorgfältigem Abwägen mit dem jeweiligen Ziel für das Kind bedienen kann. Keineswegs muss jede Methode auf jedes Kind angewandt werden.

Die Arbeit mit den Methoden kann auch Diskussionen in den Teams anregen.

- Was ist unser Ziel für die Kinder?
- Wie unterstützen wir die Kinder darin bereits?
- Was können wir zusätzlich machen oder anders machen?

Vielleicht ergeben sich aus einer solchen Auseinandersetzung neue oder konkreter formulierte Ziele für die Kinder – und daraus resultierend – Handlungsveränderungen innerhalb der pädagogischen Arbeit des Teams.

Methode: Exekutiven Funktionen beobachten und fördern

Ziel: Exekutive Funktionen im Alltag beobachten, analysieren und fördern.
Zielgruppe: einzelnes Kind, Teilgruppe oder ganze Gruppe
Beschreibung: Da sich die exekutiven Funktionen erst im Verlauf des Kindergartenalters entwickeln (vgl. Kapitel 2.2), sind sie nicht immer komplett vorhanden. Es kann sein, dass in der einen Situation selbstreguliertes Verhalten bereits gut möglich ist, in einer anderen Situation aber nicht. Oder dass an einem Tag das Verhalten schon gut reguliert klappt, am nächsten Tag aber keineswegs. Wie bei allen Kompetenzentwicklungen gibt es auch hier instabile Phasen.

Deswegen bietet es sich an, das selbstregulierte Verhalten in einzelnen Situationen und ggf. über einen längeren Zeitraum zu beobachten. Auch wenn selbstreguliertes Verhalten durch das Zusammenspiel der einzelnen Komponenten der exekutiven Funktionen zustande kommt, ist es hilfreich eine Situation zu analysieren, indem die drei Bereiche Arbeitsgedächtnis, Inhibition und kognitive Flexibilität zunächst separat beobachtet werden.

In einer Situation kann jede Komponente einerseits gefordert und andererseits entlastet werden.

Es empfiehlt sich, beim einzelnen Kind unterschiedliche Situationen zu beobachten, um Parallelen festzustellen, Ideen zur Förderung eines Teilbereiches der exekutiven Funktionen zu bündeln und dadurch Synergieeffekte erzeugen zu können.

Name des Kindes: ....

Alter des Kindes zum Zeitpunkt der Beobachtung .... Beginn: .... Ende: ....

Beobachtungszeitraum: ....

Beobachtete Situation:

	beansprucht durch	entlastet durch	gefördert durch
Arbeitsgedächtnis			
Inhibition			
Kognitive Flexibilität			

Exekutive Funktionen beobachten und fördern

Methode: Der EF-Regler

Ziel: in einer speziellen Situation einzelne Bereiche der exekutiven Funktionen analysieren und gezielt unterstützen.
Zielgruppe: einzelnes Kind
Beschreibung: In Situationen, die als herausfordernd erlebt und erkannt werden – wenn ein Kind mehr Unterstützung benötigt also sonst –, bietet es sich an, die Beobachtung mit der Frage zu beginnen: »Was ist eigentlich das Problem – unter dem Gesichtspunkt der exekutiven Funktionen betrachtet?« Die Antwort auf diese Frage kann mithilfe des »Reglers« (vgl. Kapitel 4.1) abgebildet werden. Wo wäre dieser Regler in der zu betrachtenden Situation? Ganz links mit der Aussage »gar nicht reguliert« oder ganz rechts: »voll und ganz reguliert«? Oder irgendwo dazwischen?

Nach der allgemeinen Betrachtung wird der Fokus auf eine der Komponenten der exekutiven Funktionen gerichtet:

- Welcher Bereich der exekutiven Funktionen ist aktuell am meisten gefordert?
- Welchen Bereich der exekutiven Funktionen muss das Kind zur Bewältigung der Situation am meisten beanspruchen?

Auch wenn der Regler für das Kind ganz links gesetzt wird, lohnt es, zu bedenken: An Tagen, an denen es ihm doch gelingt, was ist dann anders? Die Antwort könnte Hinweise darauf geben, welche Unterstützung das Kind benötigt, um die jeweilige Situation zu bewältigen.

Situation:

Aktuelles Problem:

Wie selbstreguliert ist .... in der Situation insgesamt:
Welcher Teilbereich (AG, Inh, Flex) der EF ist für .... in dieser Situation besonders gefordert: ....

noch nicht gut selbstreguliert | bereits gut selbstreguliert

Nächstes Entwicklungsziel innerhalb dieser Situation: welches Ziel der Selbstregulation wäre für .... realistisch und anstrebenswert? Markieren Sie es auf der Skala

Unterstützung/Entlastung der EF durch:

noch nicht gut selbstreguliert | bereits gut selbstreguliert

Wie könnten Sie die Situation für das Kind gestalten, damit es sich stetig und Schritt für Schritt besser selbst regulieren kann?

Der EF-Regler

Methode: Die Zone der nächsten Entwicklung identifizieren und gestalten

Ziel:
- Systematisches Analysieren des aktuellen Kompetenzniveaus eines einzelnen Kindes
- Ableiten des als nächstes anzustrebenden Kompetenzniveaus des Kindes
- Planen der Hilfestellungen und Unterstützungen, die das Kind in der daraus resultierenden nächsten Zone seiner Entwicklung benötigt – Einbeziehen vorhandener Ressourcen des Kindes und Eruieren weiterer Ressourcen, die Sie, das Team oder die Peer-Gruppe dem Kind zur Verfügung stellen können

Zielgruppe: einzelnes Kind
Beschreibung:

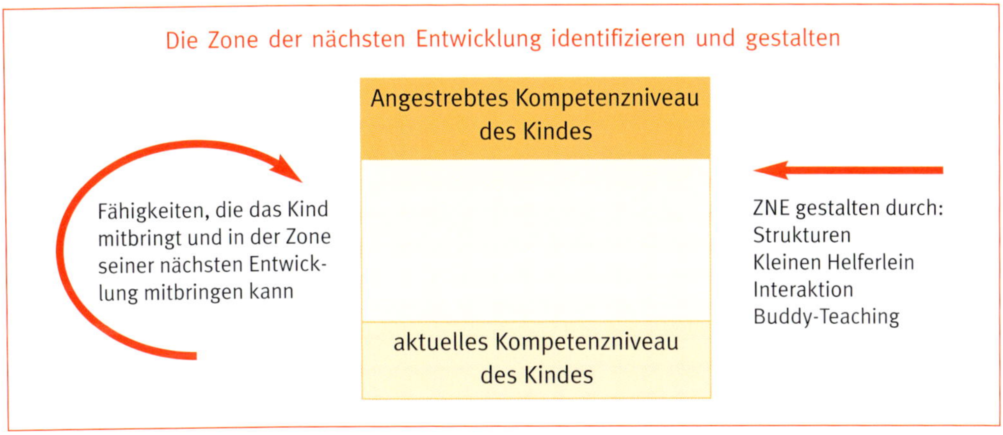

Die Zone der nächsten Entwicklung identifizieren und gestalten.

Diese Methode eignet sich, um sich einen Überblick über den aktuellen Entwicklungsstand eines Kindes zu verschaffen. Damit kann analysiert werden, welche Kompetenzen ein Kind bereits mitbringt, um die nächste Zone seiner Entwicklung anzugehen.

Die vorhandenen Kompetenzen werden analysiert und dem angestrebten Kompetenzniveau gegenübergestellt. Auf dieser Grundlage kann entschieden werden, welche Strukturen das Kind braucht, um die definierte Entwicklungszone zu bewältigen. Die Fachkraft legt fest, welche Unterstützung sie dem Kind anbieten kann, sodass es sich selbsttägig in seiner Entwicklung erlebt und das angestrebte Ziel erreicht.

Ergänzende Leitfragen für die Methode »Die Zone der nächsten Entwicklung identifizieren und gestalten«

Ziel: s. o.
Zielgruppe: einzelnes Kind
Beschreibung: Als Ergänzung und Vorbereitung zur zuletzt beschriebenen Methode oder auch als separate Methode zur Analyse der Zone der nächsten Entwicklung können folgende Leitfragen herangezogen werden:

- Wie ist das aktuelle Kompetenzniveau des Kindes zu beschreiben?
- Welche Teilkompetenzen sind beobachtbar?
- Welches könnte die nächste Entwicklungsaufgabe des Kindes (=ZDP) sein?
- Welche Kompetenzen bringt das Kind dafür bereits mit?
- Welche Unterstützung benötigt das Kind, um die nächste Entwicklungsaufgabe zu meistern? Was bieten wir/ich ihm konkret an?

Methode: Der gute Rahmen

Ziel: einen entwicklungsförderlichen Rahmen gestalten
Zielgruppe: einzelnes Kind, Teilgruppe oder ganze Gruppe

Der gute Rahmen

Geben Sie Kindern einen »guten entwicklungsförderlichen Rahmen.

Angelehnt an die Zone der nächsten Entwicklung: welches sind die 4 wichtigsten »Rahmenbedingungen«, die Sie für das Kind gestalten können, um es bei der Erreichung des nächsten Zieles zu unterstützen?

Beschriften Sie den Rahmen:
Welches ist die Rahmenbedingung?
Was tun Sie, um diesen zu gestalten?

Der gute Rahmen

Beschreibung: Entwicklung zu begleiten bedeutet aus pädagogischer Sicht: Entwicklung möglich machen. Die Fachkraft ist hier demnach auch eine Möglichmacher*in.

Die vorliegende Methode macht den entwicklungsförderlichen Rahmen sichtbar. Wenn für ein einzelnes Kind Entwicklungsziele erörtert oder auch für eine Teilgruppe der Kinder jetzt anstehende Entwicklungsziele festgelegt wurden, dann schließt sich die Frage an, ob der Rahmen dafür passt. Welche tragfähigen Bedingungen machen einen »guten«, d.h. entwicklungsförderlichen Rahmen aus?

Was könnten Fachkräfte tun, damit die Kinder nicht aus dem Rahmen fallen, sondern ihre Entwicklungsaufgaben bewältigen können?

Beschriften Sie den Rahmen: Er hat vier Seiten, jede soll eine Rahmenbedingung (oder auch Regel) repräsentieren. Am Ende werden vier Gelingensbedingungen ermittelt und mit konkreten Handlungsideen gekoppelt.

Denken Sie daran: Nichts ist so sicher wie Veränderung! Auch Rahmenbedingungen ändern sich immer wieder. Sie verändern sich nicht grundsätzlich, sondern graduell – in dem Maß, wie sich auch die Entwicklungsaufgaben verändern. Deswegen lohnt es sich, dieses Instrument immer wieder heranzuziehen und zu überprüfen, ob die Rahmenbedingungen immer noch zum Ausdruck bringen, was vom Kind erwartet wird.

Anwendung der Methoden

Die Methoden können separat eingesetzt oder als aufeinander aufbauend angewandt werden. Optimal ist allerdings ein dreischrittiges Vorgehen:
Schritt 1: Die exekutiven Funktionen einschätzen (mit der Methode »Exekutive Funktionen beobachten und fördern« oder »Der EF-Regler«)
Schritt 2: Die Zone der nächsten Entwicklung definieren (mit der Methode »Die Zone der nächsten Entwicklung identifizieren und gestalten« zzgl. der Leitfragen)
Schritt 3: Den Handlungsrahmen ableiten (mit der Methode »Der gute Rahmen«)

Diese Vorschläge zur Einschätzung des kindlichen Entwicklungsstandes mit einem abschließenden Handlungsplan bieten eine sinnvolle Vorbereitung für die Arbeit mit dem Portfolio, die im nächsten Kapitel vorgestellt wird.

Literatur

Bauer, D., Evers W., Otto, M., & Walk, L. (2017): Förderung exekutiver Funktionen durch Raumgestaltung. Bad Rodach: ZNL/Wehrfritz.

Dawson, P., & Guare, R. (2012): Schlau, aber ...: Kindern helfen, ihre Fähigkeiten zu entwickeln durch Stärkung der Exekutivfunktionen. Mit praktischen Tipps und Übungen. Mannheim: Huber.

Deffner, C. (2017): Förderung der exekutiven Funktionen im Setting der Psychomotorik. In: motorik. Nr. 40(2), S. 63-66.

Diamond, A., & Wright, A. (2014): An effect of inhibitory load in children while keeping working memory load constant. In: Frontiers in psychology. Nr. 5, S. 213-222.

Mischel, W. (2016): Der Marshmallow-Effekt. Wie Willensstärke unsere Persönlichkeit prägt. München: Pantheon.

Walk, L., & Evers, W. (2013): Förderung exekutiver Funktionen. Wissenschaft, Praxis, Förderspiele. Bad Rodach: ZNL/Wehrfritz.

Zelazo, P. D., Müller, U., Frye, D., & Marcovitch, S. (2003): The development of executive function in early childhood. Monographs of the society for research in child development. Nr. 68(3), S. 1-137.

I'M

5. Instrumente zur Beobachtung exekutiver Funktionen im Kita-Alltag

Pädagogische Fachkräfte brauchen eine fachlich fundierte Beobachtungs- und Analysekompetenz. Sie müssen in der Lage sein, die Entwicklung, das Lernen und die Beweggründe des Handelns jedes Kindes zu verstehen. Die aktuelle geistige, körperliche, soziale und emotionale Entwicklung ihrer Bezugskinder muss analysiert, dokumentiert und in Handlungsangebote umgesetzt werden.

Beobachtungen sind die Grundlage für die Planung der pädagogischen Prozesse in der Kita. Ein fortwährender Zirkel aus Beobachten, Analysieren, Festlegen von Zielen und deren Umsetzung im Alltag der Kinder sowie nachträglicher Reflexion sichert ein planvolles und professionell begründbares pädagogisches Handeln. Kurz-, mittel- und langfristige Ziele strukturieren einerseits den Prozess der pädagogischen Arbeit, machen ihn nachvollzieh- und reflektierbar. Andererseits wird dadurch die Gestaltung einer entwicklungsherausfordernden Umgebung gesichert.

In diesem Zusammenhang ist adaptive Instruktion (vgl. Kapitel 6.1) ein Zeichen von Professionalität. Das Kind bzw. die Kindergruppe wird in den zu fördernden Entwicklungsbereichen, orientiert an ihren eigenen Bedürfnissen und Interessen, »abgeholt«. Das erfordert eine hohe Flexibilität in der Planung und Gestaltung alltagsintegrierter Angebote. Ein passendes soziales, strukturelles und räumlich-materielles Umfeld sichert, dass sich die Kinder in ihrer »Komfortzone« wohlfühlen und in ihren jeweiligen Zonen der nächsten Entwicklung lernen können.

Beobachtungen nehmen die individuelle Entwicklung – also das Verhalten jedes einzelnen Kindes mit seinen Besonderheiten – in den Blick. Kinder entwickeln sich nicht über alle Entwicklungsbereiche hinweg gleich, es entwickelt sich immer komplex. Dennoch gibt es Zeitpunkte, in denen zu beobachten ist, dass sich bestimmte Bereiche rasanter entwickeln als andere. Diese Heterogenität nimmt, je älter ein Kind wird, immer mehr zu (Michaelis 2012).

Besonders schnell »springt« uns in der pädagogischen Praxis unangemessenes, zumeist aggressives Verhalten an. Beim ressourcenorientierten Beobachten merkt man schnell, dass Kinder durch ihr Verhalten signalisieren, dass in ihrer sozialen Umwelt etwas nicht stimmt. Vielleicht fehlt ihnen die Geborgenheit in der Kindergruppe, Zuwendung oder auch passende Herausforderungen, um zu lernen.

Eine stete Anwendung der verschiedenen, im Handlungsfeld bekannten und benutzten Beobachtungsinstrumente sichert, dass Entwicklungsstörungen frühzeitig erkannt und Maßnahmen zur Unterstützung des Kindes gefunden werden können (Viernickel & Völkel 2009). Dazu gehört das Beobachten der Sprache, der Denkentwicklung – inklusive der exekutiven Funktionen – und des Sozialverhaltens jedes einzelnen Kindes, aber auch das Wohlfühlen in der Kindergruppe. In Kapitel 2.3 wurde auf die Bedeutung positiver Beziehungen besonders zu anderen Kindern, aber auch zu Erwachsenen eingegangen.

Sehr einfach anzuwenden ist das Instrument der »Grenzsteine der Entwicklung« (Michaelis 2012). Ziel dieses Instruments ist, Risikolagen zu erkennen.

Bspw. muss ein dreijähriges Kind, aufgrund seiner motorischen Entwicklung, »mit deutlichem Armschwung« gehen können. Es kann Hindernisse umsteuern und plötzlich anhalten (Laewen o.J.). Sind diese beschriebenen Fähigkeiten und Kompetenzen im entsprechenden Lebensalter nicht zu beobachten, ist das ein Warnsignal und fordert zum Handeln auf. In Kooperation mit der Familie und Kolleg*innen von Fachdiensten (Psycholog*innen, Ärzt*innen) müssen ggf. bestehende Risikolagen diagnostiziert und entsprechende Maßnahmen zur Förderung der Kinder eingeleitet werden.

In diesem Kapitel werden weitere Beobachtungsinstrumente vorgestellt. Jedem liegt eine spezifische Sicht auf das Lernen und die Entwicklung von Kindern zugrunde. Dennoch bewegen sich alle innerhalb der disziplinübergreifenden Sichtweise, die wir in diesem Buch entwickelt haben. In die Beschreibungen und Deutungen fließen medizinische, psychologische und pädagogische Perspektiven ein und ermöglichen ein umfassendes Bild auf Lern- und Entwicklungsprozesse von Kindern im Kita-Alter.

Für alle folgenden Instrumente zur Beobachtung der Entwicklung exekutiver Funktionen gilt, dass sie Instrumente der professionellen Beobachtung sind. Der Unterschied zwischen der sogenannten Alltagsbeobachtung und der in professionellen Kontexten ist erheblich (Döring & Bortz 2006). Letztere werden bewusst mithilfe von Beobachtungsinstrumenten oder -verfahren gemacht. Während BRIEF-P und PERIK Instrumente mit klar benannten Kriterien sind, haben das phänomenografische Beobachten, die Learning Storys, die Bildungs- und Lerngeschichten, sowie die Arbeit mit Portfolios, die Kultur und die Eigenart des Lernens jedes Kindes im Blick. BRIEF-P, das phänomenografische Beobachten und die Learning Storys werden zudem international im Bereich der Frühen Kindheit angewendet und weiterentwickelt.

Literatur

Döring, N., & Bortz, J. (2006): Forschungsmethoden und Evaluation für Human- und Sozialwissenschaftler. Heidelberg: Springer.

Laewen, H.-J. (o.J.): Grenzsteine der Entwicklung. Ein Frühwarnsystem für Risikolagen. URL: https://mbjs.brandenburg.de/media/5lbm1.c.107479.de.

Michaelis, R.: (2012): Die ersten 5 Jahre. Vom Baby zum Vorschulkind: Wie sich Ihr Kind entwickelt. Stuttgart: Trias.

Viernickel, P., & Völkel, P. (2009): Beobachten und Dokumentieren im pädagogischen Alltag. 4. Auflage. Freiburg i. Br.: Herder.

5.1 BRIEF-P

Carmen Deffner

BRIEF-P steht für »Behavior Rating Inventory of Executive Function – Preschool Version«. Dieser Test ist ein Messinstrument, das als Fremdbeurteilungsinstrument bei Kindern im Alter von zwei bis sechs Jahren eingesetzt wird. Die Beobachtung der exekutiven Funktionen beziehen sich sowohl auf das Verhalten des Kindes zu Hause als auch auf das in der Kindertageseinrichtung. Das BRIEF-P besteht aus 63 Beobachtungsfragen, die fünf verschiedene Aspekte der exekutiven Funktionen betrachten: Inhibition, Aufmerksamkeitswechsel, Emotionale Kontrolle, Arbeitsgedächtnis und Planen/Organisieren. Dieses Instrument wird überwiegend im klinischen Setting eingesetzt und auch dafür empfohlen. Ärzt*innen und Psycholog*innen holen sich parallel zu ihrer Diagnostik die Einschätzungen von Eltern, engen Bezugspersonen des Kindes und den Betreuungspersonen in der Kita ein und lassen diese in ihre Diagnose einfließen (Daseking & Petermann 2013).

Literatur

Daseking, M., & Petermann, F. (2013): BRIEF-P. Verhaltensinventar zur Beurteilung exekutiver Funktionen für das Kindergartenalter. Göttingen: Hogrefe.

5.2 PERIK

Carmen Deffner

Der PERIK (»Positive Entwicklung und Resilienz im Kindergarten«) ist ein Instrument zur Beobachtung von Kindern durch die pädagogische Fachkraft. Er eignet sich für Kinder im Alter von 3,5 Jahren bis zum Schuleintritt. Vorgegebene Beobachtungsfragen ermöglichen eine strukturierte Beobachtung. Weiterhin ist auf den Beobachtungsbögen Platz für Notizen der Pädagog*innen. Unter Berücksichtigung der seelischen Gesundheit und der Entwicklung schulrelevanter Fähigkeiten erfasst der PERIK die Resilienzentwicklung des Kindes. Dafür zieht er die Aspekte Kontaktfähigkeit, Selbststeuerung/Rücksichtnahme, Selbstbehauptung, Stressregulierung, Aufgabenorientierung und Explorationsfreude heran.

Zu den Beobachtungskriterien, welche die Dimension »seelische Gesundheit« einschätzen, gehören Items wie Selbstakzeptanz, Optimismus und auch Kompetenzen zur Stressbewältigung. Zu den Kriterien, die den Bereich »Schulfähigkeit« erfassen, gehören die kindlichen Fähigkeiten zur Selbstregulation sowie soziale Kompetenzen wie Selbstständigkeit und die Fähigkeiten, mit anderen zu kooperieren und sich an Regeln zu halten. Obwohl die Auswertung sowohl qualitativ wie auch quantitativ möglich ist, liegt der Schwerpunkt für die pädagogische Arbeit in der Kita sicherlich bei der qualitativen Auswertung, die es ermöglicht, förderliche Maßnahmen ressourcenorientiert abzuleiten.

Literatur

Mayr, T., & Ulich, M. (2006). PERiK – Positive Entwicklung und Resilienz im Kindergartenalltag: Begleitheft zu den Beobachtungsbögen. Freiburg i. Br.: Herder.

5.3 Das Lernen beobachten

In diesem Kapitel stellen wir drei weitere Beobachtungsinstrumente vor, die besonders gut dafür geeignet sind, exekutive Funktionen zu beobachten und zu beschreiben und das Lernen von Kindern zu dokumentieren: das phänomenografische Beobachten, die Arbeit mit Learning Storys sowie mit Bildungs- und Lerngeschichten. Auf den ersten Blick wirken sie ähnlich, auf den zweiten weisen sie jedoch feine Unterschiede auf. Gemeinsam ist allen drei Instrumenten, dass entweder Spielsituationen oder von den Kindern selbst gewählte Arbeiten Anlass für eine Beobachtung sind. Beobachtet wird in Situationen, die frei von direkter Einflussnahme durch Erwachsene oder sehr viel ältere Kinder sind.

5.3.1 Phänomenografisches Beobachten

Ina Schenker

Nähert man sich an die Kultur der Kinder an, lässt man sich von deren Spiel »mitreißen«, taucht tief in ihre Inhalte und Themen ein. Beim phänomenografischen Beobachten wird meist durch Videosequenzen dokumentiert. Filmen ist eine relativ objektive Art festzuhalten, was man sieht und hört. Filmen hat Charme, man kann sich Szenen mehrmals, in einem wechselnden Teilnehmer*innenkreis, anschauen. Aufgabe der pädagogischen Fachkräfte ist zu verstehen, was Kinder bewegt, welche Inhalte sie gerade beschäftigen und wie sie in der Gruppe miteinander leben. Es wird nicht »über die Köpfe der Kinder hinweg«, sondern »mit den Augen der Kinder« geforscht (Stieve 2010, S. 29). Es geht um ein dialogisches Verfahren des gegenseitigen Verstehens: Beobachtung, Dialog über das Beobachtete und die Dokumentation des Erfahrenen gehen Hand in Hand.

Pädagogische Fachkräfte nehmen beim phänomenografischen Beobachten am Alltag der Kinder teil, sie sitzen nicht hinter einer Glasscheibe. Dennoch sind sie mit einer Kamera vor dem Gesicht oder dem Handy in der Hand (nur zum Filmen!) vor den Fragen der Kinder geschützt. Sind Kinder gewohnt, dass sie beobachtet werden, ist das Dokumentieren für sie normal; sie brauchen keine Faxen mehr zu machen. Präsenz und Aufmerksamkeit der Erwachsenen sind ihnen auch ohne Herumalbern sicher. Nach einer gewissen Zeit der »Eingewöhnung«, in der viel gefilmt wird, wo Kinder selbst filmen dürfen, in der jedes klitzekleine Video angeschaut und kommentiert wird, beginnt das phänomenografische Beobachten. Die Kinder sind jetzt so wie immer und merken nicht mehr, dass sie gefilmt oder fotografiert werden. Im Gegenteil, ihre Anstrengungsbereitschaft ist besonders hoch. Die Präsenz der Erwachsenen fördert die Konzentration und Kreativität der Kinder. Durch die Vorbereitungsphase auf das filmische Beobachten haben sie gelernt, ihr eigenes Handeln wahrzunehmen. Sie sind erfreut darüber, dass die Pädagog*innen sich für ihr Tun, ihre Beweggründe dafür und das, was sie gespielt oder geschaffen haben interessieren.

Momente des Spielens, der Gespräche der Kinder untereinander, des Miteinander-Tuns, werden festgehalten. Der Unterschied zu den Learning Storys oder den Bildungs- und Lerngeschichten besteht darin, dass nicht die Erwachsenen die Situation deuten, sondern die Kinder erklären die gefilmten Situationen. Sie erzählen und beschreiben, was auf dem Video oder Foto zu sehen ist, was sie in der dokumentierten Situation getan und gedacht haben. Phänomenografisches Beobachten hat zum Ziel, die Kultur der Kinder zu beschreiben. Nur die Perspektive der Kinder ist bedeutsam – nicht das, was die Erwachsenen sehen, sehen wollen oder interpretieren. Die Erwachsenen beobachten eine Welt, die neben der ihrigen existiert – die Welt der Kinder. Eltern, Pädagog*innen und andere Erwachsene sehen, wie Kinder Eindrücke vom Zusammenleben mit anderen Menschen in ihrer sozialen Umwelt sammeln. Die Kultur der Kinder entsteht auch dadurch, dass sie sich auf ihre ganz individuelle Art und Weise den Geruch, den Geschmack, die Eigenschaften aller Dinge »einverleiben«, die sie umgeben. So sammeln sie auch ihre Erfahrungen im Umgang mit anderen, die sich im Spielen wiederfinden: fantasievoll interpretiert, umgestaltet, im Austausch mit den anderen Kindern geteilt und weiterentwickelt. Für Erwachsene ist es ein großes Glück, überhaupt Zugang zu bekommen.

Jeder Mensch weiß, was mit dieser Kinderkultur gemeint ist: Wir waren alle einmal Kind. Wir können von Orten, Erlebnissen und Erfahrungen erzählen, die für uns wichtig waren. Mit anderen Kindern, ohne die Erziehung der Erwachsenen, fand das wahre Kinderleben statt. Das phänomenografische Beobachten nimmt Momente in den Blick, in denen sich Kinder von den Erwachsenen lösen, eigenaktiv tätig sind und ihr Grundbedürfnis nach Selbstständigkeit ausleben. Im Fokus der Aufmerksamkeit der pädagogischen Fachkräfte stehen Spielsituationen oder Tätigkeiten, die von den Kindern freiwillig ausgewählt wurden.

Ludwig (4 Jahre) sitzt am Tisch. Ein Becher mit blauer und einer mit grüner Farbe stehen vor ihm. Ludwig arbeitet mit der grünen Farbe, einen Pinsel in der Hand, einen Locher neben sich. Vor ihm liegt ein leeres Blatt. Immer wieder nimmt er sich grüne Farbe aus dem Becher und verrührt sie. Sein Blick ist auf seine Arbeit gerichtet. Nach und nach tupft er Punkte auf das Blatt.

Warum hat die pädagogische Fachkraft gerade diesen Moment festgehalten, der eher unbedeutend wirkt? Was ist so außergewöhnlich daran? Warum hat sich ihr Blick gerade auf diese Situation gerichtet? Vielleicht war es der Locher, der eigentlich nicht zu Farbe und Pinsel passte? Durch die Beobachtung allein erfährt sie nicht, was Ludwig gestaltet. Sie muss ihn fragen. Fragen dienen als Ausgangspunkt, um die Sichtweise des Kindes auf die Motive ihres Tuns, auf ihr Verständnis von Welt zu ergründen und zu erfahren.

Präsenz durch Filmen, Miteinander-Reden, durch Orientierung des pädagogischen Handelns an den Interessen und Bedürfnissen der Kinder: So entsteht eine positive Beziehung oder sogar Bindung der Pädagog*innen zur Kindergruppe. Phänomenografisches Beobachten hilft, um tief in die Gedanken- und Erfahrungswelt der Kinder einzutauchen. Die Gespräche beim gemeinsamen Betrachten der kurzen Filme oder Fotos geben den Erzieher*innen Rückmeldungen über die subjektiven Sichtweisen der Kinder. Sie erfahren, wie das Kind sich selbst und seine Umwelt wahrnimmt.
Beobachtungen, besonders die phänomenografischen, haben direkte Auswirkungen auf das

Erziehungs- und Beziehungsverhalten (vgl. Kapitel 2.3). Pädagog*innen bekommen einen anderen Blick. Sie erleben, dass ein Kind, das ihnen bisher immer als »frech«, »aggressiv« oder »hippelig« auffiel, kreativ ist, immer coole Spielideen hat, mit denen es andere Kinder begeistern kann. Vielleicht übernimmt es viel Verantwortung für die Planung und Gestaltung eines Rollenspiels, ist der »Chef« in der Gruppe. Für Kinder ist phänomenografisches Beobachten eine Chance: Ändert sich der »erzieherische Blick« dadurch, dass die Ressourcen und Bedürfnisse der Kinder wahrgenommen werden, ändern sich sofort die Formen der pädagogischen Interaktionen (Bortz & Döring 2006).

Fragen zur Reflexion des eigenen erzieherischen Handelns können sein:

- Dürfen bzw. müssen Erwachsene alles sehen und erfahren?
- Haben Kinder nicht ein Recht darauf, unbeobachtet, unbewacht und eigenverantwortlich spielen zu können?
- Können Kinder im gemeinsamen Tun demokratisches Verhalten lernen, oder »bestimmen« die Erwachsenen alles?

Möchte man das Ziel phänomenografischen Beobachtens in einem Wort beschreiben, wäre das: verstehen.

Literatur

Bortz, J., & Döring, N. (2006): Forschungsmethoden und Evaluation für Human- und Sozialwissenschaftler. Heidelberg: Springer.

Stieve, C. (2010): Sich von Kindern irritieren lassen. Chancen phänomenologischer Ansätze für Ethnografie der frühen Kindheit. In: Schäfer, G. E., & Staege, R. (Hrsg.): Frühkindliche Lernprozesse verstehen. Ethnografische und phänomenologische Beiträge zur Bildungsforschung. Weinheim: Beltz Juventa.

5.3.2 Learning Storys

Petra Evanschitzky

Der Ansatz der Lerngeschichten

Dem Deutschen Jugendinstitut ist es zu verdanken, dass mit dem Projekt »Bildungs- und Lerngeschichten im Elementarbereich – Instrument zur Konkretisierung und Umsetzung des Bildungsauftrags« (2004-2007) ein neuer Blick auf die Entwicklung von Kindern und vor allem auf die Dokumentation ihrer Bildungsprozesse entstehen konnte. Das Instrument der Bildungs- und Lerngeschichten, wie es das DJI adaptiert hat, wird in Kapitel 5.3.3 beschrieben. Im Folgenden möchte ich die Philosophie und die handlungsleitenden Stränge des Ansatzes darstellen, der sich in Neuseeland unter dem Begriff »learning stories« etabliert hat. In Deutschland spricht man inzwischen ebenfalls von Learning Storys oder den Lerngeschichten.

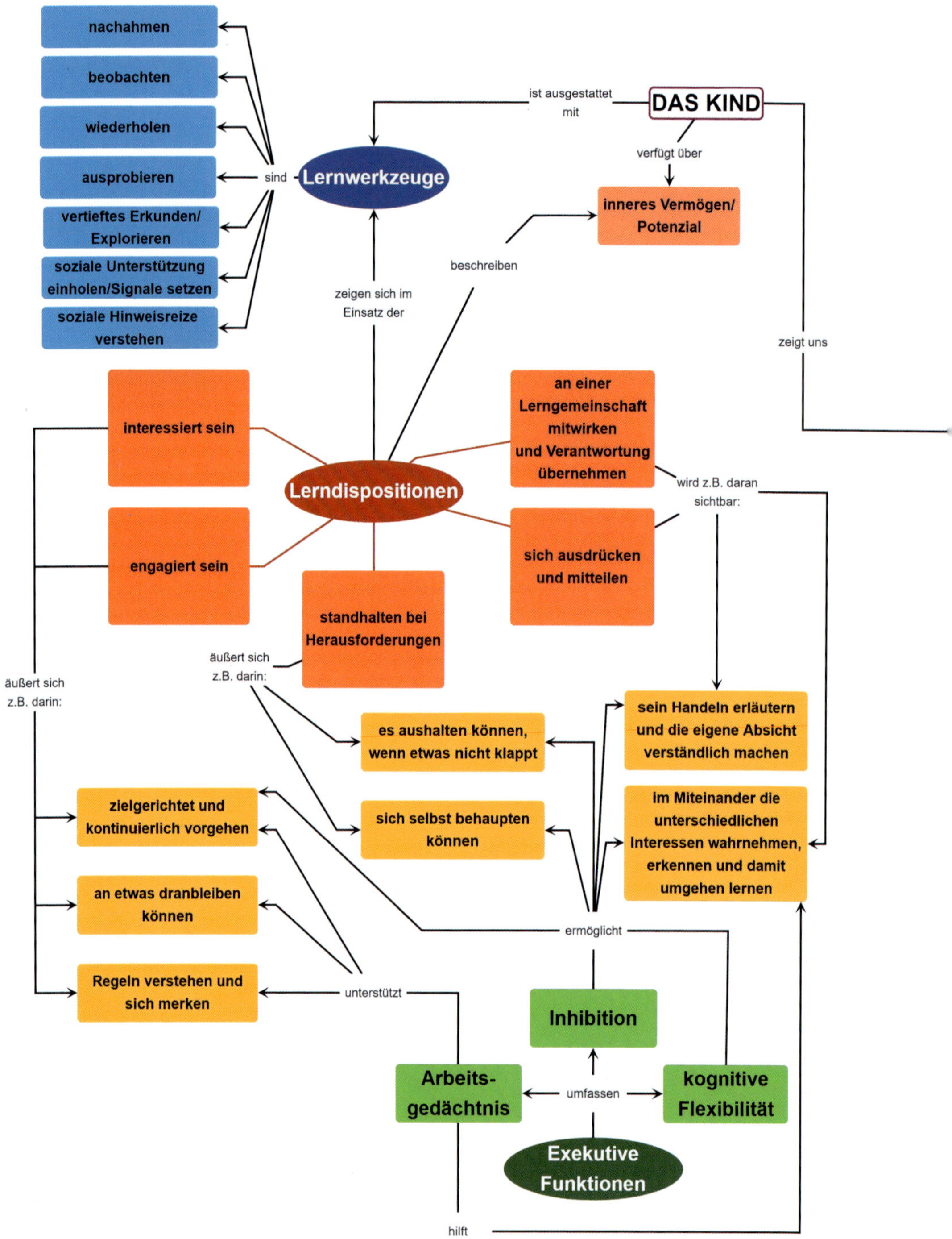
DAS KIND
ist ausgestattet mit
verfügt über
inneres Vermögen/ Potenzial
zeigt uns
Lernwerkzeuge
sind
nachahmen
beobachten
wiederholen
ausprobieren
vertieftes Erkunden/ Explorieren
soziale Unterstützung einholen/Signale setzen
soziale Hinweisreize verstehen
zeigen sich im Einsatz der
beschreiben
Lerndispositionen
interessiert sein
engagiert sein
standhalten bei Herausforderungen
an einer Lerngemeinschaft mitwirken und Verantwortung übernehmen
sich ausdrücken und mitteilen
wird z.B. daran sichtbar:
äußert sich z.B. darin:
äußert sich z.B. darin:
es aushalten können, wenn etwas nicht klappt
sich selbst behaupten können
sein Handeln erläutern und die eigene Absicht verständlich machen
im Miteinander die unterschiedlichen Interessen wahrnehmen, erkennen und damit umgehen lernen
zielgerichtet und kontinuierlich vorgehen
an etwas dranbleiben können
Regeln verstehen und sich merken
ermöglicht
unterstützt
Inhibition
Arbeits-gedächtnis
umfassen
kognitive Flexibilität
Exekutive Funktionen
hilft

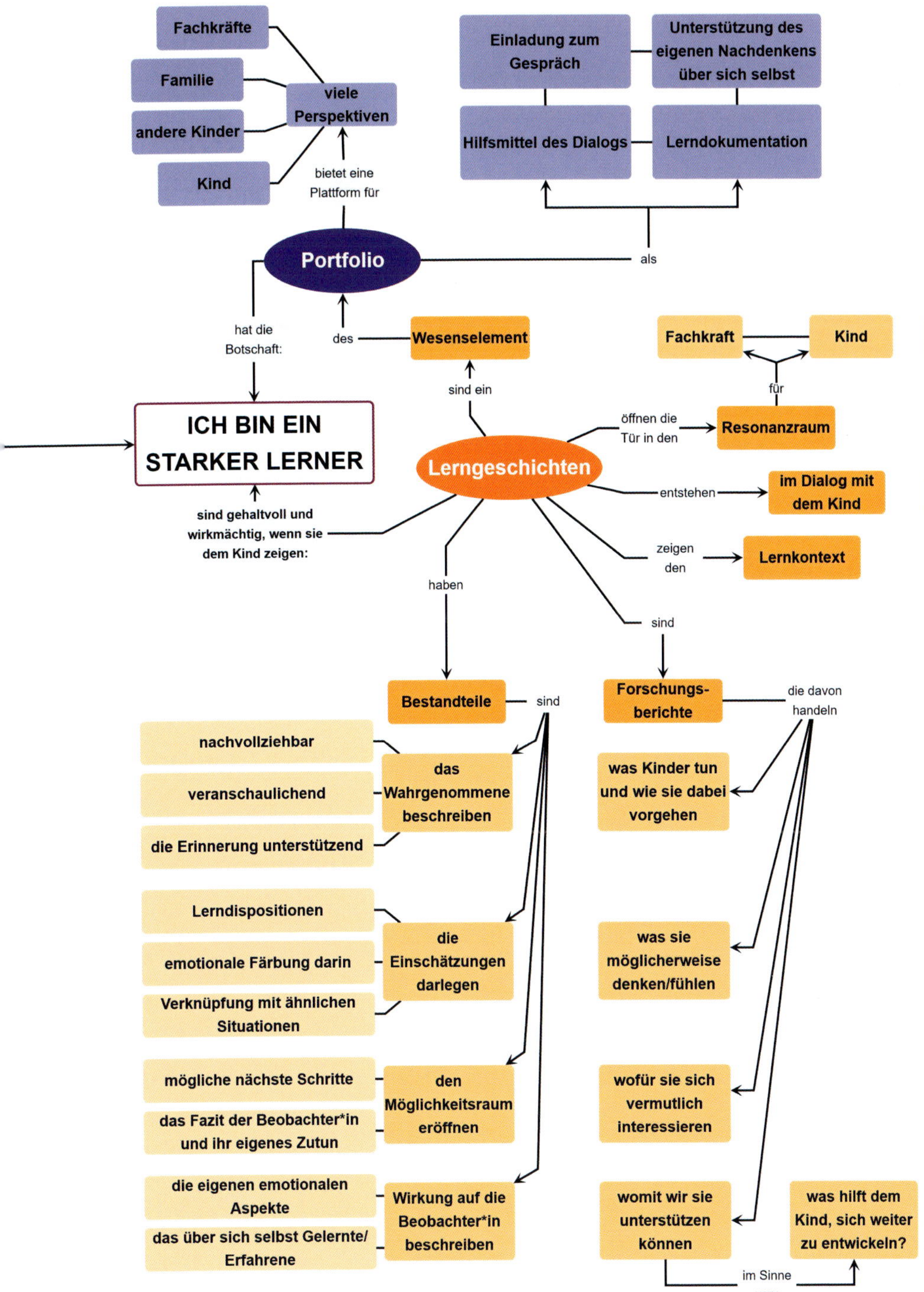
Fachkräfte
Familie
andere Kinder
Kind
viele Perspektiven
bietet eine Plattform für
Einladung zum Gespräch
Unterstützung des eigenen Nachdenkens über sich selbst
Hilfsmittel des Dialogs
Lerndokumentation
Portfolio
als
hat die Botschaft:
des
Wesenselement
Fachkraft
Kind
für
sind ein
ICH BIN EIN STARKER LERNER
öffnen die Tür in den
Resonanzraum
Lerngeschichten
entstehen
im Dialog mit dem Kind
sind gehaltvoll und wirkmächtig, wenn sie dem Kind zeigen:
zeigen den
Lernkontext
haben
sind
Bestandteile
sind
Forschungs-berichte
die davon handeln
nachvollziehbar
veranschaulichend
die Erinnerung unterstützend
das Wahrgenommene beschreiben
was Kinder tun und wie sie dabei vorgehen
Lerndispositionen
emotionale Färbung darin
Verknüpfung mit ähnlichen Situationen
die Einschätzungen darlegen
was sie möglicherweise denken/fühlen
mögliche nächste Schritte
das Fazit der Beobachter*in und ihr eigenes Zutun
den Möglichkeitsraum eröffnen
wofür sie sich vermutlich interessieren
die eigenen emotionalen Aspekte
das über sich selbst Gelernte/ Erfahrene
Wirkung auf die Beobachter*in beschreiben
womit wir sie unterstützen können
was hilft dem Kind, sich weiter zu entwickeln?
im Sinne von:

Pädagogische Fachkräfte, die den Ansatz der Lerngeschichten für ihre Beobachtungen wählen, verfolgen dabei mehrere Ziele: Sie sensibilisieren ihren Blick für Alltagssituationen, kleinere und größere Momente des Lernens. Sie üben sich im genauen Hinschauen, um Kinder in ihrem Handeln besser zu verstehen. Sie schreiben ihre Wahrnehmungen und Deutungen auf, um sie dem Kind rückzumelden und über das Beobachtete in einen Dialog zu treten. Und sie leiten aus dem Beobachteten und dem Austausch mit dem Kind ab, ob das Kind Impulse brauchen könnte, die sein Interesse und sein Lernen vertiefen. Sie überlegen, was das Kind in seinem Lernen unterstützen könnte.

Über Lerngeschichten wird mehreres sichtbar: Momente des Lernens des Kindes; die Art und Weise, wie es die pädagogische Fachkraft berührt und was es bei ihr als Betrachterin ausgelöst hat; ihre Einschätzungen hinsichtlich des Lernthemas und ihre Reaktion dem Kind gegenüber, gegebenenfalls auch ihre Idee für mögliche nächste Schritte. Bereits ihre Aufmerksamkeit für das Tun des Kindes und erst recht das Vorlesen der Lerngeschichten ist ein Impuls für das Kind. Nach der Rückkopplungsschleife, dem Kind diese Wahrnehmung mitzuteilen, geht es weiter. Es entsteht ein neues Kapitel einer Lerngeschichte: Denn es wird festgehalten, wie das Kind auf diese Deutungen reagiert, welche Fäden es aufnimmt und ggf. weiterspinnt, oder aber wobei es die Fachkraft auch korrigiert, weil sie mit ihren Deutungen falsch lag.

Geschichten über solche Momente geben uns die Möglichkeit, das Lernen in dem Kontext zu betrachten, in dem es sich vollzieht. Lernen ist ein Prozess. Was gelernt wurde, also ein Ergebnis, zeigt sich – wenn überhaupt – erst mit zeitlicher Verzögerung. Wir wissen nicht, ob das Kind das, was es gerade tut, sich erst in diesem Vollzug aneignet oder ob es das nicht schon vorher gelernt hat und jetzt als Wissen und Können anwendet. Wenn pädagogische Fachkräfte nur darauf warten, dass es ein Ergebnis gibt, um daraus pädagogische Impulse abzuleiten oder gar den Erfolg einer Pädagogik daran zu messen, könnte das Warten lange dauern. Und auch dann können sie nicht sicher sein, dass das Ergebnis auf ihre Impulse zurückzuführen ist. Worauf sollte sich also die Aufmerksamkeit richten – wenn nicht auf ein Ergebnis? Auf das Tun, das Handeln des Kindes! Hierin liegt der Schlüssel für eine kindorientierte Pädagogik (Evanschitzky 2014 und 2016). Lerngeschichten helfen dabei, sichtbar werden zu lassen, was möglicherweise gerade im Kind geschieht, während es mit einer Sache beschäftigt ist. Zumindest kann man abwägen, welche Erfahrungen durch sein Handeln erzeugt werden. Dazu wird die Situation beschrieben: das, was man wahrnimmt, und wie man es deutet.

Lerngeschichten als so genanntes narratives Assessment – also eine Einschätzung in Erzählform – sind explizit nicht als objektive Messung konzipiert (Knauf 2017). Die subjektiven Interpretationen sollen den Einstieg in einen Diskurs ermöglichen, der die Zusammenarbeit und damit das Sustained Shared Thinking befördert.

Dafür die Form einer Geschichte zu wählen, hat noch einen weiteren Hintergrund. In Neuseeland, wo diese Form der Lerndokumentation von Margret Carr (1998, 2001) entwickelt wurde, sieht man sich auch in der Tradition der Maori, den ersten Bewohner*innen der Inseln. Die Maori überlieferten ihre Erfahrungen, ihre Werte und Überzeugungen mündlich von Generation zu Generation. Das Geschichten-Erzählen hatte etwas Identitätsstiftendes und letztlich auch etwas Pädagogisches: Denn was wichtig ist, weitergegeben zu werden, wird über Geschichten transportiert.

Lerngeschichten tragen daher auch eine Botschaft derjenigen Person in sich, die sie aufschreibt: Die Person sagt etwas darüber aus, was sie wie wahrgenommen und gedeutet hat und was es bei ihr selbst ausgelöst hat. Sie vermittelt dem Kind: So ist es bei mir angekommen, was ich bei dir gesehen habe, das denke und fühle ich dabei, das vermute ich, was dir in deinen nächsten Schritten weiterhelfen könnte.

Silas (3;8 Jahre) an der Werkbank

Auszug aus einer Lerngeschichte für Silas

Wir waren zusammen an deiner Werkbank. Du nahmst zielstrebig die Säge, um an einer Holzleiste zu sägen, die du zuvor in den Schraubstock gespannt hattest. Ich schaute dir neugierig zu: Was würdest du wohl bauen? Gleich nach dem ersten abgesägten Stück kam das nächste, dann noch eins, dann noch eins. Dann kam das nächste Stück Holz dran … Ich fragte dich, was du bauen willst. Keine Antwort! Ich schlug vor, dass du aus den Holzleisten einen Turm bauen könntest. Wieder keine Antwort. Was hattest du vor? Ich wurde etwas unruhig, weil meine Kommentare und Fragen ins Leere liefen. Und dann die vielen Holzstücke – Verschwendung? Wie gut, dass ich doch noch weiter wartete! Denn ich war mit meiner ersten Vermutung offensichtlich auf dem Holzweg! Dein Plan war nämlich ein anderer: Du holtest eine Schüssel aus der Küche und stelltest sie unter das Holzstück im Schraubstock. Dann sägtest du weiter, diesmal ganz langsam, mit dem Blick prüfend, was da herunterrieselte. »Mehl!«, riefst du plötzlich aus: »Das ist ja Mehl!« Mit Feuereifer ging nun die Säge hin und her, du strahltest über das ganze Gesicht, sahst mich zwischendurch an. »Ja!«, antwortete ich. »Dazu sagt man auch Sägemehl! Du sägst, und es entsteht Mehl!« Du nahmst das Mehl in die Hand, es rieselte durch deine Finger: »Ganz weich!« Ich tat es Dir nach. »Ja!«, stimmte ich Dir zu. »Es fühlt sich an wie das Mehl beim Brotbacken!« […]

Was lernen Kinder, wenn sie in Aktion sind? Womit sind sie beschäftigt, welche pädagogischen Antworten bringen sie weiter? Und was, wenn unsere Ideen ins Leere laufen?

Pädagogisches Handeln darauf abzustimmen, was Kinder von uns brauchen, setzt voraus: Wir sollten verstanden haben, womit ein Kind sich gerade beschäftigt und was für es »dran« ist: Wir sollten sein Lernen hinter dem beobachtbaren Handeln und Verhalten erkennen. Wir sollten eine

Idee davon bekommen, was das Kind als nächstes tun und evtl. von jemand anderem brauchen könnte. Kurzum: Wir schauen genau, nehmen wahr, deuten und setzen Impulse, indem wir eigene Gedanken oder Gefühle äußern oder selbst handeln. Dabei gehen wir in Resonanz mit dem Kind, um uns zu vergewissern, dass das, was wir uns überlegt haben, auch der Lernspur des Kindes entspricht. Das ist Pädagogik vom Kind aus gedacht und gestaltet!

Wie schwer das ist, zeigt das Beispiel mit Silas. Die Schreiberin war zunächst auf einer falschen Spur, was das Interesse und Ziel seines Handelns betraf. Doch es ging Silas nicht ums Bauen und Herstellen eines Werks. Es ging ihm um das Sägemehl! Er zeigte es ihr, indem er ihre Einwürfe ignorierte. Keine leichte Aufgabe für Pädagog*innen, sich so offen zu halten!

Lerndispositionen: Die inneren Potenziale des Lernens

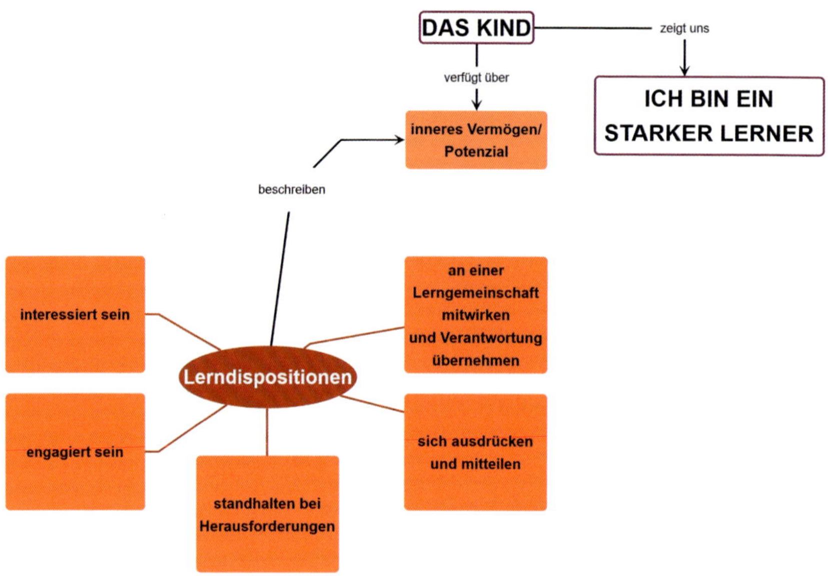

Lerndispositionen

Wenn wir Kinder in ihrem Spiel beobachten und sehen, wie sie sich mit etwas auseinandersetzen, können wir davon ausgehen, dass sie lernen. Ihre Neugierde und ihr Forschergeist treiben sie an. Dabei nutzen sie innere Potenziale, die sie quasi als eigene Anlage in sich tragen und die sie dazu veranlassen, sich unter bestimmten Bedingungen mit etwas auseinander zu setzen. Katz (1988) bezeichnet dieses innere Vermögen als Lerndispositionen. Diese hat Carr (1998, 2012) für die Konzeptentwicklung der Learning Storys als lerntheoretische Säule ausgearbeitet. Lerndispositionen sind keine zu erwerbenden Fertigkeiten. Sie beschreiben Aspekte der inneren Bereitschaft, sich Wissen und Fertigkeiten anzueignen, sich ein eigenes Bild von der Welt zu machen und sich Kompetenzen anzueignen. Das Kind zieht daraus die Motivation, sich mit neuen Anforderungen und Situationen auseinanderzusetzen und sie selbst mitzugestalten. Insofern kann man Lerndispositionen auch als wesentlichen Motor für Lern- und Bildungsprozesse verstehen (Deutsches Jugendinstitut DJI o.J.).

In der Physik spricht man von potenzieller Energie, die ein Gegenstand in sich trägt, und die bei Veränderungen in der Umgebung, durch Anstöße von außen sichtbar wird. Ein Ball, der auf einem Brett ruht, trägt eine solche Energie in sich. Wird er von außen angestoßen, oder hält man das Brett schief, beginnt er zu rollen. Seine potenzielle Energie wandelt sich in Bewegungsenergie um. Ähnlich verhält es sich mit einem Kind, das auf dem Boden sitzt und seinen Blick schweifen lässt. Mit einem Mal beginnt es, auf etwas zuzukrabbeln, steckt es in den Mund, untersucht es mit Händen und Füßen. Hier würde man sagen, dass die potenzielle Energie des Kindes darin besteht, neugierig-interessiert um sich zu schauen, die Wahrnehmungsantennen auf Empfang zu stellen. Die innere Energie der Neugierde wandelt sich um in Handlungsenergie und wird nun über das Krabbeln und intensive Erforschen sichtbar.

Carr (1998) hat dazu ein Diagramm erstellt, das den Zusammenhang zwischen den Dispositionen und dem, was wir bei Kindern an grundlegender Handlungsbereitschaft beobachten können, beschreibt:

potenzielle Energie/ grundlegende Disposition	**innere Haltungen/Handlungen (Lerndispositionen)**
Mut und Neugier	Interessiert sein
Vertrauen und Spielfreude	Engagiert und vertieft sein
Beharrlichkeit	Standhalten bei Herausforderungen
Zutrauen/Zuversicht	Sich mitteilen
Verantwortung, Gerechtigkeit und Fairness	Verantwortung übernehmen und an einer Lerngemeinschaft mitwirken

(Carr 1998 zit. n. Haas 2013, S. 25)

In der Adaptation des Lerngeschichtenkonzepts für die Alltagspraxis hat man sich darauf verständigt, vor allem die innere Handlungsbereitschaft als Lerndispositionen zu bezeichnen und als Anhaltspunkte für die Beobachtung und das Verstehen zu nutzen – denn aus diesen Anhaltspunkten heraus lassen sich die Lernthemen der Kinder erkennen. Wenn wir ermitteln, wie ein Kind an etwas herangeht, können wir das nur im Zusammenhang mit seiner Tätigkeit, die zugleich das Thema beinhaltet, mit dem es sich befasst.

Die Lerndispositionen sind eng verknüpft mit zugrunde liegenden Bedürfnissen. Das neuseeländische Curriculum beschreibt sie als Dimensionen. Zur Veranschaulichung dient das Eisbergmodell (nach Carr 1998):

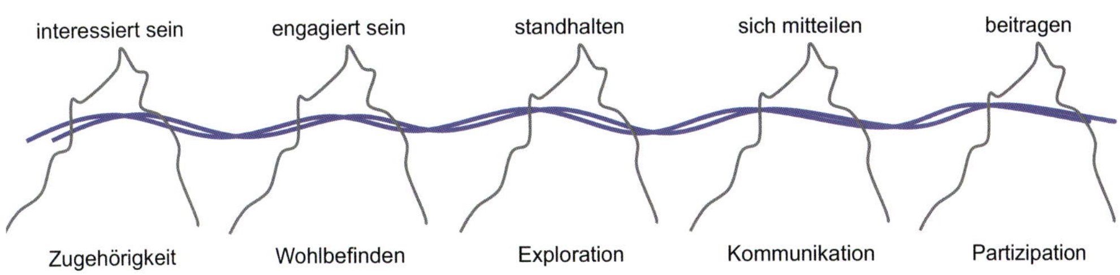

Auch in deutschen Bildungsplänen finden sich diese Dimensionen, wenn auch zum Teil in einer anderen Systematik beschrieben. Mit diesem Eisbergmodell wird deutlich: Es gibt einen sichtbaren, wahrnehmbaren Teil des Lernens und darunter liegende Entwicklungsthemen, die zu einem gelingenden Leben beitragen. Von Bedeutung ist, dass Pädagog*innen hier sehr feinfühlig auch auf nonverbale Signale achten, über die das Kind zeigt, wie es ihm geht und was es braucht.

Die Intensität von Handlungen gibt Aufschluss darüber, inwieweit die Lerndispositionen »Interessiert sein«, »Engagiert sein« und »Standhalten bei Herausforderungen« zur Entfaltung kommen.

Durch die Beachtung der sozialen Einbettung von Aktivitäten kann die Fachkraft Anhaltspunkte für die Lerndispositionen »Sich ausdrücken und mitteilen« und »An der Lerngemeinschaft mitwirken und Verantwortung übernehmen« finden (Leu 2007).

Baumgruppe, an der Sven, Mia und Alex spielen

Zufällige Beobachtung bei einer Hospitation in einem Kindergarten

Drei junge Kinder (ca. 3,5 Jahre) spielen an einer buschartigen Baumgruppe. Mia und Sven diskutieren eifrig, Alex hört zu:

Sven: »Also, hier dürfen jetzt nur die Jungs spielen.«

Mia: »Aber ich bin auch ein Junge.«

S: »Nein, bist du nicht. Du bist ein Mädchen.«

M: »Aber Mädchen dürfen hier auch spielen.«

Zunächst herrscht Schweigen. Sven und Alex klettern auf die sockelartigen Steine vor den Sträuchern, richten sich ihr Spielgelände mit Stöcken und einem größeren Spielzeugauto ein.

S: »Also, hier ist jetzt das Feuerwehrmagazin. Ich bin hier der Leiter. Alex, hol mal das Auto.«

M stellt sich mit dazu, klettert auf den Sockel, ist jetzt körperlich ganz dicht bei den beiden Jungs: »Ich spiele hier auch mit. Ich kann auch der Leiter sein.«

S: »Nein kannst Du nicht.«
M: »Doch, siehst du, ich bin auch hier oben.«
S wendet sich wieder Alex zu: »Alex, pass mal auf, ich will hierhin klettern.«
M: »Wir könnten doch hier einen Parkplatz für das Feuerwehrauto hinbauen.«
Die Kinder werden in ihrem Spiel unterbrochen, weil Mia von ihrem Papa abgeholt wird.
»Tschüss, bis morgen.«

Diese Episode, nicht als Lerngeschichte für die Kinder ausgearbeitet, weil von mir bei einem Besuch zufällig beobachtet, gibt Hinweise auf Lerndispositionen: Alle drei Kinder sind miteinander an einer Sache dran. Sie bilden eine (Lern-)Gemeinschaft.

Ihre Engagiertheit zeigt sich in unterschiedlichen Ausdrucksweisen: Mia, intensiv beobachtend, ihre Ansicht sehr deutlich verbal vertretend; sie bleibt körperlich präsent, nähert sich sogar, bringt sich stärker ins Geschehen ein. Sven, körperlich sehr agil, kletternd, mit Worten führend, auch er drückt sehr klar aus, was er meint und will. Alex spricht zwar in dieser Sequenz nicht, bleibt aber ebenso im Geschehen, hört den beiden anderen aufmerksam zu, beobachtet abwechselnd mal Mia, mal Sven; lässt sich von Sven sagen, wo er hin soll, was er tun soll.

Sie teilen sich mit, drücken aus, was sie wollen: Sven vertritt einen klaren Standpunkt, wer hier was darf und wer nicht. Mia ist nicht damit einverstanden. Sie widerspricht ihm und sagt deutlich, was ihre Meinung ist. Sie bringt sich körperlich in Position und beschreibt diese Position auch mit Worten.

Standhaltevermögen und Beharrlichkeit zeigen sich vor allem bei Mia und Sven: Mia soll nicht zum Spiel dazugehören. Diesem Widerstand stellt sie sich. Sie probiert es mit verschiedenen Argumenten, um am Spiel teilnehmen zu können. Sven scheint zunächst beeindruckt, weil er sich von Mia abwendet, hält es aber aus, dass Mia im Geschehen bleibt. Er lässt sich von seinem eigenen Plan nicht abbringen. Alex als Beobachter des Wortgefechts hält die emotionale Intensität aus, mit der die anderen beiden sich auseinandersetzen. Auch er bleibt im Spielgeschehen.

Schließlich finden sich noch Aspekte von Verantwortungsübernahme: Sven, der zunächst führend in dem Spielgeschehen wirkt, bindet Alex ein, versucht, den anderen seine Idee vom Spiel deutlich zu machen. Mia hat ebenso das Spielgeschehen insgesamt im Blick. Ihr Vorschlag mit dem Parkplatz weist darauf hin, dass es ihr wichtig ist, mit den anderen beiden zu spielen. Sie lässt sich auf Svens Grundidee mit dem Feuerwehrmagazin ein. Alle drei bleiben in ihrer Emotionalität so dosiert, dass das Gemeinsame insgesamt nicht gefährdet wird. Es entsteht kein Streit, keine Gewalt, kein Übergriff. Sie halten sich miteinander im Spiel, bleiben einander freundlich zugewandt. Mias entspanntes »Tschüss« gibt einen Hinweis darauf.

Was sagt uns das im Hinblick auf mögliche Lernthemen der Kinder? Spannend ist das erste Argument von Mia. Sie bezeichnet sich als Junge, um sich Zutritt zum Spiel zu verschaffen. Was weiß sie über Jungen und Mädchen und ihre jeweilige Rolle? Welche Erfahrungen macht sie gerade mit einer geschlechtsbezogenen Zuordnung? Wo im Alltag tauchen ähnliche Situationen auf? Wie versucht sie sonst, sich Zutritt zum Spiel anderer zu verschaffen? Wie positioniert sie sich?

Sven hat recht mit seiner Feststellung, dass Mia ein Mädchen ist. Er merkt aber, dass seine Regel, was ein Junge darf und ein Mädchen nicht, Mia nicht überzeugt. Wie zieht er in anderen Situationen die Grenzen? Wie sorgt er für Zugehörigkeit? Welche Kategorien findet er noch, die das Dazugehören definieren? Wie geht er sonst damit um, wenn sein Führungsanspruch infrage gestellt wird? Lässt er sich auch mal führen?

Auf der Ebene der Kommunikationsmuster könnte man schauen: Wie baut sich ein Gespräch, eine Diskussion, ein Hin und Her von Argumenten auf? Welche Muster des Gedankenaustauschs versuchen die Kinder für sich zu erfassen?

Die Lernthemen Zugehörigkeit, Auseinandersetzung mit den Positionen »Ich – Du – Gruppe«, Führung, Kooperation, Teilhabe könnten Spuren sein, die die Pädagog*innen zunächst weiterverfolgen können, bevor sie sich selbst in ein Spielgeschehen mit Kindern einklinken oder pädagogische Angebote machen. Es geht darum, bei den Beobachtungen die Lerndispositionen als innere Anker mitzuführen, um Anhaltspunkte für mögliche Themen der Kinder zu bekommen.

An dieser Ausführung zeigt sich auch: Gruppenlerngeschichten sind ebenso möglich. Der Fokus muss nicht auf einem einzelnen Kind liegen. Auch das Miteinander und die Wechselwirkungen zwischen den Kindern können aufschlussreich sein.

Zusammenhang von Exekutiven Funktionen und Lerndispositionen

Was haben nun die Exekutiven Funktionen mit den Lerndispositionen zu tun?

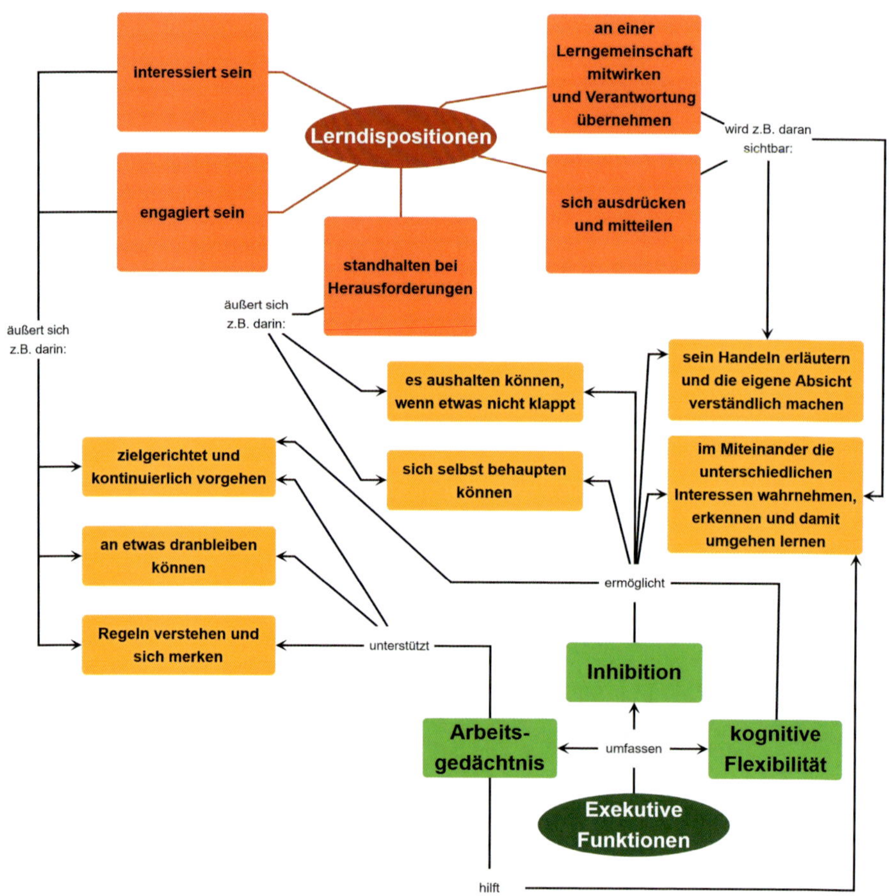

Verzahnung der Exekutiven Funktionen mit den Lerndispositionen

Das Arbeitsgedächtnis unterstützt darin, zielgerichtet und kontinuierlich vorzugehen, an etwas dranbleiben zu können, den Faden also nicht zu verlieren. Denn man muss sich merken, welche Regeln es gibt, wie etwas funktioniert, was bisher unternommen wurde, um nächste Schritte zu machen. Genau darin zeigen sich Interesse und Engagiertheit: Die Aufmerksamkeit richtet sich auf etwas, man merkt sich Vorgänge, die man beobachtet, fängt an, etwas genauer zu erkunden.

Eng damit verknüpft ist die Fähigkeit zur Inhibition oder Impulskontrolle. Wir können nur da in eine vertiefte Auseinandersetzung gehen, wo sich die Aufmerksamkeit fokussiert auf etwas richtet und Störendes ausgeblendet werden kann. Das Setting, in dem ein Kind spielt und lernt, kann sehr ablenkend, irritierend oder verunsichernd werden. Dem muss man widerstehen können. Das entspricht der Disposition Herausforderungen standhalten. Man hält es emotional aus, wenn etwas nicht gleich klappt, bleibt beharrlich dran, lässt sich nicht frustrieren und behauptet sich. Das sind emotionale Meisterleistungen!

Und auch die kognitive Flexibilität unterstützt das Lernen. Wenn etwas nicht gleich so gelingt wie vorgestellt, bedarf es eines anderen Plans. Wenn die Spielpartner*innen etwas anderes vorhaben, hat man die Wahl, beim eigenen Standpunkt zu bleiben, um sich durchzusetzen – oder aber sich auf deren Spiel einzulassen. Es folgt die Auseinandersetzung mit den Spielpartner*innen. Man versucht deutlich zu machen, was man will, wie etwas gemeint ist. Das berührt die Disposition des Sich-Mitteilens und -Ausdrückens. Das eigene Handeln zu erläutern, die eigene Absicht verständlich zu machen, erfordert kognitive Flexibilität und Inhibition. Denn man braucht mitunter auch Geduld mit dem anderen, wenn er einen nicht gleich versteht.

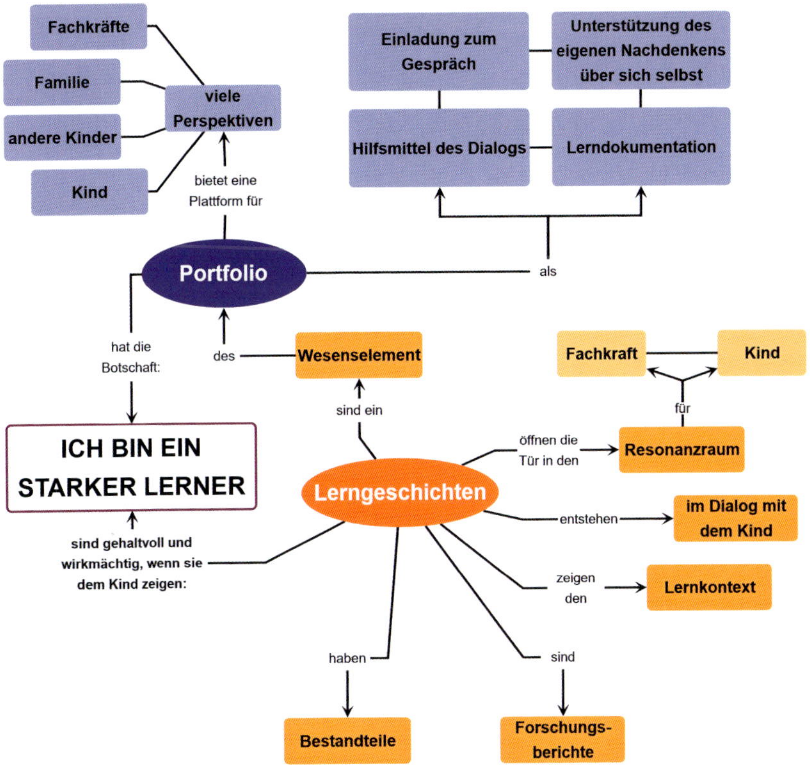

Lerngeschichten: gehaltvoll und wirkmächtig

Richtig komplex wird es in einer Lerngemeinschaft, in der man wahrnimmt, was von anderen kommt, und sich dabei selbst behaupten muss, ohne das Spiel insgesamt zu gefährden. Dann versucht man, die Perspektiven anderer einzunehmen, um sie zu verstehen. Man übernimmt Verantwortung für das eigene Handeln, die eigene Position UND für die Gruppe. Das erfordert alle drei Bereiche der Exekutiven Funktionen.

Der Ansatz der Lerngeschichten entfaltet sich im Wesentlichen in zwei Gestaltungsräumen:

Der eine Gestaltungsraum heißt Beobachtung/Dokumentation als pädagogisches Planungsinstrument: Die Lerngeschichten sind Forschungsberichte: Eine beobachtete Situation wird aufgeschrieben. Sie wird reflektiert, gedeutet und dient als Anhaltspunkt für mögliche pädagogische Ableitungen, also Impulse. In der Folge wertet man seine Impulse aus, prüft, ob das Kind sie zu seinem Lernen nutzen konnte. Die Systematik dazu wird im Instrument der Bildungs- und Lerngeschichten sichtbar (s. Kapitel 5.3.3).

Der andere Gestaltungsraum umfasst die Dynamik in der Beziehung zwischen der Fachkraft und dem Kind. Fachkraft und Kind treten über die Lerngeschichte in einen Dialog miteinander und bilden einen Resonanzraum.

Lerngeschichten als Strukturierungshilfe für Beobachtung und Dokumentation

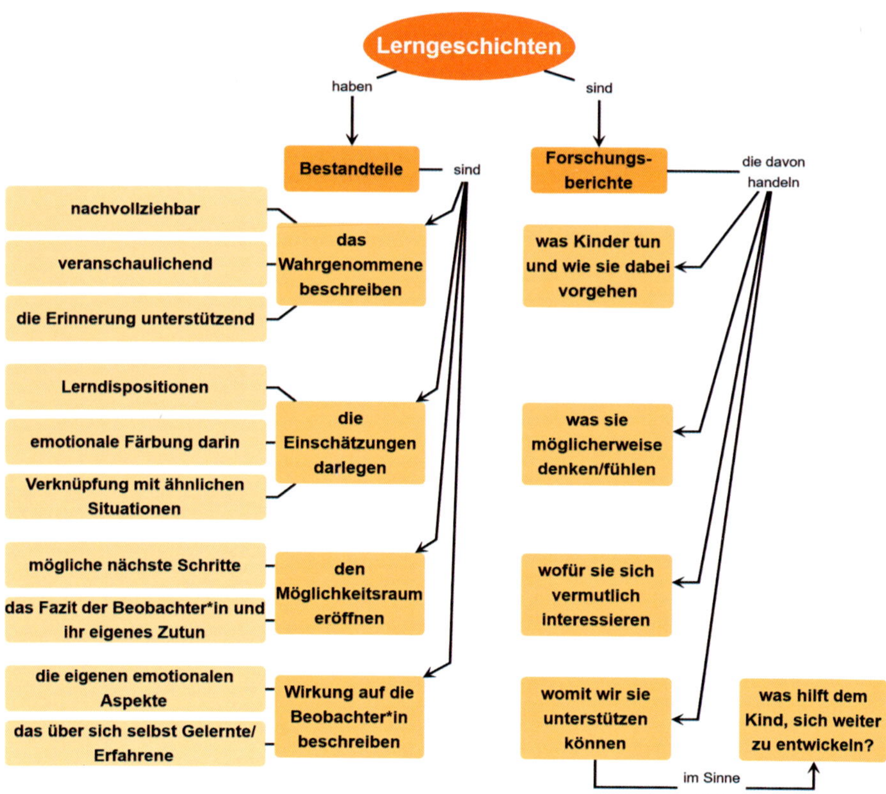

Abb.: Lerngeschichten als Entwickl

Rein und Raus – Emma (1;6 Jahre) im Schuhkarton

Der Schuhkarton hatte es dir angetan! So schnell konnte ich gar nicht gucken, schon warst du drin! Und wie Deine Augen leuchteten! »Sitzen!«, sagtest du, und ein breites Lächeln ging über dein Gesicht. Ich nahm dein Lächeln als Einladung, dir zuzuschauen. Mehr wolltest du gerade nicht von mir. Ich war gebannt von deinen nun folgenden verschiedenen Varianten des Ein- und Aussteigens. Was es wohl bedeutete, wenn du zunächst deine Hand in den Karton legtest? Nahmst du Maß? Und wie du selbst mit Deinem Blick kontrolliertest, ob dein Po in den Karton passt – welche eine große Körperbeherrschung! Deine Bewegungen waren sehr zielgenau und behutsam! Es strengte dich sicherlich auch körperlich sehr an, das war an deinem Schnaufen zu erkennen. Wenn du dann im Karton saßest, kurz innehieltst, waren das kleine Atempausen und Momente der Entspannung, bevor es weiterging. Und wenn dir der Karton unter dem Po wegrutschte, war ein »Oh« zu hören, und du nahmst einen neuen Anlauf. Von wegen Aufgeben!

Ich vermute, dass du dich dafür interessiertest, wie groß dein Körper selbst ist, wie groß die Kiste ist, ob auch deine Beine hineinpassen. Es war der Raum, den du da erkundet hast. Und es ging weiter. Denn als du den Karton umgedreht und dich daraufgesetzt hast, ging wieder ein Strahlen übers Gesicht! So als wolltest du mir sagen: »Sieh her: Nun sitze ich höher!«

Raumerkundung, Größenverhältnisse, Körpergrenzen, Emmas Körper in Bezug zu anderen Körpern oder auch das Thema Funktionalität: in einem Karton sitzen, auf ihm sitzen, dann der Versuch, ihn als Fortbewegungsmittel zu nutzen, indem sie darauf sitzend sich mit den Beinen anschob, um vorwärts zu kommen wie auf ihrem Bobbycar.

Dass ich mit meiner Vermutung auf Emmas Lernspur war, zeigten weitere Szenen in den darauf folgenden Tagen. Auch die Mutter berichtete, dass Emma sich mit großer Freude in alle sich bietenden Dinge hineinsetzte: Schubladen, Schränke, auch Dosen. Und sie hat begonnen, diese Gegenstände zu füllen: mit Tüchern, Besteck, Kuscheltieren. Rein und wieder raus, ein- und ausschütten. Dazu soll sie ausreichend Gelegenheit bekommen. Und Zeit.

Lerngeschichten können viele Formen haben: kleine Briefe, kommentierte Fotoreihen, sogar Videoclips, bunt gestaltete Seiten mit Texten, Bildern oder Zeichnungen. Es gibt keine Vorgabe, kein Rezept, kein »So ist es richtig«. Sie sollten sich aber an bestimmten Prinzipien orientieren und drei Arbeitsschritte berücksichtigen. Dann entfalten sie ihre Wirkmacht:

Wahrnehmen (»noticing«): Die Geschichte beginnt mit der Beschreibung dessen, was wir sehen und empfinden. Die Beschreibung einer Situation, einer Begebenheit, eines Handlungsverlaufs ist der Ausgangspunkt der Lerngeschichte. Wie detailliert diese Beschreibung festgehalten wird, hängt davon ab, worauf wir im weiteren Verlauf den Fokus richten möchten. Für andere, die nicht dabei waren, sollte nachvollziehbar sein, was die Beobachter*in wahrgenommen hat. Und das Kind, dem diese Geschichte gewidmet wird, soll sich darin wiedererkennen können und darin unterstützt werden, sich an die Situation zu erinnern. Dazu sind bildliche Darstellungen sehr hilfreich.

Erkennen (»recognizing«): Hier formulieren wir Einschätzungen und Deutungen. Die Lerndispositionen werden als Marker genutzt. Es kommt dabei nicht so sehr darauf an, dass die Disposition selbst explizit formuliert wird. Wir müssen sie aber verstanden haben und eigene Worte dafür finden. Wir stellen Vermutungen darüber an, was das Kind sich gerade erarbeiten könnte, welche Erkenntnisse es aus seinem Handeln zieht, welche innere Frage es vielleicht verfolgt. Wenn wir ein Kind schon länger kennen, fallen uns vielleicht ähnliche Begebenheiten ein, die hier erwähnenswert sind. Vielleicht ist das Kind schon länger an einem Thema dran.

Antworten/Sich-Einlassen (»responding«): Hier machen wir deutlich, dass auch wir als Beobachter*innen Teil des Geschehens sind. Wir bringen uns selbst mit ein, beschreiben eigene Empfindungen, zeigen auf, wie sich bereits ein Dialog zwischen uns und dem Kind entfaltet. Das Antworten kann somit unmittelbar in dem Geschehen stattfinden und ist dann Teil des Handlungsablaufs in der Lerngeschichte. Es kann aber auch sein, dass wir aufgrund unserer Deutungen Ideen haben, wie wir das Kind im Anschluss an diese aufgeschriebene Szene weiter unterstützen könnten. Oder aber wir schreiben auf, was wir gerade durch das Kind gelernt haben.

Erkundung im Resonanzraum der Lerngeschichte. Grafik von Petra Evanschitzky in Anlehnung an das SySt®-Dreieck nach Matthias Varga von Kibéd und Insa Sparrer

Dieser Erkundungsgang – Haas spricht hier vom »Walzerschritt« (Haas 2016, S. 17) – bringt uns insgesamt in Resonanz mit dem Kind. Auf der Ebene des Antwortens und Sich-Einlassens ziehen wir in Betracht, dass das Kind ggf. auch ohne unser Zutun weiterkommt. Und wir bleiben auch ohne Aktivität durch unsere Präsenz, unsere Aufmerksamkeit, unser Interesse für das Kind Teil des Resonanzraums. Die Schritte Wahrnehmen – Erkennen – Antworten mögen wie eine klar aufgebaute lineare Struktur erscheinen; in der Gestaltung und Nutzung sind sie ein wechselseitiger, ineinander übergehender, sich auch vermischender und überlappender Prozess.

Erkennen und Antworten sind wesentliche Teile der Lerngeschichte, ohne die sie zwar eine schöne, berührende Anekdote wäre, jedoch ihr Potenzial als Lerndokumentation, bzw. Forschungsbericht nicht zur Entfaltung brächte. Das Erkennen und Antworten öffnet den Blick für das nicht Sichtbare, aber Aufscheinende, Durchblitzende. Indem wir beschreiben, WIE das Kind seine Lerndispositionen zeigt, entwickeln wir eine Idee davon, WAS es sich dabei erarbeitet. Daher ist das Erkennen eigentlich ein doppelter Schritt.

Manchmal wird dieser Teil der Lernanalyse als gesonderter Abschnitt im Anschluss an die Erzählung der Begebenheit formuliert. Oft wechseln die Schreiber*innen dann auch die Ebene: Der erste Abschnitt der Beobachtung ist in direkter Anrede für das Kind verfasst, daher auch die Briefform. Der zweite Teil bekommt z.B. folgende Überschrift: Welches Lernen die Schreiberin entdeckt. Er erfolgt manchmal erst nach dem Austausch mit den Kolleg*innen.

Hier nun Emmas Schuhkartongeschichte unter der Lupe der Arbeitsschritte:

Geschichtenauszug	Arbeitsschritte
Der Schuhkarton hatte es dir angetan! So schnell konnte ich gar nicht gucken, schon warst du drin! Und wie deine Augen leuchteten! »Sitzen!«, sagtest Du, und ein breites Lächeln ging über dein Gesicht. Ich nahm dein Lächeln als Einladung, dir zuzuschauen. Mehr wolltest du gerade nicht von mir. Ich war gebannt von deinen nun folgenden verschiedenen Varianten des Ein- und Aussteigens. Was es wohl bedeutete, wenn du zunächst Deine Hand in den Karton legtest? Nahmst du Maß? Und wie du selbst mit deinem Blick kontrolliertest, ob dein Po in den Karton passt – welch eine große Körperbeherrschung! Deine Bewegungen waren sehr zielgenau und behutsam. Es strengte dich sicherlich auch körperlich sehr an, das war an deinem Schnaufen zu erkennen. Wenn Du dann im Karton saßest, kurz innehieltst, waren das kleine Atempausen und Momente der Entspannung, bevor es weiterging. Und wenn dir der Karton unter dem Po wegrutschte, war ein »Oh« zu hören, und du nahmst einen neuen Anlauf. Von wegen Aufgeben! Ich vermute, dass du dich dafür interessiertest, wie groß dein Körper selbst ist, wie groß die Kiste ist, ob auch deine Beine hineinpassen. Es war der Raum, den du da erkundet hast. Und es ging weiter. Denn als du den Karton umgedreht und dich daraufgesetzt hast, ging wieder ein Strahlen übers Gesicht! So als wolltest du mir sagen: »Sieh her: Nun sitze ich höher!«	Wahrnehmen, was geschieht (Handlungsbeschreibung) Erkennen, welche Dispositionen sichtbar werden (in diesem Beispiel Engagiertheit, Beharrlichkeit, lustvolles Spiel als Ausdruck der Engagiertheit, sich Mitteilen) Antworten, Reagieren, Sich-Einlassen (die eigene emotionale Beteiligung der Beobachter*in/Schreiber*in) Mögliche Lernthemen Wie geht das Kind vor, was könnte es sich dabei erarbeiten?
Raumerkundung, Größenverhältnisse, Körpergrenzen, Emmas Körper in Bezug zu anderen Körpern oder auch das Thema Funktionalität: in einem Karton sitzen, auf ihm sitzen, dann der Versuch, ihn als Fortbewegungsmittel zu nutzen, indem sie darauf sitzend sich mit den Beinen anschob, um vorwärts zu kommen wie auf ihrem Bobbycar.	Lernanalyse (Welches Lernen entdecke ich als Schreiber*in?)
Dass ich mit meiner Vermutung auf Emmas Lernspur war, zeigten weitere Szenen in den darauffolgenden Tagen. Auch die Mutter berichtete, dass Emma sich gerade mit großer Freude in alle sich bietenden Dinge hineinsetzte: Schubladen, Schränke, auch Dosen. Und sie begann, diese Gegenstände zu füllen: mit Tüchern, Besteck, Kuscheltieren. Rein und wieder raus, ein- und ausschütten. Dazu soll sie ausreichend Gelegenheit bekommen. Und Zeit.	Möglichkeiten, weitere Gelegenheiten

Lerngeschichten als Ausdruck einer dialogorientierten Haltung

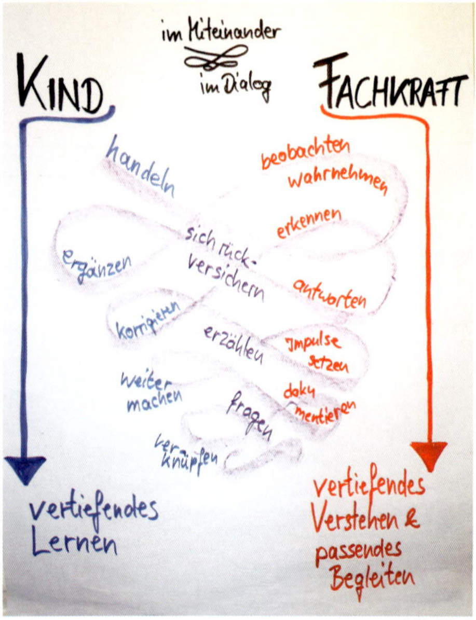

Dialogisch verwobener Lern-/Erkenntnisprozess. Grafik von Petra Evanschitzky.

Fachkraft und Kind treten miteinander einen Resonanzraum ein und beginnen ihren Dialog. Beide, das Kind UND die Fachkraft, sind Lernende: das Kind in seinem Thema, bei dem es seine Kompetenzen erweitert, die Fachkraft in ihrem sich vertiefenden Verstehen und Erkennen, aus dem heraus ihre Kompetenz, das Kind gewinnbringend zu begleiten, sich stetig erweitert.

In dem Moment, an dem die Fachkraft sich selbst emotional und verbal einbringt, ihre Aufmerksamkeit dem Kind schenkt oder sich selbst mitteilt, eröffnet sie den Dialog mit dem Kind. Oder sie folgt der Einladung des Kindes. Das passiert in der direkten Interaktion während eines miteinander geteilten Prozesses. Es kann auch beim Vorlesen der Lerngeschichte erfolgen. Das Kind erlebt die Fachkraft als aufrichtig zugewandte Begleitung. Das Mitteilen von Einschätzungen gibt dem Kind die Möglichkeit, darauf zu reagieren, so dass wechselseitiges Responding entsteht. Im weiteren Verlauf des dialogischen Miteinanders kann das Kind sein Lernen vertiefen. Es erhält Rückkopplungsschleifen zur Verstärkung und Erweiterung. Und auch die Fachkraft steigt in einen sich stetig vertiefenden Prozess ein. Denn sie versteht mehr und mehr, wie die Lernwege des Kindes sind, und auch sie nutzt die Rückkopplungsschleifen für die Erweiterung ihrer Erkenntnisse. In der Folge kann sie ihre Lernbegleitung immer passgenauer für das Kind gestalten.

Damit ihre Ideen für mögliche nächste Schritte beim Kind auf Anklang stoßen, helfen diese Aspekte:

- Raum schaffen, Zeit geben, Gelegenheiten zur Vertiefung bieten
- sich selbst einbringen – oder zunächst erst einmal weiter beobachten
- Begegnung mit anderen Kindern ermöglichen
- Dokumentieren und mit dem Kind darüber ins Gespräch kommen

Die folgende Lerngeschichte ist ein Beispiel dafür, was geschehen kann, wenn wir uns als Erwachsene nicht genügend Zeit nehmen, genauer hinzuhören. In einem Telefonat kann das leicht passieren, da wir außer der Stimme keine weitere Möglichkeit haben, herauszuspüren, wie unsere Worte beim Kind ankommen. Mir »passierte« es nämlich, dass ich das Kind im Überschwang kaum zu Wort kommen ließ. Im Nachklang des Telefonats schrieb ich dem Kind genau dazu einen kurzen Brief. Er ist damit ein Ausdruck auch meines Lernens.

Fachliche Überlegungen eines jungen Bauingenieurs: Josa (10 Jahre) im Gespräch über sein Projekt

Lieber Josa,
am letzten Sonntag hattest du mich angerufen, weil du ein Anliegen hattest. Ich war so froh, dass du mit mir telefonieren wolltest, dass ich erst mal gar nicht sofort kapiert hatte, dass es dir um was sehr Konkretes ging. Also habe ich dich ganz viel gefragt, über die Schule, was du so machst, wie es dir geht usw. Du hast geduldig Antwort gegeben und dich auf meine Gedanken eingelassen. Und dann nutztest du eine kurze Sprechpause von mir und brachtest dein Anliegen vor. Ich glaube, du sagtest: »Äh, Petra, der Grund für meinen Anruf war ...« Da hab ich's kapiert! Du wolltest was mit mir besprechen! Du erklärtest mir geduldig, was du vorhast. Dann hast du dich rückversichert, ob ich dich verstanden habe, und dann nach meinen Ideen gefragt. Meine Gedanken hast du dann aufgegriffen und weiterentwickelt. So entstand ein richtiges Fachgespräch! Mich hat tief beeindruckt, welche Worte du wähltest, um präzise zu beschreiben, was du meinst. Auch die Geduld, die du mit mir hattest, war für mich spürbar. Du warst sehr verantwortungsbewusst. Ich hatte nicht den Eindruck, dass du eine Lösung von mir willst. Dich interessierte meine Meinung, damit du dann in Deinen Überlegungen weiterkommst. Ich finde es toll, dass du meinen Rat und meine Ideen zu deinem Vorhaben hören wolltest! Ich vermute, dass es dir wichtig ist, eigene Pläne zu verwirklichen. Und ich weiß von anderen Gesprächen mit dir, dass es dich sehr anstrengt, wenn die Pläne in Deinem Kopf nicht gleich so umsetzbar sind. Du lässt aber nicht locker, übst dich in Geduld beim Umsetzen. Dass du da dran bleibst, finde ich total super! Mach genau weiter so! Pläne brauchen Zeit, und du darfst Dir die Zeit geben! Danke, dass Du mir immer wieder davon erzählst!
Deine Petra

Josas Reaktion, nachdem er den Brief erhalten hatte: Unser Gespräch über das Gespräch

J: »Petra, warum hast du mir den Brief geschrieben?«
P: »Weil mich so begeistert hat, wie du mir so genau erklärt hast, was du vorhast und von mir brauchst.«
J: »Also hast du's dann gut kapiert?«
P: »Ja, und ich wollte dir auch sagen, dass es mir leid tat, dass ich dich erst so zugetextet hab.«
J: »Das war nicht schlimm. Du hast dann ja aufgehört. Willst du wissen, was ich jetzt weitergebaut habe?«
P: »Ja, klar! Erzähl!«

(Fortsetzung folgt)

Auch das ist ein besonderes Wesensmerkmal des Lerngeschichten-Ansatzes: In der Rolle der Beobachter*in und der professionellen Lernbegleiter*in zu sein heißt mitnichten, sich in Distanz zu üben. Lernen entfaltet sich in sozialen Bezügen, Kinder eignen sich ihr Wissen und ihre Fertigkeiten in der Resonanz mit ihrer Umgebung an. Und wir als Erwachsene sind Teil dieser Welt. Das können wir auch explizit machen und anerkennen. Wir bleiben selbst Lernende, wenn wir uns dem Kind mit dieser Haltung annähern: »Dieses Kind kann MIR etwas beibringen. Ich habe zwar mehr Lebenszeit auf dem Buckel und dadurch einen vermeintlichen Vorsprung. Doch ich bin offen genug, mich von dem Kind überraschen zu lassen.« Wenn wir uns dieser Möglichkeit öffnen, erfahren wir in der Begegnung mit Kindern auch etwas über uns selbs

Meine Lerngeschichte mit Erik

Zahlen ziehen Dich schon früh in den Bann. Mit spielerischer Leichtigkeit jonglierst Du mit Rechenaufgaben und Zahlenfolgen, denkst Dir selbst Aufgaben aus, bringst Dich selbst in die Herausforderung. Und ich versuche zu ahnen, was in Dir vorgeht, was Dich daran fasziniert. Deine Begeisterung begeistert mich! Und bei unserem gemeinsamen Besuch im Mathematikum bin ich die Lernende: Nicht die Mathematik ist mein Lernthema. Das ist DEINE Welt. Ich aber suche nach der Tür zu dieser Deiner Welt. Du lässt mich zwar Dich beobachten, manchmal kommentierst Du auch etwas. Doch das sind kurze Momente. Mein Thema lautet also: Wie kann ich an Deiner Welt teilhaben ohne direkt mit Dir darüber sprechen zu können? Ein Königreich für Deine Gedanken... Was erkundest Du? Was beschäftigt Dich? Und was brauchst Du dann vielleicht von mir? Ich lerne, mit Dir zu schweigen, mich auf Dein Spiel, Deine Aktionen einzulassen. Und dann werden Worte nebensächlich ... (Verschiedene kurze Episoden aus einem Portfolio, Mai 2014)

Literatur

Arnold, C. (2003): Observing Harry: Child Development 0-5. Berkshire: Open University Press.

Athey, C. (1990): Extending Thought in Young Children: A Parent-Teacher Partnership. London: Paul Chapman.

Bostelmann, A., & Fink, M. (2013): Elementare Spielhandlungen von Kindern unter 3. Erkennen, Begleiten, Fördern. Berlin: Bananenblau.

Bruce, T. (1997): Early childhood education. London: Hodder Stroughton.

Carr, M. (2001): Assessment in early childhood settings: Learning stories. London: Paul Chapman.

Carr, M., Lee, W. (2012): Learning stories: Constructing learner identities in early education. London: Sage Publications.

Evanschitzky, P. (2014): Wie geht lernen? Erkenntnisse der Neurowissenschaften. In: Welt des Kindes Heft 2, S. 10-13.

Evanschitzky, P. (2016): Wenn Lernen zum Tschakka-Erlebnis wird. Unterwegs auf den Lernspuren der Kinder. In: Kindergarten heute, Heft 4, S. 12-17

Ferrari, E. (2014). Führung im Raum der Werte. Das GPA-Schema nach SySt®. Aachen: Ferrari Media.

Haas, S. (2016): Begeisterung teilen: Lerngeschichten in die Praxis tragen. Weimar: verlag das netz.

Häcker, T. (2006): Portfolio. Ein Entwicklungsinstrument für selbstbestimmtes Lernen. Hohengehren: Schneider.

Hebenstreit-Müller, S., & Kühnel, B. (2004): Kinderbeobachtung in Kitas. Erfahrungen und Methoden im ersten Early-Excellence Centre in Berlin. Berlin: Dohrmann.

Hille, K., Evanschitzky, P., & Bauer, A. (2019): Das Kind – Die Entwicklung in den ersten drei Jahren. Hamburg: Handwerk und Technik.

Huhn, N., & Schneider, K. (2006): Guck mal, was ich mache! – Schau dir an, was ich kann! Einladung zur Entwicklung einer Bildungsdokumentation im Dialog mit jungen Kindern. In: Gewerkschaft Erziehung und Wissenschaft (Hrsg.): Bildung sichtbar machen. Von der Dokumentation zum Bildungsbuch. Weimar: verlag das netz, S. 25-51.

Katz, L. G. (1988): Early Childhood Education: What Research Tells Us. Bloomington: Phi Delta Kappa Educational Foundation, S. 13.

Klein, Lothar (2017): Die magischen Momente erzählen. In: TPS Spezial: Portfolios neu denken, S. 14-17.

Knauf, H. (2017): Lerngeschichten als narratives Assessment in der Elementarpädagogik: Eine empirische Untersuchung des Konzepts in deutschen Kindertageseinrichtungen. Zeitschrift für Erziehungswissenschaften. Nr. 21, S. 423-439.

Schneider, K. (2019): Mit Lerngeschichten wachsen. Weimar: verlag das netz.

Varga von Kibéd, M., & Sparrer, I. (2009): Glaubenspolaritätenaufstellung. DVD. Aachen: Ferrari Media.

5.3.3 Bildungs- und Lerngeschichten

Ina Schenker

Im Modellprojekt des DJI, das 2007 endete, wird das Beobachtungsinstrument der Learning Storys an die Bedingungen des Kita-Bereichs in Deutschland angepasst. Vor allem forciert durch den engen Austausch zwischen Multiplikator*innen in Deutschland und Wendy Lee sowie weiteren Vertreter*innen des neuseeländischen Education Leadership Project (ELP) wurde das Konzept der Bildungs- und Lerngeschichten entwickelt.

Obwohl die Grundhaltung, die Lerndispositionen und das Verfahren des neuseeländischen Vorbilds beibehalten wurden, gibt es einige kleine, meines Erachtens aber bedeutsame Unterschiede, sodass es sich lohnt, beide Verfahren zu kennen.

Das Verfahren

Bildungs- und Lerngeschichten sind ebenso ein Instrument qualitativer Beobachtung von Kindern. Eine Bildungs- und Lerngeschichte wird erst nach dem Abschluss einer Serie von mindestens drei bis maximal fünf Beobachtungen geschrieben, welche innerhalb von 14 Tagen in der Kita gemacht wurden. Der Grund für den kurzen Beobachtungszeitrum ist, dass die Entwicklung von Kindern und die damit verbundenen Wandlungsprozesse relativ schnell verlaufen. Wären die Beobachtungszeiträume sehr viel länger, wäre es problematisch, angemessen auf die Interessen des Kindes, seinen Entwicklungsstand, seine Fähigkeiten, Interessen und Bedürfnisse zu reagieren. Die Konsequenz wäre dann, dass die von den pädagogischen Fachkräften geschaffenen Umweltbedingungen, gemeint als die sozialen, räumlich-strukturellen und materiellen Gegebenheiten einer Einrichtung, für das einzelne Kind nicht mehr anregend und passend wären, das Kind ist längst »fortgeschritten«.

Wie bei den oben beschriebenen Learning Storys beobachten auch hier die Gruppen- bzw. Bezugserzieher*innen Spiel- bzw. frei gewählte Arbeitssituationen. Die Beobachtungen werden im optimalen Fall durch die anderen Fachkräfte der Einrichtung bzw. die Eltern ergänzt.

Die Analyse dieser Beobachtungen erfolgt anhand der gleichen Lerndispositionen, die in den Learning Storys angewendet werden. Im Unterschied zu diesem Instrument haben Leu et al. (2007) Beobachtungs- und Dokumentationsbögen entwickelt, welche die einzelnen Schritte »Wahrnehmen«, »Sammeln von ergänzenden Beobachtungen/Informationen«, »Diskussion« und »Schreiben der Bildungs- und Lerngeschichte« mit einzelnen Formblättern unterstützt. Jedes Formblatt hat einen bestimmten Zweck:

1. Auf dem Beobachtungsbogen wird je eine Beobachtung dokumentiert und die Beobachtungen nach den Lerndispositionen analysiert.
2. Der kollegiale Austausch wird auf einem weiteren Blatt dokumentiert, ebenso wie weitere Beobachtungen zum Kind.
3. Der Reflexionsbogen hilft, das Lernen des Kindes zu deuten.
4. Auf diesem Blatt werden die drei bis fünf Beobachtungen zu EINER Bildungs- und Lerngeschichte zusammenfasst.

(Leu et al. 2007)

Ziele

Wird in der Einrichtung mit diesem Instrument gearbeitet, geht es auch hier um die Beobachtung
- der individuellen Formen und Strategien des Lernens
- des erworbenen, aktuell verfügbaren Wissens
- der aufgebauten Fähigkeiten und Kompetenzen

des einzelnen Kindes. In der Zusammenschau der drei bis fünf Beobachtungen wird nach dem roten Faden gesucht, der sich zwischen den einzelnen Beobachtungssequenzen zeigt:
- Mit welchen Inhalten beschäftigt sich das Kind?
- Welche Entwicklungsaufgabe kristallisiert sich heraus?
- Welche Lerndispositionen bleiben über eine längere Zeit »leer«, als Zeichen dafür, welchen Unterstützungsbedarf das Kind hat?

Auf der Grundlage der Beobachtungen werden für die Kinder kontinuierlich passende Handlungs- und Erkundungsräume und alltagsintegrierte Herausforderungen genutzt bzw. geschaffen.

Bildungs- und Lerngeschichten als Orientierung für das pädagogische Handeln

Für die inhaltliche Gestaltung des Kita-Alltags mit Bildungs- und Lerngeschichten sollten sich Pädagog*innen an folgenden Fragen orientieren:
- Welche Erfahrungen ermögliche ich dem Kind zu seinen aktuellen Interessen, sodass es sein Wissen und seine Kompetenzen erweitern kann?
- Wie gestalte ich einen entwicklungsfördernden Kontext, gemeint als das Schaffen passender räumlich-materieller Bedingungen?
- Welche Inhalte und Themen muss ich dem Kind durch verschiedene Formen von Instruktion anbieten? Was muss ich zeigen, erzählen, mit dem Kind üben oder ansehen?
- Welche Lernbegleitung braucht das Kind, um bspw. zukünftig besser mit anderen Kindern spielen zu können?

Im optimalen Fall nutzt das Kind die eigens für es ausgedachten und bereitgestellten Inhalte. Häufig ist das aber nicht so. Aus meist unerklärlichen Gründen wird die veränderte Umwelt von dem Kind »ignoriert«, für das sie geschaffen wurde, es wendet sich anderen Dingen und Situationen zu. Das kann enttäuschend sein. Viele Pädagog*innen haben es schon erlebt: Genau für dieses eine Kind denkt man sich ein Spiel oder eine andere Aktivität aus, und es macht nicht mit! Die Gründe dafür können vielfältig sein: Besonders naheliegend ist, dass die Themen, Ansprüche oder Interessen des Kindes anders waren – die Pädagogin hat sich in der Interpretation der Situation getäuscht. Auch eine Über- oder Unterforderung des Kindes ist möglich. Vielleicht auch ist es durch die Unterstützung der anderen Kinder oder seiner Familie einen bedeutenden Lernschritt gegangen und benötigt die professionelle Unterstützung einfach nicht mehr?

Es ist unmöglich, Lernprozesse von Kindern linear zu denken: Instruktion – Lernen – Gelernt! Das ist kein Grund zu verzweifeln: Wird in der Einrichtung konsequent mit den Bildungs- und Lerngeschichten gearbeitet, ist das Leben immer in Bewegung: Materialien werden ausgetauscht, Exkursionen unternommen, Aktivitäten geplant, die Räume werden umgeräumt etc. Unmöglich, dass das Kind, an das die Aktivitäten gerichtet sind, nichts findet, was es interessiert oder wo es lernen muss.

Vier Schritte des Schreibens von Bildungs- und Lerngeschichten

In Anlehnung an die Learning Storys entstehen Bildungs- und Lerngeschichten immer in derselben Abfolge:

- Beschreiben, sodass am Ende der Beobachtungssequenz drei bis fünf Blätter mit dokumentierten Beobachtungssituationen vorhanden sind.
- Diskutieren der verschiedenen Beobachtungsituationen. Im gemeinsamen Gespräch wird nach dem berühmten roten Faden gesucht, der sich in den dokumentierten Sequenzen zeigt.
- Das Dokumentieren als dritter Schritt »wirkt auf das Lernen des Kindes zurück. Bei ihnen entwickelt sich eine Vorstellung davon, jemand zu sein, der gut lernen kann und Stärken hat.« (Leu et al. 2007, S. 69)
- Im letzten Arbeitsschritt, dem Entscheiden, beginnt die Planung des Angebots. Als Angebot werden, wie in Kapitel sechs erläutert, alle Aktivitäten gesehen, die in der Kita stattfinden.

Grundlagen zur Interpretation der Beobachtungssequenzen

Um Beobachtungen kindlichen Verhaltens angemessen interpretieren zu können, benötigen pädagogische Fachkräfte professionelles Fachwissen um Sprache, Denken, exekutive Funktionen, (Senso-)Motorik, ästhetische Erfahrungen, Spiel, Wissen um Fachdidaktiken (Musik, Sport, Kunst etc.). und kognitive Leistungen. Dieses Wissen ist Bestandteil der Deutungsmuster von Pädagog*innen. Es gilt der Grundsatz: »Ich sehe nur, was ich weiß.«

Sicherlich sind die Inhalte, mit denen sich Kinder beschäftigen, leichter zu sehen als die Entwicklungsaufgaben, die sie gerade bewältigen müssen. Entwicklungsaufgaben zeigen sich in konkreten Handlungen und Inhalten, mit denen sich die Kinder beschäftigen. Aus diesem Grund ist es wichtig, mehrere Beobachtungen zu sammeln und das Wissen über die Entwicklungsaufgaben von Kindern zu aktivieren, um sie in der Praxis zu erkennen.

Um die Beobachtungssequenzen in ihrer Komplexität interpretieren zu können, benötigen Pädagog*innen ein umfangreiches theoretisches Wissen, um die Entwicklungsaufgaben zu sehen, welches das Kind aktuell bewältigen muss.

Im ersten Lebensjahr bauen die Kinder sichere Bindungen und Beziehungen zu den Menschen in ihrem engsten Lebensumfeld auf. Es muss sich ein basales Gefühl des Vertrauens entwickeln, zu sich selbst und zu anderen. Hat ein Kind nicht gelernt sich in der Umgebung vertrauter Personen wohl und sicher zu fühlen, wird es sein gesamtes Leben lang Schwierigkeiten haben, enge und sichere Beziehungen zu anderen zu gestalten.

Bildungs- und Lerngeschichten sind eine sehr gute Möglichkeit zu erkennen, ob und in welcher Qualität Beziehungen jedes einzelnen Kindes zur Kindergruppe entstehen bzw. entstanden sind. Es gibt keine Aktivität in der Kita, die nicht in ein soziales Geschehen in der Kindergruppe eingebunden wäre; ergo ist es in jeder Sequenz zu beobachten. Sehen die Pädagog*innen, dass ein Kind immer allein spielt, ist es ein Zeichen dafür, dass sie aktiv werden müssen.

Die Entwicklungsherausforderung für Kindern zwischen dem ersten und dem dritten Lebensjahr liegt darin, selbstständig und autonom zu werden, sich wachsenden sozialen Anforderungen zu stellen. Die geistigen Fähigkeiten (Sprache, Denken, exekutive Funktionen) werden so weit entwickelt, dass das Kind immer unabhängiger von den Erwachsenen werden kann. Erkennbar ist das daran, dass die Kinder ein relativ selbstorganisiertes Leben – zumindest im Spiel – mit anderen

Kindern beginnen. Zunehmend lernen sie zu wählen, Entscheidungen zu treffen und ihre Umgebung selbst zu erkunden. Sie können das, was sie denken, fühlen und wollen immer besser, auch durch gesprochene Sprache zum Ausdruck bringen.

Zwischen dem vierten und dem sechsten Lebensjahr identifizieren sich Kinder immer stärker mit ihren erwachsenen Bezugspersonen. Erwachsene und Gleichaltrige sind Vorbild in der Entwicklung der Geschlechtsidentität. Kinder werden immer selbstständiger. Ihr Aktionsradius vergrößert sich und mit Beginn des Schulalters nehmen die Aktionen unter Peers zu. Sie festigen ihr Regel- und Normenverständnis. Aufgrund ihrer moralischen Entwicklung (ihres Gewissens) haben Kinder hohe normative Standards herausgebildet, denen sie entsprechen wollen.

In der Zusammenschau der Beobachtungssequenzen zeigen sich mit hoher Wahrscheinlichkeit die aktuellen Entwicklungsaufgaben des Kindes Es kann gut dokumentiert werden, wie einzelne Kinder – meistens eine kleine Kindergruppe – sich selbst (Spiel-)Ziele setzen und selbstorganisiert dafür sorgen, diese zu erreichen (Siegler et al. 2016). Das »wahre« Leben spielt sich jetzt zunehmend in der Kindergruppe ab.

Schauen wir uns das an einem Beispiel an:

Szene im Sportraum: Tobias (5 Jahre) steht am Rand und beobachtet, wie vier andere Jungen vom Dach des Gartenhauses springen. Sie geben sich gegenseitig Anweisungen, die Übung ist gefährlich und nicht ganz leicht. Leon (6 Jahre) springt, die anderen auch. Tobias schaut sich das Geschehen an. Er zögert, dann versucht er, auf das Dach zu klettern. Intensiv beobachtet er, wie Leon das macht, er schlägt denselben Weg ein, er schwitzt, dennoch gelingt es ihm nicht.

Szene im Garten: Leon baut mit zwei anderen Jungen im Sandkasten eine Wasserburg. Es sind schon mehrere Gebäude entstanden. Der Burggraben wird gerade gegraben. Die Gruppe der Jungen sprechen sich in ihren Rollen an »Hey, Chef wie tief sollen wir graben?« Tobias holt sich eine Schaufel. Die anderen Kinder lassen ihn mitschaufeln.

Szene im Zimmer: Leon und seine Freunde sitzen in der Bauecke und bauen die Burg, die gestern im Sand entstanden, ist mit Bausteinen nach. Sie machen einen Plan, wer was macht, welches Gebäude wie gebaut wird. Tobias sitzt am Tisch, schaut sich ein Buch an und beobachtet, was die drei anderen Jungen tun.

Analyse anhand der Lerndispositionen:
Nach Beendigung der Beobachtungsequenz sind die zum Instrument gehörigen Dokumentationsblätter (s.o.) drei- bis fünfmal auszufüllen. Die Häufigkeit der Beobachtung hängt davon ab, wie differenziert sich Lernen und Entwicklung des Kindes zeigen.

Die genaue Analyse der Lerndispositionen gibt Aufschluss darüber, inwieweit der »Fundus und das Repertoire« an Lernstrategien, die Motivation und die Fähigkeiten, sich in neuen Situationen zurechtzufinden, beim einzelnen Kind ausgeprägt ist.

Ist eine Lerndisposition über eine längere Zeit nicht zu beobachten, ist das ein deutliches Zeichen dafür, dass ein Grundbedürfnis nicht erfüllt ist. Dies ist am Eisbergmodell (vgl. Kapitel 5.3.2) klar zu erkennen.

Kehren wir zurück zu den Beobachtungen von Tobias Verhalten.

In den drei Sequenzen ist zu sehen, dass Tobias wahrscheinlich keine inhaltlichen Interessen verfolgt. Er möchte vielleicht nicht klettern lernen, er interessiert sich vermutlich nicht für Burgen. Legt man die Entwicklungsaufgaben zugrunde, die Tobias lösen muss, um sich weiterentwickeln zu können, sind verschiedene Interpretationen möglich:

- Tobias gelingt es generell nicht, mit anderen Kindern in Kontakt zu kommen.
- Vielleicht ist es nur Zufall, dass die Erzieherin ihn immer in Situationen beobachtet, in denen Leon dabei ist.
- Er möchte »festes Mitglied« in der Jungengruppe werden, in der Leon der Chef ist.
- Tobias nimmt sich Leon als Geschlechtervorbild und ahmt dessen »männliches« Verhalten nach.

Eine Diskussion im Team, ein Austausch über die Beobachtungen der anderen ist notwendig, um Klarheit über Tobias' Motive für sein Handeln zu bekommen. Die Deutungen, die das Team als angemessen empfindet, bestimmen die weiteren pädagogischen Interaktionen zwischen den Pädagog*innen und Tobias, ggf. auch mit Leon oder der Jungengruppe. Besondere Sorgfalt in der Interpretation ist unabdingbar, wenn es darum geht, Kindern beim Bewältigen ihrer Entwicklungsaufgaben zu helfen. Es wäre ein fataler Irrtum und hätte schwerwiegende Folgen, wenn ein Erzieher*innenteam nur auf die inhaltlichen Interessen und Bedürfnisse der Kinder reagiert. Es reicht nicht aus, die soziale, emotionale, kognitive, motorische Entwicklung im Blick zu haben, die Bewältigung der Entwicklungsaufgaben bzw. sogar kritischer Lebensereignisse aber nicht.

Schaffen eines entwicklungsfördernden Kontextes

Hier schließt sich der Kreis. Wie bei den Learning Storys geht es darum, eine für das Kind bzw. eine Kindergruppe passende Lernumwelt zu schaffen. Lernanregend kann alles sein, was das Kind umgibt, was seine Zone der nächsten Entwicklung herausfordert.

Je komplexer eine Lernumwelt gestaltet ist, umso höher ist die Wahrscheinlichkeit, dass jedes Kind passende Lerninhalte für sich findet. Der gesamte Tag wird als »Angebot« für Kinder angesehen und nicht auf punktuelle »Angebote« reduziert. Impulse dafür gibt es im abschließenden Kapitel dieses Buches.

Literatur

Deutsches Jugendinstitut (DJI) (2007): Bildungs- und Lerngeschichten. Von der Beobachtung über die Auswertung bis zur Lerngeschichte. URL: https://dji.de/fileadmin/user_upload/dasdji/ home/BuL/PK_BuL07.pdf.

Leu, H. R., Flämig, K., Frankenstein, Y., Koch, S., Pack, I., Schneider, K., & Schweiger, M. (2007): Bildungs- und Lerngeschichten: Bildungsprozesse in früher Kindheit beobachten, dokumentieren und unterstützen. Weimar: Verlag das Netz.

Siegler, R., Eisenberg, N., DeLoach, J., & Saffran, J. (2016): Entwicklungspsychologie im Kindes- und Jugendalter. Deutsche Ausgabe hrsg. v. S. Pauen. Wiesbaden: Springer.

5.4 Portfolioarbeit im Kindergarten

Ina Schenker

In diesem Kapitel soll es um eine inhaltliche Auseinandersetzung mit Dokumentationsformen gehen. Neben den Learning Storys bzw. Bildungs- und Lerngeschichten, die für die Kinder und die weitere pädagogische Arbeit aufgeschrieben werden, gibt es viele weitere Dokumentationsformen: Beobachtungsprotokolle nach Anwendung der Beobachtungsinstrumente; Sammlung der Arbeitsergebnisse der Kinder; Fotos und Videos von gemeinsamen Aktivitäten.

Dazu haben Portfolios Einzug in die Kita gehalten. Die Portfoliomethode bzw. Portfolioarbeit sind Dokumentations- und Arbeitsformen, die zu einer konstruktivistisch orientierten Lerntheorie passen: Die Aktivitäten des Kindes, seine Entwicklung, seine kognitiven, sozialen, motorischen und kommunikativen Kompetenzen und Ressourcen stehen im Mittelpunkt.

Es gibt im gesellschaftlichen Leben verschiedene Arten von Portfolios, die nach Zweck, Art, Thema, Handlungsfeld und Auswertungszusammenhang variieren. In Portfolios, die präsentiert werden, steckt harte Arbeit: Leistungen müssen erbracht, dokumentiert, ins beste Licht gerückt und gemanagt werden. Exzellenz ist gefragt, um eine Chance zu haben, einen Auftrag zu bekommen. Produktportfolios bilden eine Palette der Produkte einer Firma ab: Handy, Computer, Tablets. Ein breites Produktportfolio sichert das Überleben im Wettbewerb der Wirtschaft. Portfolio scheint ein inflationär verwendeter, schillernder Begriff zu sein. In Schulen und Hochschulen haben sie schon seit relativ langer Zeit als eine spezielle Form der Leistungsdokumentation Einzug gehalten.

Dennoch gibt es im frühpädagogischen Handlungsfeld viele verschiedene Darstellungen, was überhaupt ein Portfolio ist. In meinen Ausführungen nehme ich eine Perspektive ein, die den Nutzen von Portfolioarbeit als Ressource für die Entwicklung von exekutiven Funktionen von Kindern herausstellt.

Portfolio – Portfoliomethode – Portfolioarbeit

Diese drei Bezeichnungen schwirren durch die pädagogische Fachliteratur. Bei näherem Hinsehen werden damit unterschiedliche Ziele und Handlungen in verschiedenen Bildungsinstitutionen verbunden.

Zunächst scheint Portfolioarbeit keine Methode der Didaktik in Kindertageseinrichtungen zu sein. Das legt zumindest die Begriffsdefinition von Häcker nahe, die in der Literatur am häufigsten zitiert wird: »Ein Portfolio ist eine zielgerichtete Sammlung von Arbeiten, welche die individuellen Bemühungen, Fortschritte und Leistungen der/des Lernenden auf einem oder mehreren Gebieten zeigt. Die Sammlung muss die Beteiligung der/des Lernenden an der Auswahl der Inhalte, der Kriterien für die Auswahl, der Festlegung der Beurteilungskriterien sowie Hinweise auf die Selbstreflexion der/des Lernenden einschließen« (Paulson, zit. n. Häcker 2011, S. 36).

Portfolioarbeit ist ein umfassendes Unterrichtskonzept der schulischen Didaktik. Es fördert selbstbestimmtes und eigenaktives Lernen, da Lehrer*innen sich dabei an den Bedürfnissen und Fähigkeiten der Kinder orientieren. Lernen wird herausgefordert, indem Lehrkräfte und Kinder gemeinsam Kriterien für das Erbringen einer Leistung erarbeiten. Eine sachliche Kommunikation über Lernen und Leistung soll zwischen allen Beteiligten in Gang kommen und die individuellen Bemühungen der Lernenden sollen sichtbar werden (Winter 2006). Die Pädagog*innen analysieren die Entwicklung des Kindes, setzen klare Ziele zur Leistungserbringung, beobachten, begleiten, reflektieren und beurteilen das kindliche Lernen (Reich 2003; Brunner et al. 2011; Engel & Wiedehorn 2010). Wichtig ist die Orientierung am Prozess: In der Portfolioarbeit wird der Lernprozess ebenso in den Blick genommen wie das Ergebnis.

Durch eine systematische Arbeit mit Portfolios über die gesamte Schulzeit hinweg zeigt sich die Lernbiografie des Lerners und wird für ihn und andere nachvollziehbar. Individuelle Lern- und Entwicklungswege werden von den Kindern selbst systematisch dokumentiert.

Portfolioarbeit verfolgt das übergreifende Ziel, die Förderung des Kindes an dessen Entwicklungsstand anzupassen. Die Stärken, Fähigkeiten und Fertigkeiten des Lernenden sind im Blick der Lehrperson. Das macht Portfolios zum wichtigsten Instrument der pädagogischen Diagnostik.

Portfolioarbeit in der Kita

Ein Portfolio ist das Ergebnis einer eigenständigen Auseinandersetzung des Kindes mit einem Gegenstand. Schon dadurch wird klar, dass Portfolioarbeit bzw. die Portfoliomethode sich in der »Originalversion« nicht für die in diesem Buch beschriebene Art, mit jungen Kindern zu arbeiten, eignet. Ein wichtiges Argument dagegen ist, dass Kinder in der frühen Kindheit anders lernen als in der Schule: Spielen, als Lebensform und selbstbestimmte Haupttätigkeit des Kindes, kann man nicht mit dem Konzept der Portfolioarbeit anregen und dokumentieren.

Allerdings kann das Portfolio auch in der Kita eine wichtige Grundlage der pädagogischen Arbeit und des Dialogs mit Kindern sein. Winter (2006) stellt die Frage: »Sollte man damit [mit der Portfolioarbeit] nicht so früh wie möglich beginnen?« Und sagt sofort: »Nicht unbedingt, sondern jeweils nur in der Form, die dem Entwicklungsstand der Kinder angemessen ist.«

Welche Kompetenzen und Fähigkeiten brauchen Kinder, damit Portfolioarbeit sie nicht überfordert, ja überhaupt sinnvoll ist?

- Die Kinder sind von ihren kognitiven Fähigkeiten her in der Lage, die Methode zu verstehen.
- Sie können durch Sprache, Schrift, Malen/Zeichnen, Sammeln, Foto- bzw. Videografieren dokumentieren und kommentieren.
- Metakommunikative und metakognitive Fähigkeiten sind so weit entwickelt, dass Kinder über sich selbst und ihr Lernen reden und »über das eigene Denken nachdenken« können.
- Sie haben die Fähigkeiten, sich selbst Lernziele zu setzen, Handlungen zu planen, zu überwachen, anzupassen und zu reflektieren.
- Die Kinder können um Unterstützung beim Lernen und Dokumentieren bitten. In den damit verbundenen Diskussionen stellen sie argumentativ ihre Perspektive dar. Durch die Fähigkeit, Dialoge zu führen, entwickeln sie neue Lösungsvarianten bspw. bei der Gestaltung ihres Leistungsportfolios.
- Sie sind in der Lage, ihre Lernprozesse zu reflektieren, zu beschreiben, zu beurteilen und vor anderen zu präsentieren. Sie stellen Eltern, pädagogischen Fachkräften und anderen Kindern ihre »Lernspuren«, Lernwege und Lernergebnisse vor.

Diese Fähigkeiten und Kompetenzen machen schnell klar: Junge Kinder müssen in die Methode der Portfolioarbeit erst hineinwachsen. Hineinwachsen bedeutet, dass zuerst Erwachsene die Dokumentation der kindlichen Entwicklung übernehmen. Nur schrittweise, wahrscheinlich über die gesamte Kita-Zeit hinweg, geht die Verantwortung der Dokumentation der eigenen Leistungen auf das Kind über. Wahrscheinlich in der Zeit des Übergangs von der Kita in die Grundschule wird das Portfolio zu einem »Lerninstrument zur Aneignung einer Sache, Dialog über die Sache, Dialog über Lernen und Leistung« (Winter 2006, S. 3).

Welche Portfolioarten eignen sich für die Kita?

Durch die fachliche Auseinandersetzung mit dem Portfolioinstrument ist Portfolioarbeit als Methode seit einigen Jahren auch für die pädagogische Arbeit in der Kita relevant. Es gibt verschiedene Portfolioarten, und jede verfolgt spezifische Ziele und Methoden. Das Ziel des Portfolios bestimmt, welche Inhalte (Fotos, Entwicklungsdokumentationen etc.) in ihm gesammelt werden und die Art und Weise, wie Erwachsene mit dem Kind darüber kommunizieren (Häcker 2011).

Damit junge Kinder in die Portfolioarbeit hineinwachsen können, scheinen die nachfolgend vorgestellten Portfolios am besten geeignet zu sein. Dabei muss betont werden, dass die verschiedenen Portfolioarten immer zueinander in Beziehung stehen.

Das Dokumentationsportfolio

Im sogenannten Ich-Buch werden schöne Erinnerungen an Erlebnisse in Form von Fotos oder Videos, ausgewählten Zeichnungen, den ersten Schreibergebnissen oder auch Learning Storys zur Dokumentation aufbewahrt. Sie dienen der Erinnerung und der fortwährenden Freude über erbrachte Leistungen – über die gesamte Kita-Zeit hinweg. Die Entwicklung des eigenen Könnens ist hier dokumentiert. Schon die Allerjüngsten sind an der Auswahl der zu sammelnden Dokumentationen beteiligt.

Portfolioarbeit beginnt bereits in der Kinderkrippe: Pädagog*innen bringen ihre Freude über eine gelungene Leistung zum Ausdruck. Sie beschreiben für das Kind, was sie daran so bemerkenswert finden. Das Kind fühlt sich in dieser Situation wohl und besonders angenommen. Es äußert seine Freude und spürt durch das Aufeinanderbezogensein, dass etwas Wichtiges geschieht: Seine Leistungen werden gewürdigt. Pädagog*innen zeigen dem Kind seine Fotos, lesen ihm seine Lerngeschichten vor und freuen sich gemeinsam mit ihm über seine Zeichnungen.

Mit den zunehmenden kommunikativen und geistigen Fähigkeiten können Kinder selbst ihre Motive für ihr Tun darstellen und beschreiben, »wie sie etwas gemacht haben«. Die Beziehungen zwischen den Pädagog*innen und dem Kind entwickeln und festigen sich durch diese Gespräche. Kinder werden angeregt, auf ihr Tun zu achten, ggf. zu beobachten und zu vergleichen, wie andere Kinder etwas machen. Die Präsenz, die Aufmerksamkeit, welches das Kind in diesen Situationen bekommt, wirken als »Lernmotor« und machen stolz auf die erbrachten Leistungen (Winter 2006; Häcker 2011).

Der Zweck des Dokumentationsportfolios ist die Erinnerung. Durch das Dokumentieren von schönen Erlebnissen, den Leistungen des Kindes und den Berichten der Erwachsenen dazu werden die Einzigartigkeit des Kindes, die Vielfältigkeit seiner Begabungen und Ressourcen wertgeschätzt. Weiterhin dient es auch als Präsentationsportfolio: Das Kind präsentiert, worauf es besonders stolz ist.

An den nachfolgenden Bildern ist zu erkennen, dass eine Kooperation mit den Familien hilfreich ist, um das Dokumentationsportfolio zu vervollständigen:

Bruno hat es geschafft. Er hat zu Hause weiter geübt und beherrscht jetzt die Rolle vorwärts. Seine Mama bringt einen Stick mit den Fotos mit in die Kita. Stolz präsentiert Bruno allen die Bilder, die zeigen, dass er die Rolle vorwärts gelernt hat. Die Pädagogin fügt die Bilder, auf Wunsch von Bruno, in sein Dokumentationsportfolio ein.

Das Dossier über das Kind

Im Entwicklungsportfolio oder Dossier sammeln die Pädagog*innen alle Informationen, die den Entwicklungsstand des Kindes dokumentieren. Das sind zum einen die Daten aus den verschiedenen Beobachtungsbögen. Andererseits gehören zum Dossier auch Szenen, die beim phänomenografischen Beobachten dokumentiert wurden. Alle diese Informationen geben Aufschluss über das Denken und die Kultur des Kindes und seinen Platz in der Kindergruppe.

Für die Sammlung und Interpretation der Ergebnisse, die aus der Analyse der standardisierten Beobachtungsinstrumente resultieren, trägt allein die einzelne pädagogische Fachkraft bzw. das Team die Verantwortung, ggf. in Kooperation mit den Familien (Winter 2006; Häcker 2011). Völlig anders erfolgt die Auseinandersetzung mit den Ergebnissen des phänomenografischen Beobachtens: Dieser Teil des Dossiers entsteht im Dialog mit dem Kind. Seine Sichtweisen werden erfragt und mit ihm diskutiert. Beide Teile des Dossiers bilden eine komplexe Grundlage für die pädagogische Arbeit mit jedem einzelnen Kind oder mit der Kindergruppe.

Der Zweck dieses Portfolios ist die pädagogische Diagnostik. Sowohl die Pädagog*innen als auch die Familie erhalten fundierte Rückmeldungen über die soziale, geistige, körperliche und emotionale Entwicklung des Kindes. Sie erfahren, was das Kind denkt und wie es die Welt aus seiner Sicht heraus versteht. Dieses Wissen ist die Basis für die Gestaltung einer alltagsintegrierten, am konkreten Kind orientierten Didaktik. Auf der Suche nach der Zone der nächsten Entwicklung müssen die häufig sehr umfangreichen Sammlungen von Informationen gesichtet und geeignete, d.h. herausfordernde Impulse für das Lernen der Kinder, gefunden werden. In diesem Arbeitsprozess versuchen die Pädagog*innen noch einmal nachzuvollziehen, was das Kind ausdrücken will, wie es selbst etwas anschaut und etwas versteht. Damit entsteht ein wichtiger Ausgangspunkt für Dialoge mit jedem einzelnen Kind über sein Lernen und sein Denken.

Das Lernportfolio

In einem Lernportfolio werden die Kinder aktiv. Sie bekommen die Möglichkeit, ihre Gedanken, Perspektiven und Sichtweisen auf die sie umgebene Welt zu erforschen und darzustellen. Impulse aus ihrer Umwelt, Beobachtungen, Ausflüge, Geschichten, Märchen, Erlebnisse, ja der gesamte herausfordernde Alltag können Teil des Lernportfolios werden. Die Kinder dokumentieren selbst ihre Erkenntnisse bspw. durch Zeichnen, Fotografieren oder Erzählungen. Es sind ihre »Originaldokumente«, durch die ihre Individualität und Authentizität sichtbar wird, wo sich ihre Interessen und Vorlieben zeigen.

Um Lernportfolios zu führen, benötigen Kinder die Unterstützung der Pädagog*innen durch:

- Beantworten der Nachfragen der Kinder
- Dialoge über das was man beobachtet oder erfahren hat
- Beraten, wie etwas dokumentiert oder weiter erforscht werden könnte
- Zeigen, wie etwas geht

Unterstützung bekommen die Kinder auch dadurch, dass die Erzieher*innen Beschreibungen oder Erzählungen der Kinder mitschreiben und sie den Dokumentationen der Kinder beifügen.

Das Lernportfolio ist für die Pädagog*innen eine wichtige Informationsquelle, eine Rückmeldung darüber, ob, wann und warum Kinder die Impulse der pädagogischen Fachkräfte aufgenommen und wie sie diese verstanden haben. Aus einer konstruktivistischen Perspektive auf Lernen sind Lernportfolios eine wichtige Quelle der Widerspiegelung der Konstruktionen der Kinder (Winter 2006).

Auf das Zusammenspiel kommt es an!

Am Beispiel der Rolle vorwärts lassen sich zwei Inhalte verdeutlichen:

- Jede Art des Portfolios verfolgt einen anderen Zweck. Dennoch stehen alle Dokumentationen in einem inhaltlichen Zusammenhang.
- Die Entwicklung der Portfolioarbeit in der Kita verläuft parallel zur Entwicklung des Kindes:

Brunos Rolle vorwärts könnte als Präsentation seines Könnens im Dokumentationsportfolio aufbewahrt werden. Er zeigt den anderen, was er kann, er ist stolz. Seine sportliche Leistung ist dokumentiert. Es ist nachvollziehbar, wann er die Rolle vorwärts gelernt hat.

Im Entwicklungsportfolio oder Dossier wird Brunos Leistung als eine komplexe motorische Fähigkeit dokumentiert. Im Abgleich bspw. mit den Grenzsteinen der Entwicklung bekommt die pädagogische Fachkraft die Gewissheit, dass er motorisch sehr gut entwickelt ist, d.h. komplexe Bewegungen ausführen kann. Ergänzt durch Brunos detaillierte Beschreibung, wie er ganz genau zu diesem Ergebnis gekommen ist, kann diese Bildserie auch im Lernportfolio ihren Platz finden. Im Unterschied zum Dokumentationsportfolio kann Bruno hier jetzt sehr genau beschreiben und kommentieren, was er getan hat, um die Rolle vorwärts zu lernen. Er schaut sich seinen Lernprozess von einer Metaebene heraus an und vollzieht im Kopf noch einmal alles nach, was er getan hat. Er hat sein Lernen im Blick. Zukünftig kann er an diese und viele andere Erfahrungen anknüpfen.

Die Portfolioarbeit mit Kindern beginnt mit dem Dokumentations- und dem Entwicklungsportfolio. Wie weiter oben ausgeführt, kann erst Schritt für Schritt gemeinsam mit dem Kind dokumentiert werden. Die Formen der Beteiligung des Kindes am Lernportfolio entwickeln sich parallel mit seinen Fähigkeiten.

Die Inhalte der einzelnen Arten können nicht isoliert betrachtet und interpretiert werden: Die im Dokumentationsportfolio gesammelten Werke geben Aufschluss über die Fähigkeiten des Kindes. Das führt dazu, dass neue Formen und Instrumente der pädagogischen Diagnostik gefunden und angewendet werden müssen. Ziel ist, mit den verschiedenen Portfolioarten kontinuierlich die aktuelle Zone der Entwicklung zu beschreiben und Impulse für die Begleitung des Kindes in die Zone der nächsten Entwicklung zu geben.

Diese Dynamik führt wiederum zu Veränderungen im Entwicklungsportfolio/Dossier. Daraus resultieren wieder neue pädagogische Angebote. Zwischen der Eigenaktivität des Kindes und den begleitenden, unterstützenden Aktivitäten der Erzieher*innen wird immer und immer wieder eine Balance gefunden.

Beginnend mit dem Erzählen und Beschreiben durch den Erwachsenen für das Kind entwickelt sich das Portfolio im Laufe seiner Kita-Zeit über verschiedene Formen der dialogischen Interaktion mit dem Kind dahin, dass es in der Schule mit der Portfolioarbeit eine sehr selbstbestimmte Form des Lernens leben kann.

Eine neuere Entwicklung in vielen Einrichtungen ist das E-Portfolio. Es macht den Umgang mit den Daten leichter und ist platzsparender. Voraussetzung dafür ist, dass die Kita über die notwendigen Rahmenbedingungen verfügt: Laptops, Sticks, Scanner müssen vorhanden und jederzeit nutzbar sein.

Datenschutzrechtliche Grundlagen

Portfolios enthalten personenbezogene Daten im Sinn von Art. 4 Nr. 1 DS-GVO (Datenschutz-Grundverordnung): Namen und Geburtstag des Kindes, Fotografien, Entwicklungsdokumentationen, Learning Storys etc. Die Sammlung personenbezogener Daten bedarf der Einwilligung aller Sorgeberechtigten und sollte bestenfalls gleich mit dem Abschluss des Betreuungsvertrages eingeholt werden. In der Erklärung ist abzufragen, ob Fotos und sonstige personenbezogene Daten in das Portfolio eingelegt werden dürfen. Die Eltern müssen die Einwilligung, ohne Nachteile zu erleiden, widerrufen können. Das Portfolio darf neben den betreuenden Fachkräften bzw. der Leitung regelmäßig nur den Sorgeberechtigten und dem Kind zugänglich sein. Nach Beendigung der Kindergartenzeit wird das gesamte Portfolio dem Kind und seiner Familie übergeben.

Literatur

Engel, A., Wiedehorn, A. (2020): Stärken fördern – Lernwege individualisieren. Der Portfolioleitfaden für die Praxis. Weinheim: Beltz.

Brunner, I., Häcker, T., Winter, F. (Hrsg.) (2011): Das Handbuch Portfolioarbeit. Konzepte, Anregungen, Erfahrungen aus Schule und Lehrerbildung. Seelze: Klett Kallmeyer.

Häcker, T. (2011): Wurzeln der Portfolioarbeit. In: Brunner, I., Häcker, T., Winter, F. (Hrsg.): Das Handbuch Portfolioarbeit. Konzepte, Anregungen, Erfahrungen aus Schule und Lehrerbildung (s.o.), Seite 33-39.

Raben, B. (2010): Portfolios in der Ausbildung pädagogischer Fachkräfte. Selbstorganisiert lernen. Mülheim a. d. R.: Verlag an der Ruhr.

Reich, K. (2003): Portfolio. URL: http://methodenpool.uni-koeln.de/download/portfolio.pdf.

Wiliner, T., Zeiter-Imseng, S. (2008): Portfolio im Kindergarten. Winterthur: ProKiga.

Winter, F. (2006): Portfolios in der Frühpädagogik: Ein geeignetes Instrument zur Begleitung und Entwicklung der Kinder? URL: https://friedrich-verlag.de/fileadmin/Navigatorisch_nicht_erfasst/Portfolio_Schule/Material/Portfolios_in_der_Fruehpaedagogik.pdf.

6. Das Lernen herausfordern

»Eine offene Lernhaltung ist die Grundlage für jeden gelingenden Dialog. Wenn man so will, ist im Dialog jeder des anderen Lehrer. Gemeinsame Lerngeschichten entstehen aus einer offenen Haltung in einem fruchtbaren Feld, in dem etwas Neues entstehen kann, etwas, das es vorher nicht gab.« (Martina Hartkemeyer)

Jede Lerntheorie bedingt eine bestimmte professionelle Haltung Kindern gegenüber. Diese Grundhaltung bestimmt die Interaktion zwischen Kindern und pädagogischen Fachkräften. Offenheit Kindern gegenüber bedeutet, sich für sie zu interessieren, sie zu verstehen.

Wie ein roter Faden zieht sich der Begriff des Dialogs durch das gesamte Buch: als dialogische Grundhaltung, dialogische Interaktion und Dialog als eine besondere Form des Miteinander-Redens. Eine dialogische Grundhaltung ist Basis vieler aktueller Sichtweisen, Beobachtungsformen und Methoden rund um das kindliche Lernen. Deshalb sind inhaltliche Doppelungen oder Ähnlichkeiten möglich, wenn wir in diesem Kapitel der Frage nachgehen: Wie kann man das Lernen von Kindern didaktisch herausfordern?

6.1 Kurze Einführung in die Didaktik

Ina Schenker

Gegenstand der Didaktik ist die Lehre vom Lehren. Didaktik setzt sich damit auseinander, wie pädagogische Situationen methodisch so gestaltet werden, dass Kinder optimal lernen können. Der Begriff des »Lehrens« ist im Kita-Bereich nicht so geläufig, hier wird eher von »Instruktion« gesprochen. Jede Didaktik basiert auf einer Lerntheorie. Diese Lerntheorie wird anhand didaktischer Prinzipien umgesetzt, und zwar in einer Ziel-Inhalt-Methoden-Relation. Das bedeutet, dass pädagogische Ziele immer anhand bestimmter Inhalte durch bestimmte Methoden umgesetzt werden. Wie in Kapitel 5.3 ausgeführt, unterscheidet sich die schulische Didaktik erheblich von der Didaktik in der Kita. In der Kita steht die Unterstützung der Spielfähigkeit im Vordergrund. Um der Spezifik des Lernens junger Kinder zu entsprechen, nutzen Pädagog*innen den gesamten Alltag, um Kinder Inputs für deren Lernen zu geben:

Die zweijährige Matilda ist am Morgen in die Gruppe gekommen, ohne »Guten Morgen« zu sagen. Sie fängt sofort an zu spielen. Die Pädagogin geht zu ihr, schaut sie freundlich an und begrüßt sie. Sie zeigt damit: Ich freue mich, dass du da bist. Ich muss wissen, dass du da bist. Gleichzeitig übt sie das Einhalten einer Regel der Gruppe und auch unseres Kulturkreises: Man begrüßt einander, indem man »Guten Morgen« sagt.

Das Beispiel zeigt: Lehren ist immer möglich. Im Alltag gibt es viele Situationen, in denen gezeigt, erklärt, diskutiert oder gemeinsam nachgedacht wird. Je jünger Kinder sind, umso mehr stehen Alltagssituationen wie Schlafen, Essen, Köperhygiene und die verschiedenen Formen des sozialen Zusammenlebens im Vordergrund des pädagogischen Handelns. Bei älteren Kindern nimmt die Komplexität der Inhalte stetig zu. Auf der Grundlage pädagogischer Diagnostik, als Resultat der Beobachtung von Entwicklung und Lernstrategien, aber auch des Wissens um die Fähigkeiten und Kompetenzen der Kinder wird der Alltag in der Kita von morgens bis abends bewusst von den pädagogischen Fachkräften didaktisch gestaltet. Jede Alltagssituation kann eine Herausforderung sein.

Nur Fähigkeiten, die in alltäglichen, realen Situationen, im Hier und Jetzt erworben und danach täglich angewendet werden müssen, ergeben für Kinder Sinn. Lernen in »sinnhaften Zusammenhängen« erhält die kindliche Lernmotivation. Alles, was für Kinder im Moment Sinn macht, wird behalten, verankert sich fest im Körper und im Gedächtnis und motiviert zum Weiterlernen. Das gegenwärtig zur Verfügung stehende Wissen des Kindes, seine gegenwärtige Lebenslage, die Herausforderungen seines sozial-räumlichen Umfeldes, seine Biografie und das Leben in einem bestimmten Kulturkreis bestimmen seine aktuelle Zone der Entwicklung. Diese bildet dann die Grundlage für die Gestaltung von komplexen Lernsituationen seitens der Pädagog*innen.

Dialogische Grundhaltung

Eine Grundhaltung ist das individuelle Muster an Einstellungen, Werten und Überzeugungen, die ein Mensch in sich trägt. Dadurch wird er authentisch, und seine Handlungen erscheinen »uns [als] echt, glaubwürdig, und wahrhaftig« (Luckner zit. n. Maschke 2019, S. 147). Wir täuschen nicht, erfinden nichts, sind nicht falsch oder aufgesetzt. Authentisch zu sein bedeutet: Ich verfüge über einen inneren Kompass, der für mein Handeln Stabilität und Orientierung ermöglicht. Ich habe eine Grundlage für mein Urteilen.

Haltungen setzen sich aus einer Vielzahl von persönlichen Kompetenzen, Konzepten, Einstellungen, Theorien und Motiven zusammen und werden zu einem persönlichen Merkmal – sie sind »typisch«. Jeder Mensch hat seine subjektive Einstellungen Kindern gegenüber. Der Unterschied zu einer professionellen Grundhaltung ist jedoch erheblich: Eine professionelle Grundhaltung ist für alle im Handlungsfeld Tätigen verbindlich, ein Standard, der das berufliche Handeln Kindern gegenüber bestimmt, durch konkret formulierte Qualitätskriterien messbar und im alltäglichen Handeln sichtbar ist. Es besteht die Möglichkeit, dass sich eine professionelle Grundhaltung von einer persönlichen unterscheidet.

Nelli ist seit einiger Zeit in der Kita. Sie wirkt sehr zurückgezogen und ihr gelingt es nicht mit anderen Kindern in Kontakt zu kommen. Wer sich nicht professionell mit kindlichem Verhalten auseinandersetzt, würde Nelli vielleicht als schüchtern bezeichnen. Fachkräfte haben verschiedene Hypothesen zur Verfügung, warum Nelli sich so verhält: Ist sie nicht eingewöhnt? Findet sie keinen Kontakt zu anderen Kindern? Ist die gesamte Umgebung in der Kita so gestaltet, dass Nelli lernen muss?

Pädagog*innen mit einer dialogischen Grundhaltung sind daran zu erkennen, dass sie an dem, was Kinder tun und denken, authentisch interessiert und neugierig darauf sind. Sie gehen feinfühlig in Beziehung und versuchen herauszufinden, warum Nelli sich bspw. zurückzieht.

Lernen wird herausgefordert und nicht eingeschränkt. Kinder müssen nicht warten, bis etwas »dran« ist. Der Alltag in der Kita wird in seiner Komplexität genutzt, sodass jedes Kind Tätigkeiten findet, die es herausfordern. Die unterschiedliche Entwicklung und die verschiedenen Ressourcen jedes Kindes werden beachtet und wertgeschätzt. Kinder erleben sich als wirksam, weil sie ihre gesamten Fähigkeiten einsetzen müssen, um eine komplexe Situation auf eine Weise zu bewältigen, die sinnvoll für die gesamte Kindergruppe ist. Lernprozesse werden nicht »zerstückelt« (fragmentarisiert). Die Pädagog*innen ermutigen und unterstützen die Kinder, verschiedene Lösungsvarianten auszuprobieren und für sich die effektivste herauszufinden. Kinder lernen nicht im »Gleichschritt«, sondern in ihrem eigenen Tempo (Reich 2019).

Aus einer dialogischen Grundhaltung heraus verzichten die Erzieher*innen auf eine restriktive Machtausübung. Aus ihrer Rolle heraus geben sie Kindern Sicherheit und Orientierung, indem sie klare Regeln mit den Kindern leben. Rückmeldungen werden so formuliert, dass sich den Kindern der Sinn der Forderung erschließt. Dialogische Interaktion (s.u.) ist daran zu erkennen, dass man das individuelle Handeln jedes Kindes im Blick hat. Vorausschauend können Hinweise gegeben oder Unterstützung angeboten werden. »Alltagskatastrophen« wie heruntergefallenes Geschirr, kaputtgegangenes Spielmaterial oder Konflikte in der Kindergruppe werden als normal, zum Alltag dazugehörend, angesehen. Entsprechend ihres Entwicklungsstandes werden die Kinder daran beteiligt, alles wieder in Ordnung zu bringen – so, dass sie dabei lernen können. Konflikte unter Kindern werden wahr- und ernstgenommen. Gemeinsam mit allen Beteiligten werden mögliche Lösungsstrategien diskutiert, Regeln festgelegt und auch, wie deren Einhaltung kontrolliert werden kann. Der Sinn der Regeln bzw. ergriffenen Maßnahmen muss für die Kinder verständlich und nachvollziehbar sein. Jüngeren Kindern wird gezeigt bzw. vorgelebt, wie etwas anders gehen könnte. Hilfeleistungen bleiben solange bestehen, bis die Kinder in der Lage sind, den Konflikt aus eigener Kraft zu lösen. Pädagog*innen mit einer am Dialog orientierten Grundhaltung »arbeiten mit dem, was ist«: Egal, was geschieht, es wird – mit unterschiedlichen Methoden und vor allem an einer Lösung orientiert – zum Gegenstand pädagogischen Handelns gemacht.

Dialogische Interaktion

Dialogische Interaktion in der Kita ist eine besondere Form des didaktischen Handelns, die auf einer dialogischen Grundhaltung aufbaut (Jank & Meyer 2005; Reich 2006; vgl. auch Kapitel 6.4). Dialogische Interaktionen zeichnen die Beziehungen zwischen den Kindern und den Erwachsenen einer pädagogischen Institution aus. Es sind wechselseitige Prozesse, bestimmt durch die Professionalität der pädagogischen Fachkräfte. Aktuell spricht man von responsiven Prozessen (König 2008).

Responsivität in der Fachkraft-Kind-Interaktion zeigt sich im Abstimmungsverhalten der Handlungen der Erwachsenen mit denen des Kindes. Bei gemeinsamen Tätigkeiten versuchen die Pädagog*innen im Tempo des Kindes zu agieren. Sie passen sich mit ihrer (Körper-)Sprache der des Kindes an und spiegeln dessen Emotionen wider. Durch die Orientierung am Entwicklungsstand, den Interessen und Themen sind sie den kindlichen Bedürfnissen nahe.

Eine Gleichheit im Sinn einer symmetrischen Ko-Konstruktion entsteht zwischen Kindern und Erwachsenen in Momenten, in denen der Erwachsene eine fragend-erkundende Haltung einnimmt. Das, was Kinder in diesen Momenten des »gemeinsam geteilten Denkens« sagen, gibt wichtige Einblicke in ihre Sicht- und Denkweisen und ihr Wissen. Zugleich bekommen die Pädagog*innen eine Orientierung dafür, was in den »instruktiven Momenten« zu einer Erweiterung der kindlichen Gedankengänge und des kindlichen Wissens führen könnte (König 2009). Phänomenografisches Beobachten, ergänzt durch Prozesse des sprachlichen Austauschs, bietet eine optimale Grundlage dafür, dass sich Erwachsene in die Perspektive des einzelnen Kindes oder der Kindergruppe hineinversetzen können. Sie folgen einfach immer den Fragen: »Wie siehst du …? Wie erklärst du …? Was vermutest du?« Im Gegenzug sind die Erwachsenen darauf bedacht, für Kinder authentisch nachvollziehbar werden zu lassen, was sie selbst denken und erleben (König 2009; Remsperger 2011).

Instruktionen

Als Instruktionen werden die Momente im Alltag bezeichnet, in denen Menschen mit Entwicklungsvorsprung anderen etwas zeigen oder sie auf eine Art und Weise etwas lehren. In Kitas und Schulen geschieht dies in einem professionellen Kontext. Das bedeutet, dass diese Instruktionssituationen methodisch durchdacht stattfinden bzw. begleitet werden.

In der aktuellen Kita-Debatte wird betont, dass Kinder eigenverantwortliche, eigenaktive und selbstbestimmte Lerner sind. Man kann Kindern nicht »etwas beibringen«, wie es früher häufig bezeichnet wurde. Aber sie brauchen Instruktionen durch die Erwachsenen, denn sie können sich nicht aus eigener Kraft bspw. die Symbolsysteme unserer Kultur, Sprache und Schrift, aneignen. Erwachsene oder andere Kinder müssen ihnen dabei helfen. Zudem brauchen Kinder kompetentere Erwachsene und Kinder, die sie herausfordern, damit sie überhaupt lernen müssen.

Herausforderungen sind im Kita-Alltag allgegenwärtig. Sie treten sofort auf, wenn ein Kind aufgrund seiner aktuellen Fähigkeiten und seines aktuellen Wissens Probleme nicht selbständig lösen kann. Diesem Zustand kann mit verschiedenen Arten von Instruktion begegnet werden:

Mit direkter Instruktion sind keinesfalls Lernprozesse gemeint, in denen Kinder aufgefordert werden, unhinterfragt Wissen aufzunehmen – umgangssprachlich ist damit der Begriff des »Eintrichterns« verbunden. Direkte Instruktionen finden immer dann statt, wenn die Lernziele vom Lehrenden vorab festgelegt werden, durch eine bewusst geplante Didaktik Voraussetzungen dafür geschaffen werden, dass diese durch das Kind/die Kinder erreicht werden – wobei auch hier die Aktivität des Lernenden vorausgesetzt wird. Das klassische Beispiel für ein Lernen, das unter direkter Instruktion stattfindet, ist das Sprechen- oder Schreibenlernen. Aber direkte Instruktionen gibt es nicht nur in der Schule. Auch im Kita-Alltag wird den ganzen Tag direkt instruiert: Kindern wird gezeigt, wie man Schleifen bindet, aufräumt, sich anzieht, Regelspiele spielt usw. Direkte Instruktionen finden in der Kita völlig anders statt als bspw. im traditionellen Schulunterricht. Mehr dazu am Ende dieses Gliederungspunktes.

In vielen Situationen stößt das Kind jedoch an Grenzen, ohne dass von pädagogischer Seite bewusst Lernziele gesetzt worden wären. Es sind Situationen, in denen sich das Kind selbstbestimmt mit Dingen bzw. Gegebenheiten auseinandersetzt. In diesem Fall wird die Instruktion als Unterstützungsleistung direkt auf die konkrete Situation und das Kind abgestimmt. Wo benötigen die Kinder Hilfe, wo ist ein von den Kindern selbst bestimmtes Lernziel? An dieser Stelle kommt wieder die Responsivität ins Spiel: »als spontane Anpassung an die Belange des Kindes« (König 2009, S. 91). Als adaptive Instruktionen werden Aktivitäten der Pädagog*innen bezeichnet, die sie aufgrund ihrer Beobachtungen des kindlichen Handelns und der Individualität der Lernprozesse ergreifen. Die Selbständigkeit des Lerners »wird durch die Anwendung einer vor allem fragenden und entdeckenden Lernkultur offensichtlich.« (König 2009, S. 89). Die pädagogischen Fachkräfte stellen sich als Dialogpartner*innen zur Verfügung.

Die Fragen des didaktischen Handelns

Im alltäglichen Leben der Kita treffen Pädagog*innen immer – bewusst oder unbewusst – Entscheidungen über die Abläufe in der Einrichtung: Wie wird der Tageslauf gestaltet? Wann gibt es Ausflüge? Welche Angebote finden statt? Wo wird gespielt – drinnen oder draußen? Warum wird in die Spielsituation eingegriffen? Wer geht mit in den Wald?

Die W-Fragen der Didaktik sind ein Klassiker der Planung und Gestaltung von Lehrprozessen, die auch im Kita-Bereich zunehmend an Bedeutung gewinnen:

»Die Didaktik kümmert sich um die Frage,
- wer
- was
- von wem
- wann
- mit wem
- wo
- wie
- womit
- und wozu

lernen soll.« (Jank & Meyer 2005, S.189)

Die Beantwortung der Fragen führen zu einem didaktisch begründeten, für Außenstehende nachvollziehbaren und für Pädagog*innen gut reflektierbaren pädagogischen Handeln.

Am nachfolgenden Beispiel wird deutlich, wie sich die W-Fragen, als Orientierung für ein bewusst gestaltetes professionelles Handeln, durch den gesamten Tageslauf ziehen können:

Mehrmals am Tag essen Kinder und Erwachsene gemeinsam in der Kita. Wie bereits ausgeführt, ist Essen ein existenzielles Grundbedürfnis und gleichzeitig ein wichtiger Bestandteil von Kultur. Nimmt man die Beantwortung der W-Fragen in dieser Situation in den Blick, ist zu sehen, wie entwicklungsrelevant eine bewusst gestaltete Essenssituation ist:
- Warum: Essen ist eine soziale und kommunikativ bedeutsame Aktivität, die Gemeinsamkeit schafft. Es ist die Grundlage für eine gesunde körperliche Entwicklung und ein sinnliches Genusserlebnis. Ästhetische Erfahrungen, Geschmack, Geruch, Gefühl, Konsistenz jedes einzelnen Lebensmittels werden sich »einverleibt« und stehen Kindern lebenslang als Deutungsmuster zur Verfügung. Die Selbstregulationsfähigkeit entwickelt sich ebenso wie Selbstorganisation, Selbstbestimmung und Eigenverantwortung.
- Wer: Die Kinder sollen die Mahlzeit als sozialen und kulturell geprägten Akt erleben.
- Was: Das Mittagessen ist ein ritualisierter Bestandteil des Tageslaufs, dass Kindern Spaß macht.
- Von wem: Die pädagogischen Fachkräfte tragen die Verantwortung für eine ästhetisch ansprechende »Wohlfühlsituation«. Sie sind Vorbild dafür, damit die Kinder Tischsitten, Besteckhaltung etc. nachahmen können. Durch Gespräche und Unterhaltungen am Tisch erleben alle eine Atmosphäre des Wohlfühlens und der Geborgenheit in der Gemeinschaft.
- Wann: Immer zur gleichen Zeit und in Ruhe. Als fester Bestandteil der Tagesstruktur sichert das Mittagessen die zeitliche Orientierung der Kinder.
- Mit wem: Kinder und Erwachsene essen gemeinsam.
- Wo: Im schönsten Raum der Kita, lichtdurchflutet, mit kleinen Tischgruppen ausgestattet.

- Wie: An schön gestalteten Tischen. Die Kinder essen altersentsprechend allein. Sie nehmen sich alle Speisen aus den Schüsseln auf dem Tisch selbst. Sie essen nur das, was ihnen wirklich schmeckt. Schon bei sehr jungen Kindern wird auf eine korrekte Löffelhaltung geachtet, um die Feinmotorik und die Auge-Hand-Koordination zu schulen. Werden Babys noch gefüttert, können sie mit einem eigenen Löffel mittun.
- Womit: Mit funktionalem Porzellangeschirr und brauchbarem Besteck.
- Wozu: Kinder sollten Essensituationen als positive Situationen erleben, frei von Reglementierungen. Angst vor dem Essen, erzeugt durch fortwährende Sanktionierung, muss vermieden werden. Kinder lernen Geschirr und Besteck so zu gebrauchen, dass die erlernten Materialeigenschaften, bspw. von Porzellan, später nicht »verlernt« werden müssen: Ist es Kindern zur Gewohnheit geworden, täglich mit Plastikgeschirr und stumpfen Messern zu essen, machen sie die Erfahrung, dass es nicht problematisch ist, wenn ein Teller zu Boden fällt oder man aus Versehen mit dem Messer ausrutscht. Bekommen sie später Porzellangeschirr und Messer, die wirklich schneiden, ist es notwendig umzulernen, neue Materialien sowie deren Eigenschaften in ihren Wissensschatz zu integrieren.

Didaktische Prinzipien

Das alltägliche pädagogische Handeln in der Kita orientiert sich an didaktischen Prinzipien. Diese Grundsätze bieten Orientierung für das pädagogische Handeln in allen Situationen des Tages und dienen der Reflexion. Hier eine Zusammenfassung der didaktischen Prinzipien, die sich durch alle Beiträge dieses Buches ziehen. Sie sind Ausdruck einer Umsetzung der systemisch-konstruktivistischen Lerntheorie:

- Orientierung an den Interessen und Bedürfnissen des Kindes bzw. der Kindergruppe
- Sinnstiftende Gewichtung von Instruktion und Konstruktion durch einen kontinuierlichen, wechselseitigen Bezug zwischen Kindern und Pädagog*innen
- Alltagsorientierung
- Selbsttätigkeit und Selbstbestimmung
- Komplexität statt Linearität
- Ressourcenorientierung
- Kooperation der Kinder untereinander
- Beziehungsorientierung
- Lösungsorientierung
- Akzeptanz der Unterschiedlichkeit der Kinder
- Vielfältiger und differenzierter Methodeneinsatz

(Reich 2006)

Bei der Anwendung dieser didaktischen Prinzipien haben Erzieher*innen den aktuellen Entwicklungsstand des Kindes im Blick. Dadurch wird ein »frontales« Arbeiten«, d.h. ein Angebot für alle Kinder, unmöglich.

Die Ziel-Inhalt-Methoden-Relation

Typisch für Kindertageseinrichtungen ist, dass dort vielfältige Aktivitäten zeitlich parallel stattfinden. Manche Kinder spielen allein, andere in Gruppen. Kinder sind im Garten oder in verschiedenen Räumen der Einrichtung. Einige Kinder werden von Pädagog*innen angeleitet, andere bestimmen selbst, was sie tun. Ziele für die pädagogische Arbeit in Kitas werden an verschiedenen Stellen formuliert: Jedes Bundesland in Deutschland besitzt einen eigenen Bildungsplan. In diesem sind lang- und kurzfristige Entwicklungs- und Bildungsziele formuliert. Weitere Ziele ergeben sich aus dem Zusammenleben der Kinder in einer Gruppe und durch die Entwicklung des einzelnen Kindes. Auch, dass Kinder in unterschiedlichen Familien und in einem bestimmten Sozialraum leben, führt zu spezifischen Bildungs- und Erziehungszielen.

Die Dauer der Zielerreichung ist unterschiedlich. Es gibt langfristige Ziele, z.B. die Entwicklung der exekutiven Funktionen bzw. der Selbstorganisation des Kindes. Ein mittelfristiges Ziel ist, dass die Kinder die Verkehrsregeln lernen. Ein nach dem Spielen aufgeräumtes Zimmer, wäre ein kurzfristiges Ziel. Die Aufzählung macht deutlich, dass Erzieher*innen mit einer Vielzahl an Zielebenen – also einer Zielhierarchie – konfrontiert sind. Viele erreichte kurzfristige Ziele führen zur Erreichung der mittelfristigen und diese dann zum Erreichen der langfristigen Ziele.

Wie diese Beispiele zeigen, hat jedes Ziel einen konkreten Inhalt zum Gegenstand. Die Zielerreichung ist an die Umsetzung bestimmter Inhalte durch verschiedene Methoden gebunden. Eine Trennung zwischen Zielen und Inhalten ist schwer möglich und wirkt künstlich.

Literatur

Jank, W., Meyer, H. (2005): Didaktische Modelle. Berlin: Cornelson Scriptor.

Hartkemeyer, J. F., Hartkemeyer, M., Dhority, F. L. (1999): Miteinander Denken: Das Geheimnis des Dialogs. Stuttgart: Klett-Cotta. S. 173.

König, A. (2008): Pädagogik der frühen Kindheit. In: Coelen, T., & Otto, H.-U. (Hrsg.): Grundbegriffe Ganztagsbildung – Das Handbuch. Wiesbaden: Springer.

König, A. (2009): Interaktionsprozesse zwischen ErzieherInnen und Kindern. Eine Videostudie aus dem Kindergartenalltag. Wiesbaden: Springer.

Kuhl, J., Schwer, Ch., Solzbacher, C. (2014): Professionelle pädagogische Haltung: Versuch einer Definition des Begriffs und ausgewählte Konsequenzen für die Haltung. In: Schwer, Ch. & Solzbacher, C. (Hrsg.): Professionelle pädagogische Haltung. Historische, theoretische und empirische Zugänge zu einem viel strapazierten Begriff. Bad Heilbronn Verlag J. Klinkhardt. S. 107-122.

Maschke, L. (2019): Authentizität und Persönlichkeit von Erziehenden. In: Schenker, I. (Hrsg.): Didaktik in Kindertageseinrichtungen. Eine systemisch-konstruktivistische Perspektive. 2. Auflage. Weinheim. Basel: BELTZ-Juventa. S. 136-161.

Reich, K. (2006): Konstruktivistische Didaktik. Lehr- und Studienbuch mit Methodenpool. Weinheim: Beltz.

Reich, K. (2019): Konstruktivistische und inklusive Didaktik in der frühen Kindheit. In: Schenker, I. (Hrsg.): Didaktik in Kindertageseinrichtungen. Eine systemisch-konstruktivistische Perspektive. 2. Auflage. Weinheim. Basel: BELTZ-Juventa. S. 12-33.

Remsperger, R. (2011): Sensitive Responsivität. Zur Qualität pädagogischen Handelns im Kindergarten. Wiesbaden: Springer.

6.2 Exekutive Funktionen im Alltag der Kita fördern

Ina Schenker

Die Entwicklung sozialer Verhaltensweisen und die Entwicklung kognitiver Fähigkeiten sind an das Leben in einer Kindergruppe mit Kindern unterschiedlichen Alters gebunden. Weiterhin ist das Vorhandensein einer an den Bedürfnissen von Kindern orientierte Raumgestaltung und Materialausstattung notwendig, in einer Fülle und Qualität, die so in der Familie nicht möglich ist. Beziehungen zu anderen erwachsenen Bezugspersonen außerhalb der Familie sind wichtig dafür, dass die Kinder weitere Rückmeldungen über sich selbst bekommen. In jeder Familie nimmt jedes Kind eine bestimmte Rolle ein, welche seine Entwicklung beeinflusst. Ist in einer Familie das Kind immer nur »der Kleine«, wird das sein Selbstbild prägen. In der Kita bietet sich die Chance, dass sich dieses Selbstbild ändert. Wird ein Kind einen Großteil des Tages außerhalb der Familie betreut, trägt dies zu einer Loslösung von der Familie und mehr Unabhängigkeit – innerhalb eines geschützten Rahmens – bei.

Verschiedene Ziele können zum überwiegenden Teil nur durch das Zusammenleben mit anderen in der Kita erreicht werden:

- Entwicklung exekutiver Funktionen: Im Spiel tragen die Kinder die Selbstverantwortung für ihr Tun, alles, was geschieht, planen und organisieren sie selbst. Dies fördert die kognitiven Fähigkeiten anders heraus als die Interaktion zwischen Erwachsenen und Kindern.
- Erlernen von sozialen Fähigkeiten: Die Kinder übernehmen für alle (Spiel-)Prozesse selbst die Verantwortung. Fähigkeiten wie Teamarbeit und demokratisches Verhalten werden erlernt und täglich praktiziert. Um als Gruppenmitglied anerkannt und akzeptiert zu werden, sind kognitive Flexibilität und Selbstbeherrschung in der Interaktion mit anderen Kindern in hohem Maß gefordert. Das trägt zur Entwicklung der exekutiven Funktionen bei.
- Wechselseitigkeit des Austauschs von Gedanken und Wissen: Kinder lernen die Meinungen und Perspektiven anderer Beziehungs- und Bindungspersonen kennen. Sie werden mit anderen Lebensstilen und Wissensbeständen konfrontiert. Im Dialog miteinander erweitern sie ihre Sicht auf die Welt.
- Beobachtung, Dokumentation und Unterstützung der kindlichen Entwicklung durch Pädagog*innen: Die elterliche Erziehung wird durch die Kooperation mit den Mitarbeiter*innen der Kitas erweitert und ergänzt. Die pädagogischen Fachkräfte beobachten die Entwicklung jedes einzelnen Kindes in den verschiedenen Entwicklungsbereichen und nehmen den individuellen Bedarf an Unterstützung wahr. Sie verstehen die Motive für das Verhalten der Kinder, ggf. auch erst durch eine nachträgliche Analyse herausfordernder Situationen (Kuhl; Schwer; Solzbacher 2014; Maschke 2019).

Lehr- und Arbeitsformen in der Kita

»Alle in Krippen und Kindergärten angebotenen Lehr- und Arbeitsformen können auf einem Kontinuum von starker Fremd- hin zu starker Selbstbestimmung des Lernens angeordnet werden« (Walter-Laager 2019, S. 237).

Lehr- und Arbeitsformen bedingen ein bestimmtes Repertoire an Methoden (vgl. Kapitel 6.2), die zur Förderung exekutiver Funktionen beitragen. Die im Folgenden dargestellten »Grundformen«

der Aktivitäten zwischen Kindern und Erwachsenen erfordern ein unterschiedliches Maß an Selbst- und Fremdbestimmung. Nimmt man diese Grundformen genauer in den Blick, ist deutlich zu sehen, dass es eine Balance zwischen den (adaptiven) Instruktionen der Pädagog*innen und den Konstruktionen der Kinder gibt (König 2009).

Walter-Laager (2019) nennt vier Grundformen, in denen Pädagog*innen unter Anwendung verschiedener Methoden aktiv sind:

1. Spiel als selbstbestimmte Aktivität des Kindes
2. Unterstützung der selbstbestimmten Aktivitäten
3. Angeleitete Aktivitäten
4. Vertiefung der angeleiteten Aktivitäten

Gegliedert nach den vier Grundformen der pädagogischen Arbeit in der Umsetzung didaktischer Prinzipien, möchte ich im Folgenden verschiedene Methoden vorstellen, welche die Herausbildung exekutiver Funktionen fördern. Die methodisch vielfältige Unterstützung des Spiels als der »Haupttätigkeit des Kindes« steht dabei im Vordergrund.

Viele Pädagog*innen (aber auch Eltern) haben die Sorge, dass Kinder ohne Vorschulunterricht, bloß durch Spielen, nicht schulfähig werden. Mithilfe der folgenden Methoden ist jedoch eine intensive, komplex gedachte Unterstützung des Spiels und damit ein interessanter und vielfältig gestalteter Tageslauf möglich. Wenn jede Möglichkeit genutzt wird, um Kindern Anregungen zum Spielen bzw. Lernen zu geben, bestätigt sich die Annahme:

> »Die überwiegende Mehrzahl der Kinder erreicht durch die Teilnahme am Leben der Familie oder im Kindergarten, durch die Auseinandersetzung mit der Umwelt im kindlichen Spiel altersgemäß die Schulfähigkeit.« (Witzlack 1968, S. 227)

Ein differenziertes, auf einzelne Kinder bzw. Kindergruppen abgestimmtes methodisches Vorgehen ist dafür unerlässlich. Dank der Komplexität des Kita-Alltags sind dort alle Grundformen der Interaktion parallel anzutreffen und gehen häufig fließend ineinander über. Das stellt höchste Ansprüche an die Professionalität der Pädagog*innen.

Selbstbestimmte Aktivitäten der Kinder und wie man sie unterstützt

Wie in Kapitel 5.2. geschildert, ist Beobachten während des Spiels die Haupttätigkeit der pädagogischen Fachkräfte. In den selbstbestimmten und eigenaktiven Tätigkeiten eines Kindes ist der aktuelle Stand der Entwicklung am besten zu erkennen. Durch die Beobachtung des Spiels erhält die pädagogische Fachkraft Rückmeldungen, welche Anregungen sie außerhalb des Spiels für einzelne Kinder oder die Gruppe organisieren muss, damit die Kinder noch »spielfähiger« werden.

Während aller selbstbestimmten Aktivitäten – das können auch freiwillig übernommene Arbeitstätigkeiten sein – beobachten und dokumentieren die Pädagog*innen, inwieweit die kognitiven Funktionen (Denken, Sprechen und exekutive Funktionen) bei den Kindern entwickelt sind.

Wie kann man selbstbestimmte Aktivitäten unterstützen?

- Während des Spiels oder danach sind gemeinsame Gespräche eine für alle Spielarten passende Form der Beratung. Es können Ideen zur Weiterentwicklung, zum Spielverlauf oder zur Gestaltung eingebracht werden. Man kann mit den Kindern darüber nachdenken, wie sie das Spiel am nächsten Tag weiterführen wollen. Außerhalb des Spielgeschehens geben die Pädagog*innen Anregungen, Ermutigung, aber auch Tipps zum Weiterspielen. Die Kinder haben die Freiheit, selbst zu entscheiden, welche Impulse sie nutzen.
- Eine andere, indirektere Form der Beratung ist, mit dem Kind oder der Kindergruppe über das vorangegangene Spiel zu sprechen. Die Kinder reflektieren das Geschehene, denken nach und voraus. Auch durch dieses Reden über ihr Tun entstehen neue Ideen und Impulse. Durch eine lösungs- und ressourcenorientierte Art der Metakommunikation bekommen die Kinder Rückmeldungen über ihre Stärken und Fähigkeiten und ihr Verhalten im Zusammenleben mit der Kindergruppe.
- Die Kinder bitten die Pädagog*innen darum, mitzuspielen. Die Erwachsenen tun das, was die Kinder ihnen sagen. Sie spielen in einem Bewegungsspiel mit, übernehmen ein Rolle oder bauen etwas. Die Kinder sind in diesem Fall die »Bestimmer«.
- Befindet sich der Erwachsene schon im Spielgeschehen, kann es sein, dass etwas nicht funktioniert: Die Spielregeln stimmen nicht, das Rollenspiel geht nicht weiter oder die in der Bauecke gebaute Mauer hält auch beim dritten Versuch noch nicht. Dann werden die Erzieher*innen aktiv. Sie zeigen und beraten oder geben aus ihrer Rolle heraus Spielanregungen: Das »Baby« hat plötzlich Hunger und möchte etwas essen. Dies ist Spieltutoring von innen.
- Eine andere Möglichkeit besteht darin, dass die Pädagog*innen von außen in das Spielgeschehen eingreifen. Sie haben beobachtet und festgestellt, dass das Kind bzw. die Gruppe Unterstützung benötigt. Spieltutoring von außen findet statt, wenn z.B. Besuch an der Tür der Familie klingelt. Die Kinder bekommen einen inhaltlichen Input und können dennoch frei wählen, ob und wie sie diesen annehmen. Wird der Spielimpuls aufgenommen, integrieren die Kinder die Bezugsperson in das Spiel und übernehmen sofort wieder die Spielführung: Bspw. bekommt der Besuch Essen angeboten.
- Scaffolding (»Gerüstbau«) ist als Methode wunderbar dafür geeignet, selbstgewählte Tätigkeiten von Kindern zu unterstützen (vgl. Kapitel 1.2). Die pädagogische Fachkraft ist präsent, die Formen der Unterstützung sind auf die jeweilige Situation und das Kind abgestimmt. Ziel ist, die sensible Begleitung des Kindes dabei, seine eigene Spielidee auszubauen. Am Anfang der Interaktion greift das Kind auf die Hilfe der pädagogischen Fachkraft zurück. Sobald die Eigenaktivität des Kindes zunimmt, minimiert sie ihre Unterstützungsangebote. Zukünftig soll das Kind die Spielsituation ohne Unterstützung der Erzieher*innen gestalten können (König 2009). Scaffolding erfordert ein Gespür der Erwachsenen für die Motive und Ziele des Kindes. Kindern wird nichts »übergestülpt«, was sie nicht selbst wollen.

Diese Formen der adaptiven Instruktion tragen in einem Höchstmaß zur Förderung der exekutiven Funktionen bei. Dadurch, dass das Kind im Spielen ohne direkte Instruktionen unterstützt und beraten wird, muss es permanent Entscheidungen treffen, wie es mit den Inputs der Pädagog*innen umgeht. Das »Hin- und Herbewegen« von Ideen erfordert ein Höchstmaß an kognitiver Flexibilität und aktiviert das Arbeitsgedächtnis. Und auch die Inhibition wird gefördert: Die Gespräche vor bzw. nach dem Spiel fordern die Planungs- und Reflexionsfähigkeit des Kindes.

Angeleitete Aktivitäten

Einige Kinder benötigen in einem individuell unterschiedlichen Maß Unterstützung, um überhaupt in ein Spiel zu finden bzw. über längere Zeit spielen zu können. Besondere Unterstützung brauchen Kinder, die ...

- nicht in der Lage sind, selbstständig ein komplexes Spielszenario zu gestalten bzw. sich an einem komplexen Spiel zu beteiligen.
- über zu wenig Kompetenzen, Fähigkeiten, »Weltwissen« oder Selbstvertrauen verfügen, um ihr Spiel selbstständig kontinuierlich anzureichern und weiterzuentwickeln. Besonders häufig spielen solche Kinder Spielrollen wie »Baby« oder »Hund«. In diesen Rollen bekommen die Kinder von anderen gesagt, was sie tun sollen. Sie müssen quasi nicht selbst aktiv werden, müssen andere Kinder nie im Spiel führen, können so immer den Ideen der anderen folgen, sind aber Mitglied in einer Spielgruppe.
- immer wieder dieselbe Handlungssequenz wiederholen, mit einem begrenzten Repertoire an Themen und Rollen.
- aufgrund ihrer individuellen Besonderheiten, bspw. großer Zurückhaltung, nur wenige soziale Beziehungen aufbauen konnten und nicht in der Lage sind, selbstständig in Spielgruppen hineinzukommen.
- ihre exekutiven Funktionen, Denken und Spreche unzureichend ausprägen konnten, sodass sie nicht in der Lage sind, sich und damit auch ihr Spiel selbst zu regulieren (Bodrova & Leon 1996; 2014).

Im Alltag der Kita zeigen sich vielfältige Möglichkeiten der direkten Anleitung bzw. Instruktion. Vermutlich nehmen Kinder die nachfolgend dargestellten Aktivitäten nicht als Instruktion wahr bzw. wollen sogar instruiert werden – dieser Fall ist sogar außerordentlich häufig. Für die verschiedenen Instruktionssituationen gilt, dass die Pädagog*innen individuell festlegen, welche »Freiheitsgrade« jedes Kind aufgrund seiner Entwicklung bekommen kann.

- Gemeinsame Tätigkeiten zwischen Kindern und Erwachsenen im Alltag ist die einfachste, wahrscheinlich auch die nachhaltigste Möglichkeit der Anleitung. Die Kinder werden durch die Pädagog*innen kontinuierlich an der Organisation des Alltages beteiligt. Sie dürfen den Tisch decken, im Garten arbeiten, sauber machen und aufräumen. Sie organisieren gemeinsam Feste oder Ausflüge und andere Aktivitäten. In Einrichtungen, die Kinder mit einer großen Altersmischung betreuen, können sich Kinder – auf ihren Wunsch hin – zeitweise an der Betreuung Jüngerer beteiligen. Sie spielen miteinander, helfen und zeigen ihnen Dinge und deren Benutzung. Die Betonung liegt allerdings auf den Begriffen »zeitweise« und »freiwillig«! Durch gemeinsames Tätigsein spielen Kinder verschiedene Alltagssituationen durch. Kindliche Lernprozesse werden durch Nachahmung ausgelöst. Kinder genießen das Zusammensein und die Anerkennung der Erwachsenen, die sie für ihre Hilfe bekommen. Während der Zusammenarbeit sammeln Kinder fortwährend verschiedene Anregungen für ihr (Rollen-)Spiel. Dabei ist nicht klar und schon gar nicht berechenbar, ob bzw. welche Anregungen die Kinder für ihr Spiel aufgreifen. Klar ist: Die Kinder brauchen eine Fülle solcher Aktivitäten, um wählen zu können. Mit zunehmendem Alter werden die Aufgaben, die ihnen früher einmal Spaß gemacht haben und als befriedigend empfunden wurden, eher lästig. Jetzt sind andere Formen direkter Instruktionen viel anregender und interessanter: Besuche bei der Feuerwehr, beim Arzt, in Museen oder Ausflüge in den Zoo oder den Wildpark. Sehr leicht können hier Ideen und Wünsche der Kinder aufgegriffen und umgesetzt werden.

- Ebenso inspirierend ist das Vorlesen von Bilderbüchern und das Erzählen von Märchen. Beobachtungen bspw. von Baggern oder Kränen auf Spaziergängen haben eine hohe spielanregende Kraft.
- Regelspiele und deren Regeln werden von Erwachsenen direkt instruiert. Die Pädagog*innen zeigen, wie das Spiel gespielt wird und kontrollieren die Regeleinhaltung, bis die Kinder in der Lage sind, das selbst zu tun.
- Theateraufführungen geben wichtige Impulse zur Entwicklung der ältesten Kinder in der Kita. Auch hier führen die pädagogischen Fachkräfte den Prozess und übernehmen die Verantwortung für das Gelingen. Der gesamte Prozess, beginnend bei der Anfertigung der Kostüme, die Proben, die Rollenverteilungen etc., wird von den Pädagog*innen geführt.

Vertiefung der angeleiteten Aktivität

Kinder erlernen Neues nicht auf einmal; Erlerntes muss sich durch Üben festigen. Die Vertiefung einer angeleiteten Aktivität ist zwingend notwendig, damit Gelerntes nachhaltig bleibt. Cognitive Apprenticeship macht, wie im Kapitel 1.2 beschrieben, kognitive Prozesse für den Lernenden sichtbar. Cognitive Apprenticeship als Methode des Lehrens ist auch in ganz alltäglichen Situationen anwendbar. Lehrsituationen erfordern ein »Meister-Schüler-Verhältnis«. Kinder brauchen Erwachsenen oder Kinder, die sie durch den Prozess des Lernens schrittweise begleiten – solange, bis das Kind die Zone der nächsten Entwicklung verlassen können, das Wissen ohne Hilfe verfüg- und anwendbar ist (Reich o.J.).

Anhand der Einführung des Regelspiels »Komm mit – lauf weg« kann diese Methode anschaulich werden:

a) Modellieren: Die Pädagog*in zeigt – sie instruiert –, wie das Regelspiel gespielt wird. Sie erklärt die Spielregel und sorgt dafür, dass die Kinder sich entsprechend der Regel aufstellen und verhalten. Die Kinder bekommen eine Vorstellung davon, wie das Spiel funktioniert.
b) Scaffolding: Unter starker Anleitung der Pädagog*in spielen die Kinder das Spiel allein. Die pädagogische Fachkraft spielt nicht mehr mit. Sie regelt die exakte Spieldurchführung, erklärt und hilft, wenn Kinder Schwierigkeiten haben. Mittels (schrittweiser) Lenkung und Hilfestellung lernen die Kinder das neue Spiel.
c) Coaching: Die Hilfestellung wird immer mehr abgebaut. Die Kinder spielen das Spiel allein, achten selbstständig auf das Einhalten der Spielregeln. Die pädagogische Fachkraft beobachtet nur noch, greift auch bei Konflikten erst ein, wenn die Kinder akuten Klärungsbedarf haben und aus eigener Kraft nicht weiterkommen.
d) Fading: Jetzt können die Kinder »Komm mit – lauf weg« unter exakter Einhaltung der Spielregeln selbst spielen, die Pädagog*in kann sich zurückziehen.

Die Form und die Dauer der Unterweisung ist vom Unterstützungsbedarf des einzelnen Kindes und der Kindergruppe abhängig (Niggli, 2005; Meyer & Walter-Laager 2019).

Wie werden bei angeleiteten bzw. vertiefenden Aktivitäten die exekutiven Fähigkeiten gefördert? Das gemeinsame Tun mit den Erwachsenen hat eine hohe Bedeutung für das Lernen besonders der Jüngeren. Wird Kindern die »Anwendung« exekutiver Funktionen bewusst gezeigt und vorgelebt, lernen sie durch Nachahmen: Die Kinder beobachten, was es bedeutet dabeizubleiben, auch wenn es anstrengend ist. Die Pädagog*innen zeigen, wie flexibel man sein muss, wenn etwas schief geht und man sich etwas Neues ausdenken muss. Die Kinder trainieren ihre Fähigkeit zur Inhibition, wenn Tätigkeiten ausgeführt werden müssen, die anstrengend sind und keinen Spaß machen.

Literatur

Bodrova, E., Leong, J. D. (1996): Tools of the mind. New Jersey: Prentice Hall.

Bodrova, E., Leong, J. D. (2014): Selbstregulation: Eine Basis für frühes Lernen. In: Kubesch, S. (Hrsg.): Exekutive Funktionen und Selbstregulation. Neurowissenschaftliche Grundlagen und Transfer in die pädagogische Praxis. Bern: Hans Huber.

König, A. (2009): Interaktionsprozesse zwischen Erzieherinnen und Kindern. Wiesbaden: Springer.

Kuhl, J., Schwer, Ch., Solzbacher, C. (2014): Professionelle pädagogische Haltung: Versuch einer Definition des Begriffs und ausgewählte Konsequenzen für die Haltung. In: Schwer, Ch. & Solzbacher, C. (Hrsg.): Professionelle pädagogische Haltung. Historische, theoretische und empirische Zugänge zu einem viel strapazierten Begriff. Bad Heilbronn Verlag J. Klinkhardt. S. 107-122.

Meyer, H. & Walter-Laager, C. (2019): Grundlagen der Didaktik. In: Schenker, I. (Hrsg.): Didaktik in Kindertageseinrichtungen. Eine systemisch-konstruktivistische Perspektive. 2. Auflage. Weinheim. Basel: BELTZ-Juventa. S. 184-214.

Maschke, L. (2019): Authentizität und Persönlichkeit von Erziehenden. In: Schenker, I. (Hrsg.): Didaktik in Kindertageseinrichtungen. Eine systemisch-konstruktivistische Perspektive. 2. Auflage. Weinheim. Basel: BELTZ-Juventa. S. 136-161.

Niggli, A. (2005): Die Passung von Instruktion und Selbstlernen als Grundelement arrangierter Lernwelten. In: Voß, R. (Hrsg.): LernLust und EigenSinn. Systemisch-konstruktivistische Lernwelten. Heidelberg: Carl Auer.

Reich, K. (2008) (Hrsg.): Cognitive Apprenticeship. Methodenpool. URL: http://methodenpool.uni-koeln.de/download/cognitive_apprenticeship.pdf. (Zuletzt geprüft 11.5.2020)

Walter-Laager (2019): Didaktik des Frühbereichs. In: Schenker, I. (Hrsg.): Didaktik in Kindertageseinrichtungen. Eine systemisch-konstruktivistische Perspektive 2. Auflage. Weinheim. Basel: BELTZ-Juventa. S. 232-249.

Witzlack, G. (1968): Zur Diagnostik und Entwicklung der Schulfähigkeit. Berlin: Verlag Volk und Wissen.

6.3 Im Dialog sein

Ina Schenker

> »Ich schätze den Geist des Dialoges, in dem es nicht darauf ankommt, eine Übereinkunft zu erzielen, sondern ja vielleicht nur darauf, festzustellen, welche vielfältigen, auch widersprüchlichen Sichtweisen wir haben, und das als Chance begreifen zu können.«
> (Peter Senge)

Der Dialog ist eine Form, ein Gespräch mit einer beliebigen Anzahl von Menschen zu führen, die andere individuelle Grundannahmen oder Meinungen haben. Eine Vielzahl subjektiver Sichtweisen werden ausgetauscht und weiterentwickelt (Bohm 1996). Alle Dialogpartner*innen nehmen eine lernende Haltung ein, respektieren die Meinung der anderen, sind dafür offen, hören zu und können sich von ihren eigenen Meinungen/Bewertungen und Annahmen verabschieden. Nach einem Dialog ist ein gemeinsames Wissen entstanden (Hartekemeyer, Hartkemeyer & Dhority 1999).

Die kurze Definition zeigt, dass junge Kinder mit dieser Form der Kommunikation überfordert sind. Ihnen fehlen einerseits noch die sprachlichen Kompetenzen, andererseits die kognitiven Fähigkeiten. Haben Kinder deswegen keine Möglichkeit, mit ihrer Umwelt in einen Dialog zu gehen?

Doch. Kinder müssen den Dialog im oben beschriebenen Sinn erst lernen – um immer besser miteinander spielen können. Ohne zu dialogisieren, können sie sich mit anderen Kindern nicht austauschen und gemeinsame Rollenspiele erfinden. Hier zeigen sich Parallelen: Die Entwicklung der kognitiven Fähigkeiten (Denken und Sprechen) fördert die Fähigkeit zu spielen. Um in der Lage zu sein, Spielinhalte und Spielrollen in Dialogen auszuhandeln, brauchen Kinder gut entwickelte exekutive Funktionen. Kinder, die inhaltsreich und ausdauernd spielen, sind gut Lerner.

Der Ansatz des ICDP in Dänemark, den Kathrine Jürgensen in 6.4 vorstellt, ist ein praktisches Beispiel dafür, wie dialogische Interaktion zwischen Pädagog*innen und Kindern die Entwicklung exekutiver Funktionen und damit das kindliche Lernen herausfordert und unterstützt.

Die Entwicklung der Dialogfähigkeit in der frühen Kindheit

Mit Kindern Dialoge zu führen, erfordert professionelles Fachwissen über die (kognitive) Entwicklung von Kindern, ein gewisses Handwerkszeug sowie eine bestimmte Gesprächskultur, damit die dialogische Grundhaltung der Pädagog*innen in Gänze zum Ausdruck kommen kann. Eine exzellente Beobachtungsfähigkeit sichert eine kompetente Interpretation der nonverbalen Sprache der Kinder.

Nonverbale Dialoge

Schon im ersten Lebensjahr lernen Kinder, dass sie durch Körperbewegungen, durch Mimik und Gestik Reaktionen bei anderen Menschen auslösen und dadurch etwas bewirken können. Spiegeln die Erwachsenen kontinuierlich die Gefühle und Empfindungen des Kindes wider, fühlt es sich sicher und geborgen. Diese Sicherheit hilft dem Kind, sich seiner selbst bewusst zu werden. Es lernt, nonverbale Dialoge zu führen. Dadurch teilt es schon in den ersten Lebensmonaten seinen »eigenen Standpunkt« mit. Kinder zeigen durch ihren Körper im wahrsten Sinne des Wortes »Zu-Wendung« oder »Ab-Wendung«.

Durch sensitive Responsivität entsteht ein Dialog mit dem Kind. Aufmerksame Erwachsene deuten die Körpersignale des Kindes und übersetzen sie in Sprache, verbunden mit den an die Situation angepassten Handlungen.

Leo (1 Jahr) ist neu in der Kita. Die Eingewöhnungszeit ist vorüber. Er hat einen guten Kontakt zu seinen Bezugserzieher*innen aufgebaut. Eine Praktikantin, die neu in der Kindergruppe ist, bemüht sich auch um ihn. Sie spricht ihn freundlich an, doch Leo wendet sich ab und krabbelt schnell weg. Die Praktikantin reagiert sensibel, sie interpretiert die Körpersignale richtig und »fängt« Leo nicht ein, um ihre Kontaktbemühungen zu verstärken und Leo vielleicht doch für sich zu gewinnen.

Leo bekommt in dieser Situation ein Gefühl von Sicherheit. Seine Körpersignale werden richtig gedeutet, seine geäußerten Bedürfnisse nach Schutz und Sicherheit vor ihm unbekannten Personen werden wahrgenommen und dadurch erfüllt, dass seine Bezugserzieherin ihn auf den Arm nimmt, weil er deutlich signalisiert hat, dass er das möchte.

Kinder, die sich verstanden fühlen, suchen von sich aus Kommunikationsanlässe. Emotionen, Bedürfnisse nach Nähe und sozialen Kontakten können von jungen Kindern nur durch die Körpersprache kommuniziert werden. Ihr Denken und Fühlen wird durch den Körper nach außen getragen, quasi »aus-ge-drückt«: »Dabei setzt der Körper des Kindes in seiner ganz eigenen Sprache das um, was in seinem Denken vorherrscht. Bereits in den ersten Lebensmonaten zeigt sich, dass jedes Kind seine eigene Art und Weise hat, sich zu bewegen, zu handeln; es hat seine eigene Gestik und den eigenen Tonfall« (Fuisz-Szammer & Samoing 2011, S. 25).

Die in diesem jungen Alter gemachten subjektiven Erfahrungen mit sensitiver Responsivität führen zu einem bestimmten Bindungsverhalten. Die Qualität der Bindung hat einen intensiven, lebenslangen Einfluss auf das Lernen und die (Identitäts-)Entwicklung von Kindern.

In einem »entspannten Feld«, mit zunehmender Autonomieentwicklung, tritt das Kind von seinem ersten Lebensjahr an in einen Dialog mit den Dingen, Materialien, dem Raum. So sammelt es Bilder von der Welt. Zunehmend drückt es seine Emotionen stärker aus. Die Intensität seiner Mitteilungen nimmt zu. Es ist für junge Kinder schwer, ihre Gefühle in Worte zu fassen. Signale der nonverbalen Kommunikation der Kinder sind immer eine Aufforderung an Erwachsen, mit ihnen in Dialog zu treten, um zu erforschen, was die Kinder meinen. Die gesamte frühe Kindheit über werden Bedürfnisse eher durch verschiedene Körpersignale ausgedrückt.

Nadine (4 Jahre) mischt sich ständig in die Spiele anderer Kinder ein. Sie stört durch »kluge Ratschläge« beim Rollenspiel der Mädchen mit ihren Puppen. In einer anderen Spielsituation achtet sie massiv auf die Einhaltung der Spielregeln durch Kinder, die ein Regelspiel spielen. Dadurch provoziert sie Streit. Ständig unterbricht sie das Spielen der anderen Kinder. Diese protestieren laut und lehnen Nadine ab.

Obwohl Nadine spricht, sendet sie auch nonverbale Signale: Welche Unterstützungsmöglichkeiten wünscht sie sich von den Pädagog*innen? Im gemeinsamen Nachdenken stellen die pädagogischen Fachkräfte vielleicht fest, was Nadines weitere, nonverbal geäußerte Bedürfnisse sind, die sie durch ihr Verhalten zum Ausdruck bringt. Die nonverbalen Signale des Kindes lösen eine spezifische Interaktion mit den sie begleitenden Erwachsenen aus. Vielleicht lernt Nadine darum zu bitten, mitspielen zu können.

Gemeinsam miteinander denken – Sustained Shared Thinking (SST)

In Dialog mit Kindern zu sein, ist eine komplexe Herausforderung für das pädagogische Handeln. Im Dialog mit Erwachsenen zu sein, ist basal für die Entwicklung der kognitiven Fähigkeiten von Kindern. Pädagog*innen helfen Kinder durch Sustained Shared Thinking im Sinne von »bewusst dialogisch-entwickelnde[n] Denkprozesse[n]« dabei, ihre kognitiven Fähigkeiten zu entwickeln (Sylva et al. zit. von König 2009, S. 140).

SST basiert, wie im Kapitel 1.2. dargestellt, auf einer spezifischen entwicklungspsychologischen Perspektive. Die daraus resultierende Grundhaltung zeigt sich in einer spezifischen Form auch in der Interaktion und Kommunikation mit Kindern.

Die Interaktionsform des Sustained Shared Thinking mündet in einen Dialog, der zwischen Kindern und Pädagog*innen geführt wird. Die kognitiven Konstruktionsleistungen des Kindes, sein Denken, sein Sprechen und die ausgebildeten exekutiven Funktionen sind Resultat eines engen Zusammenwirkens zwischen dem einzelnen Kind, den anderen Kindern und den Erwachsenen.

Der bewusst dialogisch gestaltete Austausch von Gedanken und deren Weiterentwicklung ermuntert Kinder, ihre Ideen und Perspektiven auf die sie umgebende Lebenswelt, offen zu legen: Sie erzählen von eigenen Erfahrungen, erklären ihre Sicht auf Phänomene, beschreiben ihr Tun und später reflektieren sie auch ihre Lernfortschritte (Arnold 2007, S. 132). In diesen Prozessen des Austauschs wird die Eigendynamik des Kindes aktiviert, sich von innen heraus zu wandeln. Ausgangspunkt für jede Form der pädagogischen Interaktion mit Kindern ist, dass die pädagogischen Fachkräfte durch einen geführten Dialog die Perspektive der Kinder auf die Welt und ihre Erklärungsmuster von Phänomenen (er-)kennen. Die Antworten auf die Frage: »Wie erscheint die Welt den Kindern?« bilden den Ausgangspunkt für SST. Anknüpfend an das (Vor-)Wissen der Lernenden erfahren Denkprozesse eine entscheidende Unterstützung (König 2009, S.122), indem durch das Dialogisieren miteinander Denken gezeigt wird. Miteinander zu dialogisieren wird als Ausgangspunkt dafür genommen, verschiedene Ideen, Varianten oder Perspektiven auf ein Phänomen zu sammeln, abzuwägen, miteinander zu besprechen und ggf. zu einem gemeinsamen Ergebnis bzw. Standpunkt zu kommen.

Der Erwachsene, der durch den Prozess des SST führt, hat das Ziel, Aufschluss über die Gedankenwelt des Kindes zu bekommen. Er möchte die aktuelle subjektive Sichtweise des Kindes auf Prozesse oder Phänomene seiner Umwelt erfahren. Im bewusst entwickelnden Dialog werden die intuitiven Theorien (Alltagstheorien) der Kinder erfasst. Dies ist zwingend notwendig, da Kinder kontinuierlich darauf zurückgreifen, um sich die Welt zu erklären. Beispiele für solche kindlichen Erklärungsmuster fallen Ihnen sicherlich aus Ihrer eigenen Kindheit ein.

Pädagog*innen leben Kindern Strategien des Dialogs, des Diskurses und damit auch des Denkens vor. Im Austausch miteinander werden »alte« Wissensbestände in neues Wissen umgewandelt und erweitert. Kinder lernen, verschiedene Wege von Problemlösungen zu entwickeln, ihre Aktivitäten zu bewerten und darüber zu sprechen. Alle Beteiligten »steuern« zum Denken bei – Gedanken werden gemeinsam (weiter-)entwickelt, eigene Ideen und Vorschläge eingebracht (Hopf 2012).

SST verlangt wenig fachspezifische Expertise vom Erwachsenen – dieser soll sich auf die Denkweise und das Wissen der Kinder einlassen, versuchen, sie zu verstehen. Dies gelingt allerdings nur, wenn Pädagog*innen über fundierte Kommunikationsstrategien verfügen. Verstehen wird nur möglich, betrachten Erwachsene ihr eigenes und das Wissen des Kindes als gleichwertig (Goetz 2005). SST ist optimal dafür: Symmetrische und asymmetrische Formen der Ko-Konstruktion in der Erwachsenen-Kind-Interaktion wechseln sich ab. Symmetrie entsteht, wenn das Kind die Richtung und das Ziel des Gesprächs bestimmt und aktiv mitgestaltet, indem es eigene Ideen und Vorschläge einbringt. Rückmeldungen der Erwachsenen erfolgen, indem Wörter der Kinder verwendet werden, sodass es fühlt, dass seine Gedanken akzeptiert werden. Durch die Fragen und Rückmeldungen der Erwachsene gelangen Inputs, neue Gedanken bzw. Argumente in den Dialog. Asymmetrie ist vorhanden, wenn die pädagogische Fachkraft konkrete Aufforderungen zur Verhaltensregulierung gibt bspw. das Verhalten des Kindes tadelt.

Aus diesem Grund finden Rückmeldungen lösungsorientiert statt. Durch genaues Beschreiben der Leistungen des Kindes werden diese für das Kind transparent und nachvollziehbar. Durch die Frage: »Wie hast Du das geschafft?«, wird seine Perspektiv auf sein Tun eingeholt. »Was hast Du als nächsten Schritt vor?« aktiviert die metakognitiven Prozesse des Kindes und fordert die Reflexion und Planung seiner Handlungen heraus (Siraj-Blatchford 2005; Hopf 2012).

Dialoge im Sinne des SST führen

Grundlage für das Führen von SST-Dialogen ist, dass Pädagog*innen folgende Grundhaltungen einnehmen:

Sich-Einstellen (»tuning in«): Hören Sie sorgfältig zu, was das Kind sagt. Beobachten Sie die Körpersprache und das Tun des Kindes.

Echt interessiert/authentisch sein (»showing genuine interest«): Seien Sie aufmerksam, halten Sie Augenkontakt mit dem Kind, lächeln, bejahen und nicken Sie.

Respektieren (»respecting children's own decisions and choices by inviting children to elaborate«): Respektieren Sie die eigenen Entscheidungen der Kinder, indem Sie die Kinder anregen, mehr zum Thema zu erarbeiten: »Ich möchte mehr darüber erfahren!«

Diese konkreten Fragen und Bemerkungen sind gut dafür geeignet, dialogische Kommunikationsformen bei Kindern entwickeln zu helfen:

Zusammenfassen (»recapping«): »So denkst du das also!«

»Denken zeigen« (»modelling thinking«): »Ich muss darüber nachdenken, was ich am Abend mache: Ich muss mit meinem Hund zum Tierarzt, weil er eine entzündete Pfote hat. Dann müssen meine Bücher noch in die Bibliothek zurückgebracht werden, und ich brauche noch Lebensmittel für das Abendessen. Ich muss alles genau planen, weil ich nicht viel Zeit dafür habe.«

Erfahrungen des Erwachsenen erzählen (»offering the adult's own«): »Ich höre immer Musik, wenn ich zu Hause koche.«

Ideen klären (»clarifying ideas«): »Okay, du denkst, es ist ein Stein, der sich in Wasser auflöst.«

Vorschlagen (»suggesting«): »Vielleicht kannst du es so versuchen?«

Erinnern (»reminding«): »Vergiss nicht, dass du dachtest ...«

Ermunterung (»using encouragement to further thinking«): »Du hast wirklich scharf darüber nachgedacht, wo du die Tür einbauen willst. Wie wirst du es mit den Fenstern machen?«

Alternativen aufzeigen (»offering an alternative viewpoint«): »Es wäre auch möglich, es so zu versuchen ...«
Vermuten (»speculating«): »Du denkst, dass das Mädchen mit seinen Freunden leben will?«
»Hin- und Hergehen« (»reciprocating«): »Gott sei Dank hast du Gummistiefel an, schau meine Füße an, wie nass sie sind!«
Offene Fragen (»asking open questions«): »Wie hast du das gemacht?«, Warum hast du das gemacht? Was hast du als nächstes vor? Was denkst du darüber? Ich frage mich, was wird als nächstes kommen?«
(Siraj-Blatchford 2005)

Auch das Verfahren des SST bedarf der Selbstreflexion von Pädagog*innen. Folgende Fragen helfen, die Qualität der Kommunikation zwischen Kindern und Erwachsenen zu überprüfen.

- Was sind die Themen der Kinder? Wie kann ich sie herausfinden? Was sind meine Themen, Positionen und Ziele?
- Welche Themen möchte ich den Kindern vorstellen, und wie kann ich ihr Interesse daran wecken?
- Beobachte ich die Kinder regelmäßig? Habe ich einen geschärften Blick?
- Kann ich aktiv zuhören? Lasse ich Kinder ausreden, auch wenn sie scheinbar abschweifen? Halte ich Blickkontakt?
- Nehme ich Äußerungen der Kinder wahr? Inwieweit berücksichtige ich nicht nur die verbalen, sondern auch die nonverbalen Ausdrucksweisen der Kinder?
- Besteht die Möglichkeit zum Fehlermachen? (Der kognitive Konflikt ist ein wesentlicher Schritt im Verstehensprozess – die Lehrperson sollte nur so viel Unterstützung anbieten, damit das Kind weiterarbeiten kann.)
- Fördere ich durch SST das selbstgesteuerte Lernen des Kindes? (Kann sich das Kind fragen: Was habe ich vor, was sind meine nächsten Ziele? Wie komme ich voran, wo stehe ich?)
- Wieviel Zeit lasse ich mir, um die Kinder zu verstehen?
- Welche Fragen stelle ich mir, um die Gedanken der Kinder zu explorieren?
- Habe ich die nötige Geduld, meinen Wissensvorsprung zurückzuhalten und eigene Bewertungen in der Schwebe zu lassen? Kann ich mein Wissen den Kindern ohne »Besserwissen« zu Verfügung stellen?
- Kann ich meine Unsicherheit den Kindern gegenüber offen zeigen? (»Ich weiß das nicht, aber wir können versuchen, es gemeinsam herauszufinden«)
- Nehme ich die Anliegen der Kinder ernst, stelle ich weitere Fragen und versuche ich, mit ihnen weitere Lösungen zu finden?

(Bodrova & Leon 2005; Siraj-Blatchford 2005; Krammer 2010; Hopf 2012)

Literatur

Arnold, K.-H. (2009): Lehren und Lernen. In: Arnold, K.-H., Sandfuchs, U., & Wiechmann, J. (Hrsg.): Handbuch Unterricht. Stuttgart: Klinkhardt, S. 30-36.

Bohm, D. (1996): Der Dialog. Stuttgart: Klett-Cotta.

Fuisz-Szammer, N., Samonig, H. (2011): Die Bedeutung des nonverbalen Ausdrucks für den Spracherwerb. URL: https://dji.de/fileadmin/user_upload/bibs/672_Expertise_Fuisz-Szammer_Samonig.pdf.

Girg, R. (2005): »Was ich weiß, macht mich heiß.« Zum Vorverständnis von Kindern und Jugendlichen. In: Voß, R. (Hrsg.): Unterricht aus konstruktivistischer Sicht. Die Welten in den Köpfen der Kinder. Weinheim: Beltz.

Hartkemeyer, J. F., Hartkemeyer, M., Dhority, F. L. (1999): Miteinander Denken: Das Geheimnis des Dialogs. Stuttgart: Klett-Cotta.

Hildebrand, F. et al. (2016): Sustained Shared Thinking als Interaktionsformat und das Sprachverhalten der Kinder. In: Frühe Bildung. Nr. 5(2016), S. 82-90.

Hopf, M. (2012): Sustained Shared Thinking im frühen naturwissenschaftlichen Lernen. Münster: Waxmann.

Krammer, K. (2010): Individuelle Unterstützung im Unterricht mit 4- bis 8-Jährigen. In: Leuchter, M. (Hrsg.): Didaktik für die ersten Bildungsjahre. Unterricht mit 4- bis 8-Jährigen Kindern. Zug: Klett und Balmer, S. 112 ff.

Siraj-Blatchford, I. (2005): Quality Interactions in the Early Years. Vortrag auf der TACTYC Annual Conference. URL: http://tactyc.org.uk/pdfs/2005conf_siraj.pdf.

Siraj-Blatchford, I. (o.J.): How do we support children's sustained shared thinking? https://lifeofaneducator.files.wordpress.com/2014/01/shared_thinking.pdf.

6.4 Das International Child Developement Programms (ICDP) in seiner Bedeutung für die Entwickung der kindlichen Selbstregulationsfähigkeit

Kathrine Jürgensen und Carmen Deffner

Menschen in ihrer Entwicklung zu begleiten, sodass sie ihr innewohnendes Potential entfalten können, ist das pädagogische Ziel schlechthin. Das International Child Development Programm (ICDP) widmet sich weltweit der Steigerung der Fürsorgefähigkeit. Erziehende und Eltern, besonders in von Armut und Not betroffenen Ländern, sind Adressat*innen der Interventionen. Mittlerweile werden jedoch weltweit Bemühungen stark, die Leitlinien dieses erfolgreichen Programms auf unterschiedlichste Settings auszuweiten – z.B. auf die Arbeit in der Kita.

Ich möchte ICDP vorstellen, wie es in Dänemark in einem Zusammenschluss dreier deutschsprachiger Kindergärten der deutschen Minderheit in Nordschleswig umgesetzt wird. Die Umsetzung der Leitlinien des ICDP wird von mir dort eng begleitet. Als zertifizierte ICDP-Trainerin arbeite ich andererseits intensiv mit dem Dansk Center for ICDP unter der Leitung von Anne Linder zusammen.

Dieser Zusammenarbeit ist es geschuldet, dass der Text Begrifflichkeiten aufweist, die vom Dänischen ins Deutsche übersetzt sind. Bei der Übersetzung habe ich mich von zwei Gedanken leiten lassen: Zum einen trifft eine direkte Übersetzung nicht immer den Ausdruck und Sprachgebrauch, der im Setting deutschsprachiger Kitas gängig ist; in diesen Fällen haben wir die Formulierung angepasst. Andererseits hinterlassen bestimmt dänische Ausdrucksweisen Spuren; sie wurden absichtlich übernommen, um ein Stück dänische Sprachfärbung zu erhalten.

ICDP – International Child Development Program

»Jeg vil dig ... og jeg vil noget med dig ... i en bestemt ramme« – übersetzt aus dem Dänischen lautet das: »Ich will dich ... und ich will was mit Dir ... in einem bestimmten Rahmen«. So einfach und kurz kann ICDP umschrieben werden – und doch kann gerade das im pädagogischen Alltag eine große Herausforderung bedeuten.

Vom norwegischen Psychologen Karsten Hundeide und seinem Kollegen Henning Rye in den 1990er-Jahren entwickelt, ist ICDP mittlerweile von der Weltgesundheitsorganisation (WHO) und von UNICEF anerkannt. ICDP ist weltweit organisiert in ICDP – International, in vielen Ländern existieren anerkannte nationale ICDP-Zentren (siehe www.icdp.info).

ICDP ist eine ressourcenorientierte Methode: Sie geht von dem aus, was schon gelingt. ICDP unterstützt das Gedeihen, das Lernen und die Entwicklung des Kindes, indem das Selbstwertgefühl sowie das Selbstvertrauen gestärkt werden. Dabei wird der Fokus auf die empathische Beziehung zwischen dem Erwachsenen und dem Kind gerichtet und die Rolle des Erziehenden als Mediator*in im kindlichen Lernen hervorgehoben.

ICDP verfolgt einen präventiven Ansatz und grenzt sich dadurch von individuellen Therapieformen und der Familientherapie ab (Nielsen 2013). Der theoretische Ansatz ist systemisch orientiert und beinhaltet Elemente aus der Entwicklungspsychologie und der positiven Psychologie. In seinen Ursprüngen richtete sich das Programm zunächst an Eltern, um sie für eine gelingende Beziehungsgestaltung zu sensibilisieren. Heute wird ICDP darüber hinaus im professionellen Kontext eingesetzt und weiterentwickelt.

In Dänemark wird ICDP in der professionellen pädagogischen Arbeit mit Kindern und ihren Eltern genutzt. Die Initiative und die Verantwortung, einen feinfühligen Kontakt zum Kind aufzubauen (im Dänischen wird hier eher von »gefühlvollem Kontakt« gesprochen), liegt bei den Erzieher*innen. Durch den feinfühligen Kontakt kann sich ein positives Zusammenspiel entwickeln, welches das Lernen und die Erziehung des Kindes unterstützt oder, genauer genommen, erst möglich macht (Linder 2016).

Die Arbeit nach den Leitlinien des ICDP orientiert sich an folgender Grundhaltung:
1. eine positive Auffassung und Haltung der Erzieher*in zum Kind
2. ein positives emotionales Zusammenspiel zwischen Erzieher*in und Kind
3. die Rolle der Erzieher*in als einer Person, die die Erlebnisse des Kindes bereichert und erweitert
4. auf positive Art die Selbstregulation des Kindes unterstützen und Grenzen setzen

Ziel ist es, dass Erzieher*innen im Zusammenspiel mit den Kindern zu jeder Zeit das Beste von sich selbst geben. Weitere Orientierung für ihr berufliches Handeln bekommen die Pädagog*innen, wenn sie die Frage beantworten: »Was kann ich noch tun, um einen guten Kontakt zum Kind zu bekommen. Was braucht das Kind tatsächlich?«. Durch diesen Sensibilisierungsprozess wird auf Fachkraftebene die Entwicklung der professionellen Beziehungskompetenz unterstützt. Darunter verstehe ich die Fähigkeit, einen feinfühligen Dialog mit dem Kind zu führen – mit dem Ziel, ein Sicherheit gebendes und unterstützendes Zusammenspiel zu etablieren, das die Entwicklung des Kindes unterstützt (Linder 2016).

Im Kindergartenalltag bilden die acht Leitlinien des Zusammenspiels die Grundlage für eine Beziehung (im Dänischen wird hier von »Relation« gesprochen). Sie leiten sich aus den drei Dialogformen (s.u.) ab und stärken die Kommunikation mit den Kindern. Auch in den täglichen Routinen, wie beim Essen oder beim Anziehen in der Garderobe sowie in den verschiedenen Aktivitäten, gehen die pädagogischen Fachkräfte von diesen Formen des Zusammenspiels aus. Die Fähigkeit zum feinfühligen Dialog und die daraus resultierenden Zusammenspiele sind zudem eine kostbare Grundlage für die Zusammenarbeit mit den Eltern.

Wesentliche Arbeitsmethoden in der alltäglichen Praxis sind u.a. Videoanalysen von alltäglichen Situationen im pädagogischen Alltag und die Arbeitsblätter »In welcher Beziehung stehe ich zum Kind?« und »Sternstunden« (siehe unten/Anhang).

ICDP als Leitlinie pädagogischen Wirkens

Manche Kinder machen es uns leicht, eine gute Beziehung zu ihnen aufzubauen. Sie sind von Natur aus herzlich, kommen uns entgegen und zeigen somit deutlich, dass sie auch »uns wollen«. Sie sind neugierig und laden uns oft dazu ein, etwas Neues mit ihnen zu untersuchen, oder sich mit uns über verschiedene Themen zu unterhalten. Wenn wir ihnen Aufgaben stellen, zeigen sie eine deutliche Aufgabenorientierung – auch wenn es nicht von Anfang an klappt und das Kind sich anstrengen muss. Sie zeigen zunehmend die Fähigkeit, sich der großen Gemeinschaft, die einen Kindergarten ausmacht, anzupassen, sie kennen die Regeln und zeigen ein selbstreguliertes Verhalten.

Wir erleben aber auch das Entgegengesetzte. In manchen Situationen denken wir: »Das macht er jetzt, um Aufmerksamkeit zu bekommen« oder »Er ist ungezogen«. Andere Male empfinden wir: »Sie ist stur und will nichts lernen« oder sogar »Das Kind ist außerhalb unserer pädagogischen

Reichweite«. Unsere alltägliche pädagogische Praxis wird dadurch herausgefordert. Aus Sicht des ICDP-Ansatzes kann die Antwort auf solche Gedanken sein: »Er ist im Zusammenspiel noch nicht so geübt – und gerade deshalb braucht er mehr Aufmerksamkeit als andere Kinder. Dieses Kind braucht aktuell ein besonders feinfühliges Zusammenspiel, durch das die Entwicklung der Selbstregulation und letztendlich auch das Selbstwertgefühl unterstützt werden kann.«

Die Aussagen verdeutlichen, dass wir als pädagogische Fachkräfte bei einigen Kindern mehr gefragt sind als bei anderen. Das Paradoxe ist jedoch, dass gerade die Kinder, die unsere Feinfühligkeit für ein gutes, sicheres und entwickelndes Zusammenspiel brauchen, es uns am schwersten machen, gezielt zu arbeiten – »sie stellen sich quer«.

Ziel der ICDP-Arbeit ist die Sensibilisierung der Erzieherin, wobei das feinfühlige Zusammenspiel sowie das Bewusstsein dafür, was das Kind von der Erzieherin braucht, im Fokus steht. Durch dieses Sensibilisierungsprogramm sollen eigene innere Prozesse gefördert werden – um das zu stärken, was schon gelingt und entwicklungsfördernd ist.

Zu Zeiten des dänischen Philosophen Søren Kierkegaard (1813-1855) war ICDP als Methode noch nicht bekannt. Jedoch hat er schon eines der Ziele des ICDP formuliert: »... dass man, wenn es in Wahrheit einem gelingen soll, einen Menschen an eine bestimmte Stelle zu führen, zu allererst gewillt sein muss, ihn da zu finden, wo er ist, um dort anzufangen« (Übersetzung K. J.).

Im ICDP versucht man, das Kind dort zu finden, wo es in seiner Entwicklung gerade ist, und nicht dort, wo es gemäß pädagogischen Vorstellungen schon sein könnte oder müsste. Damit wird die pädagogische Fachkraft für das Kind zum Helfer in seiner individuellen Entwicklung.

»Man muss berührt werden, um sich zu bewegen« (Anne Linder)

Wie wir ein Kind sehen, hat eine grundlegende Bedeutung dafür, welche Fürsorge wir dem Kind anbieten oder geben. Haben wir das Bild, dass ein Kind ungezogen und stur ist, hat dies einen Einfluss darauf, wie wir dem Kind begegnen. In der ICDP-Arbeit spricht man vom »Berührt-Werden, um sich zu bewegen«. Diesem Satz liegt die Annahme – und Erfahrung – zugrunde, dass ein positives Erlebnis mit einem Kind, eine »Sternstunde«, ein Glücksgefühl bei uns auslöst, uns also berührt. Wir öffnen uns dem Kind und können das Kind und sein Verhalten in einem neuen Licht sehen (Linder 2020). Es entsteht eine empathische Identifikation zwischen Kind und Erzieher*in in einem Ich-Du-Verhältnis. Diese Identifikation macht es möglich, sich in die Gedanken und Gefühle des Kindes hineinzuversetzen sowie seine Absichten und Bedürfnisse zu erkennen und danach zu handeln. So werden die Weichen für ein gutes Zusammenspiel gestellt (Hundeide 2014).

Die drei Dialogformen und die acht Leitlinien des Zusammenspiels

Unter Zusammenspiel (dänisch »samspil«) versteht man die gegenseitige Einwirkung von Menschen aufeinander. Menschen wirken u.a. durch Sprache, nonverbale Zeichen (z.B. Mimik, Gestik, Tonfall), aber auch umfassende Handlungsverläufe aufeinander ein. Die Qualität des Zusammenspiels hat eine große Bedeutung für die Bildung und Qualität der gesamten Beziehung. Im Deutschen würde man das in etwa so beschreiben: die Auswirkungen wechselseitiger Interaktion, wenn zwei oder mehr Menschen sich aufeinander einlassen.

Das Rückgrat der ICDP-Methode bilden die drei Dialogformen sowie die acht Leitlinien des Zusammenspiels.

Das gute Zusammenspiel

Die drei Dialogformen

1. Der emotionale Dialog hat die Fürsorge und Bildung der emotionalen Sicherheit des Kindes zum Ziel. Man bildet mit dem Kind eine kleine Gemeinschaft, damit es Sicherheit und Geborgenheit empfinden kann. Dadurch werden seine Stressregulation und sein emotionales Gleichgewicht unterstützt.
2. Der lernende/sinnvolle Dialog hilft dem Kind, seine Aufmerksamkeit zu lenken und über längere Zeit festzuhalten und neues Wissen zu entfalten. Man bildet also eine lernende Gemeinschaft mit dem Kind.
3. Der leitende/begleitende Dialog hat das Ziel, die Selbstregulation des Kindes zu unterstützen und im Gleichgewicht zu halten.

(Linder 2016)

In allen drei Dialogformen spricht man im ICDP davon, dass man als Erwachsener dem Kind »das reifere Gehirn« borgt. Damit ist gemeint, dass man dem Kind vorausschauend Hilfestellungen anbietet, die es für das Kind möglich machen, sich selbst zu regulieren (Linder 2020). Im Folgenden betrachte ich die drei Dialogformen im Zusammenspiel mit den acht Leitlinien.

Der emotionale Dialog

Als beziehungsorientierte Wesen haben wir ein biologisches Bedürfnis, Resonanz bei anderen zu finden, um die eigene Identität und ein Selbstverständnis zu entwickeln.

Die ersten vier Leitlinien des Zusammenspiels sind im emotionalen Dialog beinhaltet. Sie haben als Ziel, beim Kind das Gefühl der emotionalen Sicherheit aufzubauen. Emotionale Nähe und Sensitivität des Erziehers ist nötig, um die Initiativen des Kindes zu erkennen, mit uns in Beziehung zu gehen und uns zu verstehen. Emotional nah zu sein bedeutet, sich in das Kind hineinzuversetzen und zu versuchen, es in seiner Lebenswelt zu verstehen, indem man ihm Aufmerksamkeit und Anerkennung schenkt (Linder 2016).

Der emotionale Dialog kann als eine Art »gefühlvoller Subtext« im verbalen Dialog gesehen werden: Die nonverbale Kommunikation zum Kind rückt in den Fokus der Aufmerksamkeit. Im Sensibilisierungsprozess, z.B. bei den Videoanalysen oder einem kollegialen Feedback, fokussiert man die eigene Art, z.B. Augenkontakt, Tonfall, Stimmlage in »Dur oder Moll«, das Tempo der Sprache und der Körperbewegungen, Körperhaltung, Mimik, Gestik und Körpersprache zu nutzen, um dem Kind Geborgenheit und Sicherheit zu vermitteln. Die Botschaft ist: »Ich will dich« (Linder 2020).

Essenziell am emotionalen Dialog ist, dass man als Erzieher dem Kind in seinen Gedanken und Gefühlen folgt und sich voll auf die Erlebniswelt des Kindes einstellt. Man befindet sich somit auf der »Spielfeldhälfte« des Kindes.

Die folgenden vier Leitlinien des Zusammenspiels sind Teil des emotionalen Dialogs:

Leitlinien 1: Begegne dem Kind mit positiven Gefühlen

Ein Lächeln oder ein freundlicher Gesichtsausdruck ist eine Einladung zu einem offenen und zugänglichen Dialog und schenkt dem Kind meine Aufmerksamkeit.
Dies geschieht z.B. durch

- ein freundliches Lächeln und einen mit dem Blick des Kindes abgestimmten Augenkontakt
- eine leichte Berührung auf der Schulter mit einem »Schön, dass du da bist«
- eine helle Stimme, die Fröhlichkeit und Offenheit vermittelt

Dem Kind gegenüber geäußerte positive Gefühle vermitteln ihm, dass es gesehen und bestätigt wird. Somit wird sein Selbstwertgefühl gestärkt.

Leitlinie 2: Erkenne die Initiativen des Kindes und justiere Dich

Hier sind die Initiativen des Kindes im Fokus: Möchte das Kind einen Kontakt zu uns oder will es uns zeigen, dass es schon etwas ganz allein kann? Ein Kind, das keine Reaktion auf seine Initiativen bekommt, kann sich als übersehen erleben. In der Folge kann es sich entweder zurückziehen oder seine Initiativen verstärken, die dann als störend aufgefasst werden können.

Mithilfe der Leitlinie 2 versucht die Pädagog*in, durch Beobachtung des Verhaltens zu deuten, was das Kind gerne im Zusammenspiel erreichen möchte. Sie stellt sich auf die Initiativen des Kindes ein und folgt dieser unterstützend – die Fachkraft justiert sich. Dies kann sowohl auf einer emotionalen Basis als auch im konkreten Handeln geschehen:

- Indem man sich zum Kind niederkniet, sich in Augenhöhe des Kindes setzt und sich auf ein »Ich-Du« einlässt.
- Indem man abwartet und vertrauensvoll zuschaut, während das Kind übt, z.B. einen Reißverschluss selbst zu öffnen. Es bekommt erst Hilfe, wenn es darum bittet.

- Indem man Ruhe bewahrt, wenn das Kind traurig oder wütend ist. Man erkennt die Gefühle des Kindes an, wenn man ihm Raum gibt, sie zu äußern. Im Dialog lässt man sich auf das Kind ein, es kann erzählen, was es denkt und fühlt.
- Stellt sich das Kind in die Nähe der Erzieher*in, ohne direkten Kontakt zu ihr aufzunehmen, kann man fragen: »Na, möchtest du gerne anschauen, was ich hier mache?« Oder man legt den Arm um das Kind und signalisiert: »Du darfst gerne dabei sein.«

Die Initiativen des Kindes zu sehen und sich darauf einzustellen, stärkt das Gefühl der Kompetenz und das Selbstvertrauen des Kindes.

Leitlinie 3: Lade das Kind zum Dialog ein – höre zu und antworte

Die Pädagog*innen versuchen durch aktives Zuhören, die Erlebnisse des Kindes zu verstärken und somit dem Erlebtem Bedeutung zu geben. Sich gesehen, gehört und bestätigt zu fühlen, gibt dem Kind die Möglichkeit zu erleben, dass das, was man auf dem Herzen hat, auch für eine andere Person wichtig ist. Wenn dies gelingt, spricht man im Dänischen davon, dass man durch das aktive Zuhören »die gute Geschichte des Kindes dicker« gemacht hat (Linder 2020). Die Bezugsperson hat das Erlebnis des Kindes mit ihm geteilt. Über diese Form der Bestätigung hat es eine größere Bedeutung erhalten. Durch die Zeit und Ruhe, einer anderen Person etwas Wichtiges erzählen zu können, übt das Kind, sich in die Gefühle und Gedanken anderer hineinzuversetzen. Dies geschieht z.B., indem man:

- durch kleine, nonverbale Zeichen – ein erstaunter Blick ein Blinzeln oder ein Nicken – zeigt, dass man noch gerne mehr hören möchte.
- durch kurzes Wiederholen oder Zusammenfassen des Erzählten dem Kind zeigt, dass man aktiv und aufmerksam zugehört hat.
- die Gefühle, die das Kind während des Dialoges zeigt, bspw. durch den Gesichtsausdruck, mit ähnlichen Gesten spiegelt und sie benennt.

Diese Leitlinie des Zusammenspiels hat zum Ziel, dem Kind durch aktives Zuhören und Beantwortung seiner Fragen Achtung und Interesse gegenüber Themen, die es bewegen, auszudrücken. Die Fachkraft erfasst die Gefühlsebene des Kindes und antwortet empathisch auf derselben Ebene. Das Anliegen des Kindes wird nicht dazu verwendet, mit ihm neue, lehrreiche Inhalte zu erarbeiten. Die Fachkraft lässt die Geschichte beim Kind, sie nimmt die Geschichte nicht zu sich, um damit inhaltlich weiterzuarbeiten. Vielmehr geht es darum, das Kind in seiner Gefühlswelt aufzufangen, zu begleiten und zu bestärken.

Timi kommt begeistert zu seiner Erzieherin, er erzählt mit strahlenden Augen vom kleinen Hündchen, das sein Opa am Sonntag bekommen hat. »So süß ist der! Und so kuschlig. Sein Fell ist ganz weich!«

Anstelle hier einzuhaken und zu erörtern, welche Farbe das Tier hat, welcher Hunderasse es zugehörig ist etc., also fachliche Aspekte hervorzuheben, kommt es in dieser Situation darauf an, Timi in seiner Begeisterung, seinem emotionalen Erleben zu bestärken. Die Fachkraft reagiert mit Äußerungen wie »Und dein Opa, ist der auch so glücklich wie du?« oder »Freust du dich schon, den Kleinen morgen wieder zu sehen, wenn du deinen Opa besuchst?«

Leitlinie 4: Gib dem Kind Anerkennung für das, was es im Stande ist zu tun

Damit das Kind seine angeborene Neugierde und Explorationslust entfalten kann, hat das Gehirn Bedarf an psychischer Energie und Vitalisierung (z.B. in Form von Bestätigung, Freude und den damit verbundenen physiologischen Prozessen). Diese Energiequelle findet sich im relationalen Zusammenspiel, indem die Erzieher*innen dem Kind positives Feedback z.B. durch Ermutigung, Unterstützung, Freude und Anerkennung geben (Linder 2016). Untersuchungen zeigen, dass ein Feedback, das die Anstrengungen und den Einsatz des Kindes anerkennt, einen großen Effekt auf seine Explorationslust und Neugierde haben. Das Lob als Resultat seiner Handlungen spornt das Kind an, es noch einmal zu versuchen (Linder, 2016). Ein anerkennendes, aufrichtiges, differenziertes, positives Feedback für den Einsatz, den das Kind in der spezifischen Situation leistet, ist dabei eine wirksamere Bestätigung als ein banales Lob wie »super« (Linder 2016). Dies geschieht, wenn man dem Kind

- ... mit kleinen nonverbalen Zeichen zeigt, dass man gesehen hat, dass es sich angestrengt hat.
- ... erzählt: »Hey, ich habe gesehen, dass du heute probiert hast, die Schuhe alleine anzuziehen – es sah ein bisschen schwierig aus, aber es hat geklappt.«
- ... die interessierte Frage stellt: »Wie hast Du das denn geschafft – erzähl mir mal, wie du das getan hast!«
- ... sagt: »Toll, dass du gesehen hast, dass Anna Hilfe brauchte – ich glaube, sie hat sich darüber sehr gefreut.«

Der lernende/sinnvolle Dialog

Ziel des sinnvollen Dialogs ist es, die Erlebnisse des Kindes durch gemeinsame Aktivitäten mit anderen Kindern und Erwachsenen zu bereichern und zu erweitern, sodass dem Kind Möglichkeiten fürs Lernen geschaffen werden. Der sinnvolle Dialog ist somit ein Dialog, der sich außerhalb der emotionalen Beziehung zwischen Kind und Fachkraft befindet – »in der großen Welt«, die das Kind mit dem/r Erzieher*in gemeinsam erkundet (Linder, 2016).

Um Neuerkundetes als Wissen oder neue Fähigkeiten zu speichern, sind die Lenkung und das Festhalten der Aufmerksamkeit durch die Begleitung der Erzieher*innen von Bedeutung. Durch Sustained Shared Thinking (vgl. Kapitel 1.2 und 6.3) versuchen die Erzieher*innen und die Kinder das gemeinsam Erlebte zu vertiefen, den Sinn zu klären und zu erweitern.

Die Fokussierung der Aufmerksamkeit erfordert vom Kind viel Konzentration, Selbstbeherrschung, Energie und eine hohe Motivation, sich nicht ablenken zu lassen. Erzieher*innen können es dadurch unterstützen, indem sie Freude und Enthusiasmus als eine Art Treibstoff für den Motor des Lernens bereitstellen. Positive Emotionen machen uns mental offener für neue Eindrücke und erhöhen die Motivation. Gleichzeitig kann Freude und Enthusiasmus dem gemeinsam Erlebten einen Sinn geben (Linder 2016).

Zum sinnvollen Dialog gehören die Leitlinien des Zusammenspiels 5 bis 7.

Leitlinie 5: Fange die Aufmerksamkeit des Kindes

Das Kind muss erst lernen, die vielen Sinnesreize, von denen es umgeben ist, zu filtern und nur die relevanten Reize in das kognitive System hereinzulassen (Linder 2016). Die Erzieher*innen können das Kind auf unterschiedliche Art dabei unterstützen, seine Aufmerksamkeit auf eine bestimmte Situation oder einen bestimmten Gegenstand zu richten. Eine »gemeinsam geteilte Aufmerksamkeit« entsteht bspw. dadurch,

- dass man das Kind fragt, worauf es gerade achtet und was daran interessant ist.
- dass die Pädagog*in den vom Kind gewählten Fokus verstärkt, indem sie beschreibt, was sie gerade zusammen erleben.
- dass man sich durch Antippen ins Blickfeld des Kindes setzt, auf etwas Bestimmtes mit dem Zeigefinger zeigt oder die Stimme anhebt, um die Aufmerksamkeit des Kindes auf bestimmte Reize zu lenken und zu verstärken.
- dass man sich selber nicht ablenken lässt, sondern deutlich durch Körpersprache und verbale Kommunikation auf etwas fokussiert: »Ich gucke jetzt hier auf diese Seite im Buch – möchtest du auch dabei sein?«
- dass man verbal die Aufmerksamkeit lenkt: »Wir suchen jetzt nur nach Dingen, die blau sind.«

Leitlinie 6: Halte die Aufmerksamkeit des Kindes fest – zeige Gefühl und Enthusiasmus

Um die Aufmerksamkeit des Kindes festzuhalten, müssen Pädagog*innen wissen, wo die aktuelle Zone seiner nächsten Entwicklung liegt (vgl. Kapitel 1.2). Das ist wichtig, um im Lernprozess einen Flow zu erreichen. Bei Überforderung oder auch Unterforderung des Kindes wird die Motivation des Kindes geschwächt und die Zeitspanne seiner Aufmerksamkeit sinkt (Linder 2016).

Die Neugierde des Kindes ist ein wesentlicher Faktor, der durch die Freude und den Enthusiasmus der Erzieher*innen am gemeinsamen Thema verstärkt wird. Diese positiven Emotionen wirken als »kognitiver Treibstoff« für das Kind. Sie können die Konzentration und den Aufmerksamkeitsfokus des Kindes steigern, indem Sie:

- Durch Mimik und nonverbale Gesten Spannung aufbauen.
- Durch Zeigen und Fragen die Aufmerksamkeit stärken.
- Freude am gemeinsamen Tun zeigen.

Leitlinie 7: Falte die Erlebnisse des Kindes aus – vertiefe und erkläre

Durch Zusammenspiel im Sinne gemeinsamer Aktivitäten tragen die Erzieher*innen dazu bei, dass das Wissen des Kindes erweitert und mit neuem Wissen verknüpft wird. Auf diese Weise fördern sie das Verstehen.

Zum einen wird die Bildung von Mustern mit Fragen zur Vertiefung von Inhalten unterstützt: »Gibt es nur große Hunde oder auch kleine?« Oder: »Hast du auch Hunde gesehen, die nicht schwarz sind?« Ebenso kann man die Herausbildung des Zeitverständnisses des Kindes fördern: Vom »Hier und Jetzt« ins Vergangene (Gedächtnis): »Hast du das schon einmal früher erlebt?« Oder: »Hast du das schon früher einmal gesehen?« Perspektiven, Alternativen und Wahlmöglichkeiten eröffnen die Fragen: »Wozu könnte man das sonst noch gebrauchen?« Oder: »Was könnte man dem Freund sagen, wenn …«.

Fragen wie: »Was willst du nächstes Mal versuchen?« regen das Kind an, sich Gedanken über zukünftige Handlungsmöglichkeiten zu machen.

Erzählungen der Erwachsenen von sich schaffen einen Zusammenhang zwischen dem Wissen des Kindes und dem gemeinsamen Erlebten (Linder 2016), z.B.: »Ich hatte auch mal einen Hund. Der Hund war aber ein Jagdhund und wollte deshalb sehr gerne apportieren. So ein Hund braucht einen Jäger als Besitzer, weil …« Oder: »Wenn es draußen kalt wird, lassen die Bäume das Laub fallen, denn im Winter braucht der Baum …« Die sprachliche Tür zur großen gemeinsamen Welt entsteht durch die W-Fragen: Wieso, warum und weshalb und weil und wenn …

Leitlinie 7 umfasst also Fragen, die
- Vertiefung möglich machen.
- einen Zusammenhang zwischen Vergangenheit und Gegenwart bilden.
- neue Perspektiven und Handlungsalternativen fördern.
- in die Zukunft zeigen.

Der leitende/begleitende Dialog

Ziel des leitenden/begleitenden Dialogs ist es, die Entwicklung der Selbstregulation zu unterstützen. Die Erzieher*in hilft dem Kind, Strategien für zielgerichtete Handlungen zu entwickeln. Diese Strategien müssen dem jeweiligen Entwicklungsstand des Kindes folgen und können über die Zeit hinweg an Komplexität zunehmen. Wichtig ist, dem Kind in der Planung seiner Handlungen Schritt für Schritt zu helfen. Ziel ist, dass das Kind lernt, die Konsequenzen der eigenen Handlungen zu überschauen. In unserer Arbeit soll diese Hilfe in einer positiven, dennoch anweisenden und konsequenten Art geschehen.

Zentral für die dazugehörige Leitlinie 8 ist das Wort nicht. Die Anweisungen, die wir dem Kind geben, müssen dem Kind zeigen, was es tun kann, darf und muss – und nicht, was es nicht tun darf und nicht tun soll (Linder 2016; Linder 2020).

Leitlinie 8: Zeige dem Kind was es darf und soll – Schritt für Schritt

Die Erzieher*in hat eine co-regulierende Funktion, sowohl auf der emotionalen Basis wie auf der Ebene der Aufmerksamkeitslenkung. Dadurch, dass sie einen deutlichen und verständlichen Rahmen setzt, gibt sie dem Kind Geborgenheit und Vertrauen. Weiß ein Kind, was es darf und soll und welche konkreten Erwartungen gelten, findet es eine klare Orientierung und Sicherheit in der Gestaltung seiner Handlungen. Dadurch fällt es dem Kind viel leichter, sich in die Gemeinschaft einzufügen. Bei undeutlichen Anweisungen, bspw. bei Erwartungen, die nicht ausgesprochen werden, da der Erwachsenen sie als bekannt voraussetzt, muss das Kind raten, wie es sich angemessen verhalten soll. Dies führt zu einer Verunsicherung, die sich bei Kindern häufig in einem von Erwachsenen als problematisch angesehenem Verhalten äußert (Linder 2016).
Um dem Kind die Orientierung zu erleichtern, können Erwachsene
- das Kind emotional unterstützen: »Ich kann sehen, dass du traurig wirst – ich glaube, weil du sehr gerne weiterspielen möchtest. Das ist jetzt nicht möglich, aber nach dem Essen kannst Du weitermachen!«
- dem Kind helfen, wieder das Gleichgewicht zu erreichen: »Ich kann sehen, dass du sehr aufgeregt bist – ich glaube, eine kleine Pause könnte eine gute Idee sein, oder?«
- deutliche Anweisungen geben: »Im Flur darf man mit Lego und Playmobil spielen« Oder: »Wenn ihr die Glocke klingeln hört, fangen wir mit dem Aufräumen an.«
- Möglichkeiten aufzeigen: »Du kannst wählen, entweder mit den Schaufeln graben oder …«

Die Aufteilung der Kommunikation mit Kindern in die drei Dialogformen verbunden mit den Leitlinien des Zusammenspiels kann etwas künstlich wirken und nicht dem Alltag im Kindergarten entsprechen. Im Alltag »spielen« immer verschiedene Leitlinien zusammen. Warum also diese Aufteilung? Die in diesem Kapitel dargestellten Leitlinien können helfen zu analysieren, was das Kind aktuell an »Gerüst« (scaffold) braucht, um sich besser mit Inhalten und Themen auseinanderzusetzen. Das Zusammenspiel nach der ICDP-Methode fördert den Sensibilisierungsprozess von Pädagog*innen für die Bedürfnisse der Kinder, die Feinfühligkeit, Empathie und Beziehung von Erwachsenen brauchen, um sich entwickeln zu können. In diesem Prozess können die drei Dialogformen und acht Leitlinien zum »Gerüst« für die Erzieher*innen werden.

Zusammenhang zwischen ICDP und exekutiven Funktionen

Norwegische Studien, die die Sensibilisierung der Eltern in Bezug auf einen gelingenden Beziehungsaufbau zu ihren Kindern untersucht haben, zeigen einen fördernden Effekt des ICDP-Programms.

Aktuell werden in Dänemark weitere Effektstudien durchgeführt. In Kooperation mit der Universität Lillebælt untersucht das ICDP auf der Fachkräfte-Ebene, ob der Sensibilisierungsprozess während und nach einer ICDP-Zertifizierung einen Effekt auf das Zusammenspiel der Erzieher*innen mit den Kindern hat. Die Ergebnisse dieser Studien werden im Laufe des Jahres 2020 vorliegen.

Die Effekte des ICDP im Zusammenhang mit der Entwicklung der exekutiven Funktionen sind aktuell noch rein empirischer Art. Dennoch bietet ICDP hilfreiche Instrumente und Methoden, um mit Kindern im Dialog zu sein und darüber zu reflektieren. Der im Folgenden dargestellte Zusammenhang zwischen ICDP und exekutiven Funktionen baut auf einem theoretischen Konstrukt und auf Praxiserfahrungen der letzten fünf Jahre auf: Erfahrungen, die ich mit und in den Kitas gemacht habe.

In der Praxis erleben wir, dass Erzieher*innen die emotionale Regulationsfähigkeit von Kindern durch einen einfühlsamen Dialog unterstützen können. Das hilft dem Kind, trotz kleiner Herausforderungen, sein limbisches System im Gleichgewicht zu halten (vgl. Kapitel 2). Die exekutiven Funktionen im präfrontalen Kortex bekommen dadurch »Arbeitsruhe«.

Sieht die Erzieher*in z.B., dass ein Kind sich gern selbst anziehen möchte, das aber noch nicht ganz alleine kann, wird sie das Kind in seinem Erleben der Selbstwirksamkeit unterstützen: Sie erkennt die Initiativen des Kindes und stellt sich darauf ein, indem sie aufmerksam die Bemühungen des Kindes verfolgt. Sie signalisiert ihm: »Ich schau dir zu und bin bei dir.« Erst wenn sie an den Reaktionen des Kindes merkt, dass es Hilfestellungen benötigt, weil die Aufgabe zu schwer ist, wird sie aktiv und hilft. Parallel dazu signalisiert sie dem Kind mit der Rückmeldung: »Toll, ich konnte sehen, dass du schon selbst Hose und Jacke anziehen kannst. Gut, dass du mir gezeigt hast, dass du für die Handschuhe noch ein bisschen Hilfe brauchst.« Die Fachkraft erkennt die Bemühungen des Kindes an. Sie fördert und unterstützt das Gefühl der Autonomie des Kindes (vgl. Kapitel 1.2).

Erzieher*innen können ihr »reiferes Gehirn« (Linder 2020) aktiv nutzen, indem sie das Kind vor Ablenkungen schützen und somit zur Entwicklung der Inhibition beitragen. Dies geschieht durch das aktive Einfangen und Halten der Aufmerksamkeit des Kindes (Leitlinie 5). Das Zeigen von Enthusiasmus gibt dem Kind ein Gefühl von Gemeinsamkeit, fördert seine Motivation, an dem Erlebten festzuhalten und seine Aktivitäten zu steigern. So entstehen förderliche Rahmenbedingungen für die Entwicklung des Arbeitsgedächtnisses.

Erkennen Pädagog*innen, dass sich das Kind besonders für ein bestimmtes Prinzip interessiert oder gerne ein Erlebnis teilen möchte, vertiefen sie durch behutsames Nachfragen und Eingehen auf die Antworten des Kindes und entfalten sein Erlebnis gemäß Leitlinie 7. Durch gemeinsames Erforschen und Überlegen »Was passiert wohl, wenn ...« wird das Erlebnis oder das Thema des Kindes zu etwas »gemeinsam Geteilten« im Sinne des Sustained Shared Thinking. Das sprachliche und gedankliche »Hin- und Herbewegen« fördert und aktiviert die kognitive Flexibilität. In einem intensiven Austausch über ein spannendes Thema teilt und erweitert man sein Wissen mit dem der Gesprächspartner*innen oder man wird zum Umdenken angeregt. Kinder müssen ihr Arbeitsgedächtnis aktivieren und sich auf das Denken des Gegenübers einlassen. Zeitweise müssen sie mit ihren Meinungsäußerungen warten, um nicht »hineinzuplatzen«, also Inhibition zeigen (vgl. Kapitel 1.2 und 2.2).

Indem die Erzieher*in Schritt für Schritt einen klaren Rahmen schafft (Leitlinie 8), sorgt sie dafür, dass das Arbeitsgedächtnis nicht durch zu viele Informationen überlastet wird, das Kind sich konzentrieren kann. Emotionale Sicherheit bekommt das Kind durch die Widerspiegelung dessen, was es schon alleine kann oder wo es noch Hilfe braucht. Ein klarer Rahmen, gesetzt durch eindeutig formulierte Anforderungen an das Kind, was es darf und soll, trägt zum Gefühl der emotionalen Sicherheit bei.

Durch den emotionalen Dialog erhält das Kind eine gute Balance zwischen dem Gefühl der Sicherheit und dem Wissen, dass es neue Herausforderungen bewältigen kann – und damit optimale Bedingungen, seine exekutiven Funktionen zu entwickeln. Neue Herausforderungen an das Lernen des Kindes werden durch den lernenden/sinnvollen Dialog gesetzt. Durch den leitenden/begleitenden Dialog wird ein deutlicher und für das Kind nachvollziehbarer Rahmen für das Beisammensein, für die Entwicklung der exekutiven Funktionen geschaffen. All das fördert die Entwicklung einer ausgewogenen Selbstregulation gemäß dem eingangs beschriebenen Prinzip: »Ich will dich ... und ich will was mit dir ... in einem bestimmten Rahmen!«

Methoden

Abschließend möchte ich zwei Methoden vorstellen, mit denen die Prinzipien des ICDP in die pädagogische Arbeit in der Kita integriert werden können. Mithilfe des Arbeitsblatts »In welcher Beziehung stehe ich zum Kind« reflektieren Sie zunächst ihre Beziehung zu einem Kind, das Sie in ihren besonderen Fokus nehmen möchten, durch die »Sternstunden« beleben und intensivieren Sie diese. Die Vorlagen für beide Methoden finden Sie auf den folgenden Seiten.

Arbeitsblatt: »In welcher Beziehung stehe ich zum Kind«

Die Teamarbeit mit dem Arbeitsblatt »In welcher Beziehung stehe ich zum Kind« erfordert eine offene und ehrliche Zusammenarbeit im Team. Gleichzeitig muss jeder gewillt sein, die Kinder aus ihrer eigenen Perspektive heraus zu verstehen. In der Arbeit mit dem Arbeitsblatt machen sich die Fachkraft und das Team bewusst, in welcher Beziehung sie zu jedem einzelnen Kind in einer Kita-Gruppe stehen. Besonders Kinder, die es uns schwer machen, eine gute Beziehung zu ihnen aufzubauen, rücken durch diese Methode in den Fokus. Dies bringt aus ethischer Sicht viel mit sich – denn nicht das Kind, sondern die Erzieherin hat die Verantwortung für die Qualität der Beziehung und muss versuchen, der Beziehung zum Kind einen Neustart zu geben.

Das Arbeitsblatt »In welcher Beziehung stehe ich zum Kind« baut auf der Annahme der empathischen Identifikation auf: Zu welchen Kindern haben wir eine enge, vertrauensvolle Beziehung, welche fordern uns heraus und welche Erzieher-Kind-Relation ist von nicht entwicklungsförderlichen Konflikten geprägt? Das Arbeitsblatt hilft zu erkennen, auf welche Kinder man aktuell besonders achten muss und wer die Aufgabe des Neustarts im Relationsaufbau übernimmt.

Was bei mancher Fachkraft mit einem Kind in bestimmten Situationen gut klappt, ist für andere sehr schwierig. Durch Nacherzählungen von Sternstunden kann das Kind und sein Verhalten durch die neuen Erkenntnisse besser verstanden werden. Was braucht das Kind von uns und welche der acht Prinzipien des Zusammenspiels sind hier zentral, um das Kind in seiner Entwicklung zu unterstützen?

Arbeitsblatt: »In welcher Relation stehe ich zum Kind?«

Im pädagogischen Alltag begegnen Sie vielen Kindern. Zu manchen Kindern haben Sie eine enge und gute Beziehung und das Zusammenspiel fühlt sich leicht und unbeschwert an. Andere Kinder fordern Sie in bestimmten Situationen heraus, und Sie müssen an der Beziehung arbeiten, damit es Ihnen gelingt, mit dem Kind etwas gemeinsam zu machen. Bei anderen Kindern erleben Sie, dass das Zusammenspiel von Konflikten geprägt ist und dass Sie Schwierigkeiten haben, mit dem Kind etwas zu tun.

1. Denken Sie an eine Gruppe von Kindern, mit denen Sie in Ihrem Alltag arbeiten.

2. Überlegen Sie für jedes Kind, in welcher Beziehung Sie zu ihm stehen
   Sie können die Kinder evtl. in drei Gruppen aufteilen:
   Grün: Kinder, zu denen Sie aktuell eine gute und entwicklungsförderndeBeziehung haben.
   Gelb: Kinder, zu denen Sie aktuell eine etwas unsichere/problematische Beziehung haben.
   Rot: Kinder, zu denen Sie aktuell eine unsichere/sehr unsichere/problematische Beziehung haben.

3. Wenn sich jeder im Team Gedanken über die Beziehung zu den einzelnen Kindern gemacht und ausgefüllt hat, besprechen alle Kolleg*innen gemeinsam, welche Gedanken sie sich zu jedem einzelnen Kind der Gruppe gemacht haben. Das kann z.B. sein:
   - Wann gelingt es mir, eine gute Beziehung zum Kind zu haben – wie sind die Umstände in dieser Situation?
   - In welchen Situationen erlebe ich Herausforderungen – wie sind die Umstände in dieser Situation, wie oft erlebe ich diese Herausforderungen im Laufe eines Tages/einer Woche?
   - Zu welchen Zeitpunkten erlebe ich die Herausforderungen?

4. Zum Schluss bespricht das Team, welche Kinder sie in den Fokus rücken müssen. Das sind die Kinder, mit denen mehrere Kolleg*innen im Team Herausforderungen im Alltag erleben.
   - Wichtig ist es, dass Sie für jedes dieser Kinder deutliche Absprachen treffen, wer vermehrt an einer entwicklungsfördernden Beziehung zum Kind arbeitet. Auch ist es wichtig, dass man sich im Team bespricht, was das Kind braucht, z.B. mehr Fürsorge, sodass das Kind sich stärker geborgen fühlt, oder Hilfe, um seine Aufmerksamkeit zu lenken, damit es konzentrierter am Gruppengeschehen teilhaben kann.
   - Hier sind die acht Leitlinien des Zusammenspiels der Dreh- und Angelpunkt.

Arbeitsblatt: »Sternstunden«

Sternstunden sind bedeutungsvolle Augenblicke im Zusammenspiel, die von intensiver Freude und Genuss geprägt sind. Sternstunden sind kleine Episoden oder Geschichten, die wir mit einem Kind erlebt haben. Kollegiales Feedback verstärkt das Erlebnis. Die Wirkung dieser intensiven Hinwendung bewirkt eine Vitalisierung der Beziehung zum Kind. Besonders in der Arbeit mit Kindern, die sich bei Erzieher*innen in der Gefahrenzone oder Risikozone befinden (vgl. Arbeitsblatt »In welcher Beziehung stehe ich zum Kind?«), kann die Arbeit mit Sternstunden die Beziehung zum Kind vitalisieren und neu beleben.

Sternstunden erweitern unsere intellektuellen, physischen und sozialen Ressourcen und bauen psychische Reserven auf, die wir nutzen können, wenn wir einer Herausforderung gegenüberstehen. Durch das Erleben einer Sternstunde werden Endorphine freigegeben. Sternstunden sind nicht nur kognitiv registrierbar, sondern lösen auch positive Emotionen aus, die uns gegenüber der Person mit der wir das Erlebnis gehabt haben, offener und freundlicher werden lassen (Linder 2016).

In der Praxis wenden wir die »Sternstunden« wie folgt an:

1. Schritt: Die Rollen verteilen

Das Team einigt sich oder hat bereits im Vorfeld festgelegt, wer eine Sternstunde einbringen und mit seinen Kolleginnen teilen möchte. Vier weitere Kolleg*innen erklären sich bereit, jeweils eine der folgenden Perspektiven für das Feedback zu übernehmen (vgl. Arbeitsblatt »Sternstunde«):

- Eine Zeichnung zur erzählten Sternstunde erstellen.
- Die drei wesentlichen Leitlinien des Zusammenspiels herausfiltern und benennen.
- Beobachten, wie sich Mimik, Gestik, Tonfall etc. der Erzählenden während des Berichtens verändern.
- Notieren, was den Feedbackgebenden persönlich inspiriert hat.

2. Schritt: Die Sternstunde erzählen

Während die Kolleg*in ihre Sternstunde erzählt, hören die anderen aktiv zu und unterstützen ggf. durch vertiefendes Nachfragen.

3. Schritt: Die Feedbackrunde

Die Kolleg*innen geben nacheinander ihr Feedback.

4. Schritt: Die Auswertung – was haben WIR und was habe ICH gelernt?

Nach dem Feedback bespricht sich das Team, welche neuen Erkenntnisse über das »Sternstunden«-Kind gewonnen wurden und wie die Beziehungsarbeit weitergehen soll. Jede Kolleg*in kann an dieser Stelle zu Wort kommen und ihre Erkenntnisse beitragen. Das bedeutet, dass zugleich auf individueller Ebene wichtige Erkenntnisse zutage treten, aber auch das Team als gesamtes an seiner Haltung dem Kind gegenüber arbeitet.

Die Praxis zeigt: Durch mehrmaliges Wiederholen dieser Arbeit verändert sich die Beziehung zu dem Kind, sie wird in ein anderes und positiveres Licht gerückt. Als besonders wirksam erweist sich die Verknüpfung dieser beiden Methoden des ICDP.

Sternstunde – Zeichnung

Aufgabe:
Die Fokusperson erzählt eine Sternstunde, die sie mit einem Kind erlebt hat. Wichtig ist, so viele Details wie möglich in die Erzählung der Sternstunde einfließen zu lassen.

Die Feedbackperson
- hört aufmerksam zu
- stellt vertiefende Fragen, um die Fokusperson in ihrer Erzählung der Sternstunde zu unterstützen

Nach der Erzählung zeichnet die Feedbackperson die zentralen Elemente, die die Erzählung illustrieren, und beschreibt der Fokusperson die Elemente der Zeichnung. Die Zeichnung bekommt einen Titel und wird der Fokusperson geschenkt.

Sternstunde – Die 8 Leitlinien des Zusammenspiels

Aufgabe:
Die Fokusperson erzählt eine Sternstunde, die sie mit einem Kind erlebt hat. Wichtig ist, so viele Details wie möglich in die Erzählung der Sternstunde einfließen zu lassen.

Die Feedbackperson:
- hört aufmerksam zu
- stellt vertiefende Fragen, um die Fokusperson in ihrer Erzählung der Sternstunde zu unterstützen

Nach der Erzählung wählt die Feedbackperson die drei wesentlichen Leitlinien dieses konkreten Zusammenspiels und erzählt der Fokusperson, wie die ausgewählten Leitlinien in der Erzählung zum Ausdruck gekommen sind.

Sternstunde – Beobachtungen

Aufgabe:
Die Fokusperson erzählt eine Sternstunde, die sie mit einem Kind erlebt hat. Wichtig ist, so viele Details wie möglich in die Erzählung der Sternstunde einfließen zu lassen.

Die Feedbackperson:
- hört aufmerksam zu
- stellt vertiefende Fragen, um die Fokusperson in ihrer Erzählung der Sternstunde zu unterstützen

Nach der Erzählung beschreibt die Feedbackperson die Beobachtungen, die sie während der Erzählung an der Fokusperson gesehen hat – besonders die Veränderung während der Erzählung (z.B. Tonfall, Körperhaltung, Mimik, Gestik).

Sternstunde – Beobachtungen

Aufgabe:
Die Fokusperson erzählt eine Sternstunde, die sie mit einem Kind erlebt hat. Wichtig ist, so viele Details wie möglich in die Erzählung der Sternstunde einfließen zu lassen.

Die Feedbackperson:

- hört aufmerksam zu
- stellt vertiefende Fragen, um die Fokusperson in ihrer Erzählung der Sternstunde zu unterstützen

Nach der Erzählung erzählt die Feedbackperson welche Elemente der Geschichte besonders inspirierend waren und vielleicht auch, was die Feedbackperson für das eigene Zusammenspiel mit dem Kind gelernt hat.

Literatur

Hundeide, K. (2014): Relationsarbejde i institution og skole. Frederikshavn: Dafolo.
Nielsen, M. M. (2013): Relations- og ressourceorienteret pædagogik – ICDP. Frederikshavn: Dafolo.
Linder, A. (2016): Professionel relationskompetence – stjernestunder i det relationelle univers. Frederikshavn: Dafolo.
Linder, A., Lyhne, J. (2018): Pædagogisk engagement og relationel musikalitet – kunsten at skabe trivsel. Frederikshavn: Dafolo.
Linder, A. (2020): Trænerguide. Om at undervise i ICDP. Næstved: Forlaget Relatuz.
Rønholdt, J., et al. (2013): Relationspsykologi – i praksis. Frederikshavn: Dafolo.

Weblinks

Dänisches ICDP-Center: www.danskcenterfor-icdp.dk.
Internationale ICDP-Homepage: www.icdp.info.

Über die Autorinnen

Carmen Deffner, Jahrgang 1976, lebt und arbeitet in Ulm am TransferZentrum für Neurowissenschaften und Lernen (ZNL). Als Erziehungswissenschaftlerin ergründet sie dort aus Sicht der Neurowissenschaften die Themen Selbstregulation, Stressmanagement und Resilienz von Kindern, Eltern und pädagogischen Fachkräften.

Ina Schenker ist Diplom-Sozialpädagogin und lebt in Dresden. Dort hat sie viele Jahre als Kindergärtnerin gearbeitet. Seit 2005 lehrt sie an der Evangelischen Hochschule in Dresden im Bereich »Frühe Kindheit« als wissenschaftliche Mitarbeiterin.

Dr. Petra A. Arndt hat Neurobiologie und Psychologie studiert und arbeitet an der Schnittstelle zwischen Neurowissenschaften, Psychologie und Pädagogik. Ihr Ziel ist es, die Ergebnisse dieser Forschungsfelder zu verbinden und für die Gestaltung von Bildungsprozessen nutzbar zu machen. Seit Juni 2017 ist sie als geschäftsführende Leitung des TransferZentrums für Neurowissenschaften und Lernen der Universität Ulm tätig und begleitet die verschiedenen Forschungsprojekte des ZNL, z.B. zum schulischen, vorschulischen und informellen Lernen und im Bereich der beruflichen Bildung.

Petra Evanschitzky, Jahrgang 1970, ist selbstständige Referentin, Trainerin und Autorin. Vom Lernen fasziniert, an Beziehungsgestaltung interessiert und verbunden in Netzwerken. Ihre Vorbilder? Die Kinder in ihrer ureigenen Art, sich in dieser Welt zurechtzufinden und einen Platz zu erobern.

Kathrine Jürgensen lebt in Bylderup-Bov im schönen Dänemark. Sie ist Physiotherapeutin und hat 2014 ihren Master in pädagogischer Psychologie an der Universität Aarhus abgeschlossen. Seit 2015 arbeitet sie als Inklusionsmitarbeiterin bei WIR 3, einem Zusammenschluss dreier integrativer Kindergärten, die zur deutschen Minderheit in Dänemark gehören. Eine ihrer Aufgaben ist die Implementierung der ICDP-Methode im pädagogischen Alltag der Kitas. Seit 2017 ist die zertifizierte ICDP-Trainerin beim Dansk Center for ICDP.

Dr. Melanie Otto studierte Diplom-Pädagogik mit dem Schwerpunkt Elementarpädagogik an der Universität Augsburg. Praktische Erfahrungen sammelte sie in verschiedenen Kindertageseinrichtungen in Ulm und Umgebung. Aktuell ist sie wissenschaftliche Mitarbeiterin am TransferZentrum für Neurowissenschaften und Lernen der Universität Ulm und in der Weiterbildung pädagogischer Fachkräfte tätig.

Fotografie

Theresa Grimmeißen-Feldmeier, Jahrgang 1982, wohnt mit ihrem Mann und ihren beiden Kindern im schönen Nördlinger Ries. Als leidenschaftliche Fotografin verbringt sie ihre Zeit am liebsten in der Natur, umgeben von ihrer Familie und ihrem Pferd.

Illustration

Tim Scharf, Jahrgang 1998, studiert Kommunikationsdesign an der Hochschule für angewandte Wissenschaften Würzburg-Schweinfurt (FHWS). Am liebsten beschäftigt er sich mit dem Fachbereich Illustration und setzt aktuelle und kontrovers diskutierte Themen um.